FLORIAN OPITZ

SPEED

Buch

»Time is money« – Benjamin Franklins Ausspruch ist zum Leitmotiv des Kapitalismus geworden und zum Motor permanenter Beschleunigung. Wir träumen davon, zu verweilen, aus dem sich immer schneller drehenden Hamsterrad auszusteigen, »einfach im Hier und Jetzt zu leben« – doch offensichtlich kommt uns diese Fähigkeit zusehends abhanden. Florian Opitz sucht nach Gründen für seine eigene und unser aller Atemlosigkeit. Er befragt Zeitmanagement-Experten, Therapeuten und Wissenschaftler nach den Ursachen und Auswirkungen der chronischen Zeitnot. Er trifft Taktgeber der Beschleunigung, Unternehmensberater und Finanzmarktakteure, die gezielt an der Zeitschraube drehen. Und er begegnet Menschen, die bewusst aus der kollektiven Raserei ausgestiegen sind und nach gesellschaftlichen Alternativen suchen.
Florian Opitz zeigt, dass wir es sind, die sich dafür entschieden haben, mitzulaufen. Wenn wir uns nach einem anderen Lebensrhythmus sehnen, sind wir gefordert, uns neu zu entscheiden. Dieses Buch gibt uns einen sanften Anstoß dazu.

Autor

Florian Opitz, geboren 1973, ist Dokumentarfilmregisseur, Autor und Journalist. Er studierte Geschichte, Psychologie sowie englische und amerikanische Literaturwissenschaft. Seit 1998 arbeitet er als Dokumentarfilmregisseur für verschiedene Fernsehsender in Deutschland und Europa. Mit dem international erfolgreichen Dokumentarfilm »Der große Ausverkauf« (2006) gab Florian Opitz sein Kinodebüt als Regisseur und wurde dafür 2009 mit dem Adolf-Grimme-Preis ausgezeichnet. Unmerklich begann in diesen Jahren sein Leben immer hektischer zu werden ...

Florian Opitz

SPEED

Auf der Suche nach der verlorenen Zeit

GOLDMANN

Für Anton und Paul

Verlagsgruppe Random House FSC-DEU-0100
Das FSC®-zertifizierte Papier *München Super* für dieses Buch
liefert Arctic Paper Mochenwangen GmbH.

2. Auflage
Taschenbuchausgabe November 2012
Wilhelm Goldmann Verlag, München,
in der Verlagsgruppe Random House GmbH
Copyright © 2011 der Originalausgabe by Riemann Verlag, München,
in der Verlagsgruppe Random House GmbH
Umschlaggestaltung: UNO Werbeagentur, München
Umschlagmotiv:
Copyright © Camino Filmverleih, Dreamer Joint Venture, PAQT
Lektorat: Ralf Lay
KF · Herstellung: str
Druck und Einband: GGP Media GmbH, Pößneck
Printed in Germany
ISBN: 978-3-442-15771-6

www.goldmann-verlag.de

Inhalt

7 Einleitung: Wie alles anfing ...

TEIL 1
Stimmt was nicht mit mir?

26 Wie ein Seminar viel Rettung verspricht und ich wenig verstehe – Zeitmanagement für Anfänger

47 Hat's mich jetzt auch erwischt? – Besuch beim Burn-out-Experten

59 (M)ein Leben ohne Handy und Internet? – Digitales Fasten

78 Zwei Leben in einem – Beim Zeitforscher

TEIL 2
Die Welt der Beschleuniger

94 Wer hat an der Uhr gedreht? – Die Beschleuniger

119 Wie lange ist eigentlich eine Mikrosekunde? – Reuters und der Finanzmarkt

TEIL 3
Alternativen zum Hamsterrad

148 »Bei uns können Sie unanständig reich werden« –
Eine Heuschrecke steigt aus

175 »Computerkabel kannst du lange fressen,
davon wirst du nicht satt« – Bei den Bergbauern

197 Wettlauf gegen die Zeit – Beim Radikalentschleuniger
Douglas Tompkins

224 Ein Land sucht nach dem richtigen Tempo –
Das Bruttonationalglück in Bhutan

255 Was würden Sie arbeiten, wenn für Ihr Einkommen
gesorgt wäre? – Das bedingungslose Grundeinkommen

267 Ende: Und nun? – Hamsterrad für Fortgeschrittene

283 Danke!

Einleitung
Wie alles anfing ...

Ich hatte eigentlich immer das Gefühl, ein ganz normales und erfülltes Leben zu führen. Ohne große Probleme. Als Kind war ich Pfadfinder und später Punk. Ich habe studiert, ja, und ich habe sogar einen Job gefunden, der mir Spaß macht und mich in der Welt herumgebracht hat: Ich mache Dokumentarfilme. Ich habe eine tolle Freundin und inzwischen auch ein Kind, Anton. Also eigentlich ist alles super. Eigentlich. Doch irgendwie habe ich in den letzten Jahren gemerkt, dass etwas mit mir nicht stimmt. Ich habe keine Zeit. Sosehr ich mich auch anstrenge – ich habe immer viel zu wenig Zeit für das, was ich mir vornehme.

Es ist jedes Mal das Gleiche: Ein Job ist erledigt, ein neues Jahr beginnt, und ich nehme mir vor, dass ab jetzt alles anders wird. Endlich mal wieder ausgehen, Zeit mit Freunden oder der Familie verbringen, ins Kino oder zu Konzerten gehen. Doch dann dauert es nicht lange, und meine Pläne zerplatzen wie Seifenblasen. Und ich hetze wieder genauso atemlos durchs Leben wie zuvor. Sobald ich auf meiner To-do-Liste eine Aufgabe abhake, kommen unten fünf neue hinzu, und der geplante Konzertbesuch ist dahin. Irgendwas mache ich falsch.

Seit Jahren schon will ich mit meiner Freundin Caro mehrere Monate durch Lateinamerika reisen. Chile, Bolivien bis rauf nach Nicaragua – das war der große Plan. Weiter als in die Toskana haben wir es bisher allerdings nicht geschafft. Eine Woche

Kurzurlaub, und das auch nur mit Handy, Laptop und einer Menge Arbeit. »Hab ich vor dem Urlaub leider nicht mehr fertigbekommen«, sage ich ihr schuldbewusst. Der Blick, den ich ernte, das Rollen der Augen, ist unmissverständlich. Sie hat diesen Satz schon zu oft gehört. Jedes Jahr gebe ich mich erneut der Illusion hin, dass ich bald mehr Zeit haben würde, und nehme mir deshalb besonders viel vor: mehr Ausflüge ins schöne Berliner Umland oder endlich mal nach Polen. Da war ich noch nie, obwohl die Grenze gerade mal hundert Kilometer von uns entfernt ist. Rennradfahren, Klettern und mal wieder auf Ausstellungen gehen. Jahr um Jahr scheitere ich an meinen guten Vorsätzen.

Natürlich wollte ich dieses Jahr auch endlich einmal meinen Bruder in Freiburg und einen Freund in Paris besuchen, den hatte ich seit zwei Jahren nicht mehr gesehen. »Jaja!«, sagen beide genervt und ungläubig am Telefon. Denn sie wissen schon, was ich mir noch nicht eingestehen will: dass ich es sowieso nicht schaffen werde. Als wir uns wie jedes Jahr an Weihnachten in unserer Heimatstadt Baden-Baden trafen, hatte ich vor zwei Jahren mit dem gleichen Freund bierselig gewettet, dass ich es auf jeden Fall schaffen würde, ihm mindestens einmal pro Halbjahr einen Brief zu schreiben – einen richtigen Brief mit Tinte auf Papier, keine E-Mail. Wäre doch gelacht, wenn ich das nicht hinbekäme, habe ich am Abend noch getönt. Und ich meinte es auch wirklich so. Unnötig, es hier zu erwähnen: Die Wette ging verloren, und die Wettschulden sind noch immer nicht beglichen.

Oder mal wieder Sport machen. Wird auch Zeit. Ich komme immer mehr außer Form, worauf Caro mich ab und an mit kleinen versteckten Bemerkungen in psychologisch verträglichen

Dosen hinweist. Klar weiß ich, wie wichtig es für Körper und Geist ist, sich zu bewegen, nur bin ich in der letzten Zeit einfach überhaupt nicht dazu gekommen. Pah, was sage ich? In den letzten Jahren!

Meine Erfahrung mit der Zeit beschränkt sich inzwischen nur auf das eine Gefühl – sie fehlt! Warum ist das nur so? Warum kriege ich es einfach nicht hin, einigermaßen zurande zu kommen mit meiner Zeit? Anderen gelingt es doch auch! Woher kommt dieser ständige Zeitdruck?

Mein Problem ist nicht neu. Eigentlich habe ich es schon seit mehreren Jahren. Doch irgendwie habe ich es lange nicht bewusst wahrgenommen. Ich gebe zu: Ich habe mir einfach nie die Zeit genommen, überhaupt darüber nachzudenken. Es gab ja schließlich immer genügend andere wichtige Dinge zu tun. Bis, ja bis zwei wirklich einschneidende Erlebnisse mein Leben gründlich auf den Kopf gestellt haben.

Vor dreieinhalb Jahren wurde ich während einer Recherchereise in Afrika zusammen mit meinem Kameramann Andy vom nigerianischen Geheimdienst verhaftet, verschleppt und vor Gericht gestellt. Die absurde Anklage: Spionage, worauf in Nigeria vierzehn Jahre Haft stehen. Es folgten ein langer quälender Prozess und zwei Monate der Angst und Ungewissheit für uns und unsere Familien. Ein afrikanischer Albtraum mit den filmreifen Ingredienzien eines Politthrillers. Das Ganze ging zum Glück gut aus. Der Prozess wurde schließlich aufgrund internationalen diplomatischen Drucks eingestellt, wir wurden freigelassen und durften das Land wieder verlassen. Zum Glück. Aber ich hatte in diesen zwei Monaten auch unfreiwillig viel Zeit gehabt, gründlich über mein Leben nachzudenken.

Ein knappes Jahr später wurde mein Sohn Anton geboren.

Natürlich habe ich geglaubt, bereits alles übers Kinderkriegen zu wissen und ganz genau zu überblicken, was da auf uns zukommen würde. Schließlich waren ja schon einige unserer Freunde Eltern geworden. Doch was kam, hat alle meine Erwartungen getoppt. Ich werde nie vergessen, wie wir nach Antons Blitzgeburt bei Sonnenaufgang müde und glücklich zugleich wie in Trance mit dem Taxi durch das sonnendurchflutete Berlin nach Hause fuhren. Berlin kam mir plötzlich vor wie der schönste Ort auf Erden. Der Taxifahrer ließ klassische Musik laufen, und es war, als wären wir für einen Moment irgendwie aus der Zeit gefallen.

Die hat uns aber leider schnell wieder eingeholt: In den Tagen darauf musste ich feststellen, dass mich die Geburt scheinbar mehr angestrengt hatte als Caro, die ihre Mutterrolle sofort so selbstverständlich und souverän ausfüllte, als hätte sie nie etwas anderes getan. Ich hingegen brauchte meine Zeit, um zu begreifen, was ab jetzt alles anders würde. Heute kann ich mir ein Leben ohne Anton überhaupt nicht mehr vorstellen. Klar, dass ich die Welt seitdem mit anderen Augen sehe. Vor allem das Leben mit Anton hat mir noch schmerzhafter vor Augen geführt, wie bescheuert und absurd mein Zeitproblem eigentlich ist. Und dass es noch wichtiger ist, endlich Prioritäten zu setzen. Nur wie? Und welche?

Es ist ja nicht so, als würde ich tagelang herumgammeln und meine Zeit vertrödeln. Im Gegenteil: Ich versuche schon ständig, mein Leben so effizient wie möglich zu organisieren und Zeit zu sparen. Dafür habe ich inzwischen sogar ein beträchtliches Arsenal an technischen Geräten angesammelt, die einzig zu dem Zweck erfunden wurden, das Leben ihres Benutzers effizienter zu machen. Und auch ich habe gehofft, dass mein

Handy, mein Laptop und meine superschnelle Internetverbindung mir irgendwie dabei helfen würden, effizient zu sein und Zeit zu sparen. Doch am Ende des Tages hab ich nicht mehr, sondern immer weniger Zeit.

In meinem Kopf geht es inzwischen zu wie in einem Flipperautomaten. Ich bin, offen gestanden, kaum noch in der Lage, mich länger als ein paar Minuten auf ein und dieselbe Aufgabe zu konzentrieren, selbst das Lesen eines längeren Zeitungsartikels fällt mir inzwischen schwer. Ich bin erschöpft und rastlos zugleich. Ich würde gern sagen können, wohin sich meine Zeit verflüchtigt. Aber ich kann es nicht. Ich merke nur, dass ich nie genügend davon habe. Ich fühle mich wie ein Getriebener. Aber wovon? Auch das kann ich leider nicht genau sagen. Meine Tage kommen mir vor wie ein einziger Wettlauf gegen die Uhr. Den Startschuss dieses Wettrennens gibt entweder der Wecker oder unser Sohn Anton. Und ab dann renne ich. Bis ich abends wieder müde ins Bett falle. Dazwischen hetze ich durch einen Tagesordnungspunkt nach dem anderen. Mails checken vor dem Frühstück, Frühstück machen, Anton wickeln und anziehen, nochmal Mails checken, Anton in die Kita bringen, ins Büro oder in den Schneideraum fahren. Auf dem Weg dahin beim Radfahren die wichtigsten Telefonate erledigen, im Büro sofort wieder ins Netz und Mails checken, telefonieren, ein ziemlich unrealistisches Arbeitspensum abarbeiten, Mails checken und beantworten, dazwischen immer wieder Spiegel Online, Mittagessen im Stehen, und dann ist es gerade mal 13.00 Uhr.

Ständig auf dem Handy erreichbar und immer im Netz, frage ich mich manchmal, ob ich inzwischen verhaltensauffällig geworden bin oder ob mein Verhalten mittlerweile so normal ist, dass ich eben überhaupt nicht mehr auffalle und einfach ziel-

und kritiklos mitschwimme im Strom. Ich weiß nicht, was ich schlimmer finden soll.

Wenn ich in meinem Büro sitze und eigentlich produktiv sein müsste, haben mich meine elektronischen Helferlein jedenfalls ziemlich im Griff. Alle paar Minuten unterbreche ich die Arbeit, an der ich gerade sitze, um hinaus in die Welt zu schauen. Ich spaziere bei Spiegel Online vorbei, scanne kurz die Überschriften und lese ein, zwei kurze Artikel, schaue bei Kicker.de, was es so alles Neues in der Welt des Fußballs gibt, danach YouTube, um noch kurz irgendwo die aktuellen Plattenkritiken zu lesen. Schwuppdiwupp sind zwanzig Minuten vorbei, in denen ich mindestens einen Absatz hätte schreiben oder andere dringende Arbeit hätte erledigen können, ja müssen. Danach gucke ich nochmal, ob ich neue E-Mails bekommen habe, so wie bereits zwanzigmal zuvor an diesem Morgen. So geht es den ganzen Tag. Egal womit ich beschäftigt bin: Sobald mein Mailprogramm das Geräusch einer hereinkommenden Mail erklingen lässt, muss ich sie sofort lesen. Es ist wie ein Reflex. Irgendwas in mir hält, in der Sorge, etwas zu verpassen, keinen Aufschub aus. Auch während ich diesen Text gerade schreibe, habe ich neben meinem Textverarbeitungsprogramm noch fünf weitere Programme und unzählige Fenster geöffnet: Mehrere Internetseiten, mein Mailprogramm, iTunes und so weiter. Und am Abend zu Hause? Oder am Wochenende? Ein ähnliches Bild.

Eine typische Szene: Ich spiele gerade mit Anton und seiner Holzeisenbahn oder lese ihm eine Gutenachtgeschichte vor. Plötzlich klingelt das Telefon. Sofort schalten mein Hirn und mein Körper auf Alarmzustand um. Wer könnte es sein? Eine Redakteurin? Der Produzent meines Films? Meine Mutter? Ist irgendwas passiert? In den seltensten Fällen schaffe ich es, meinem dringenden Bedürfnis zu widerstehen und nicht sofort aufzuspringen und ans Telefon zu gehen. Meist ist die reflexhafte Neugier zu groß und duldet wieder mal keinen Aufschub. Aber auch wenn ich es schaffe, bin ich nicht mehr bei der Sache, bis ich weiß, wer angerufen hat und warum. Natürlich kann der Kleine überhaupt nicht verstehen, was so dringend sein soll, dass man dafür so etwas Wichtiges wie unser Eisenbahnspielen unterbricht, und protestiert lautstark. Zu Recht, denn ich kann mich eigentlich an kaum einen Anruf erinnern, der tatsächlich je so wichtig war, dass er die Unterbrechung gerechtfertigt hätte. Woran ich mich aber sehr wohl erinnern kann, ist das ständige schlechte Gewissen meiner Familie gegenüber. Und was ich fast noch ein bisschen schlimmer finde: Seit mein Sohn ein Jahr wurde, ist er verrückt nach Handys. Tolles Vorbild, der Papa.

Die vielen Online-Informationen und E-Mails, die ich täglich höchstens noch überfliege, führen zwar dazu, dass ich immer mehr erfahre, aber immer weniger weiß. In den letzten Jahren ist mir irgendwie die Fähigkeit abhandengekommen, mich tiefgreifend mit etwas beschäftigen zu können. Früher habe ich gern und viele Bücher gelesen – mein volles Bücherregal zeugt noch von diesen glorreichen Tagen. Ich kaufe zwar nach wie vor Bücher, vielleicht mehr denn je. Doch der Aufwand, sie dann auch zu lesen, ist mir zu groß. Das Gefühl, immer oberflächlicher zu werden, macht sich bereits seit ein paar Jahren mehr und mehr in mir breit. Manchmal habe ich den Eindruck, ich denke schon wie ein Computer und bin im Blitzgewitter beschleunigter Informationshäppchen tatsächlich nur noch in der Lage, von einem Klick zum nächsten zu denken.

Natürlich hätte es auch noch schlimmer kommen können mit mir. Denn in gewisser Hinsicht bin ich ja eigentlich auch noch altmodisch und konservativ. Denn bisher bin ich weder Mitglied eines sozialen Netzwerks wie Facebook, StudiVZ (dafür bin ich ohnehin zu alt) oder MySpace geworden, noch tummelt sich ein Avatar von mir irgendwo im Second Life. Bis vor relativ kurzer Zeit hatte ich noch nicht einmal ein Smartphone. Ehrlich! Keinen BlackBerry, kein iPhone.

Bis vor kurzem! Tja, was soll ich sagen? Mittlerweile hab ich eins. Lange hatte ich diesen Kampf gegen ein noch tieferes Eindringen der digitalen Welt in die bislang E-Mail-freien Zonen meines Lebens geführt. Ein erbittert geführter Kampf gegen mich selbst – und für eine letzte Insel der Freiheit und der Unerreichbarkeit. Engelchen gegen Teufelchen. Ohnehin schon von Caro für internetsüchtig gehalten, wollte ich auf keinen Fall zulassen, dass die digitale Wolke noch weitere Sphären meines Lebens verseucht. Ich wollte niemals einer dieser von mir immer hochmütig belächelten Wahnsinnigen sein, die im ICE oder am Gate des Flughafens nur noch obsessiv auf die Displays ihrer kleinen Spielzeuge eintippen. Ich hielt mich für so unglaublich klug und souverän und glaubte, die geheimen Zwänge des digitalen Zeitalters längst durchschaut zu haben.

Und ich war mir sicher, dass ich mich ihnen nicht unterwerfen würde. Aber da war auch diese andere Stimme in mir, die mich ständig davon überzeugen wollte, wie verdammt nützlich und praktisch diese kleinen Dinger im Alltag doch sind. Wie viel Zeit, Geld und Mühen sie mir bei meinem Job ersparen würden. Damit müsste ich auf Recherchereisen nicht immer meinen Laptop mitschleppen und mir so den Rücken ruinieren.

Machen wir es kurz: Der Kampf gegen das Teufelchen in mir

ging verloren. Auf meine Verachtung, das Leugnen, dass ich bereits infiziert bin, folgte die exzessive Anwendung. Anscheinend bin ich eben doch nicht so souverän, diszipliniert und superschlau, wie ich dachte. Monatelang hatte ich mich mit dieser Entscheidung herumgequält. Unzählige Stunden im Internet mit sinnlosen Recherchen zum Für und Wider eines iPhone-Kaufs verbracht. Am Ende hat die Vernunft diese Schlacht verloren, und ich habe mir eins zugelegt. Seitdem bin ich auch einer dieser Typen, die über die Straße laufen und dabei konzentriert auf die Innenfläche ihrer Hand blicken, um mit Hilfe von Google Maps den Weg zum Steuerberater zu finden. Oder sich stundenlang damit beschäftigen können, mehr oder weniger sinnvolle Apps auf das Smartphone zu laden.

Ich werde in Zukunft also wohl noch mehr Zeit in der digitalen Wolke verbringen, obwohl ich doch genau das auf keinen Fall wollte. Für die Menschen und Dinge jedoch, die mir wirklich wichtig sind, meine besten Freunde, die Familie, Live(!)-Musik, Konzerte, mal wieder ein Buch lesen et cetera, habe ich jetzt natürlich noch weniger Zeit.

Aber sollen jetzt etwa die kleinen digitalen Helferchen – Handy und Netz – schuld an meiner Hektik und Zeitnot sein? Klingt irgendwie nach Ausrede, oder? Wie viel hat dieses Gefühl mit dem Netz zu tun? Wie viel mit mir und meiner inneren Unruhe? Denn mein Alltag wäre sicher auch ohne Netz bereits ziemlich hektisch und zerhackt. Ich muss nämlich zugeben, dass ich schon ziemlich viele Dinge unter einen Hut zu bringen versuche. Ich muss mich wirtschaftlich als Filmemacher behaupten, will gute Filme machen, ein noch besserer Vater, Freund, Partner, Kumpel, Sohn, Bruder und so weiter sein. Und nebenbei auch noch ganz souverän bleiben, ein erfülltes Leben führen und in mir selbst ruhen. Und alles gleichzeitig. Nur klappt das eben alles zusammen nicht so wirklich.

Neulich hat mich mal wieder ein Freund angerufen und davon erzählt, dass er jetzt regelmäßig zum Yoga geht. »Yoga find ich auch super. Wollt ich immer schon mal machen.« Im Moment, als ich diese Worte aussprach, merkte ich schon, wie hohl und leer das klang, was ich da sagte. »Dann komm doch einfach mal mit«, antwortete mir Stefan. Darauf war ich nun wirklich nicht vorbereitet. So einfach geht das aber nicht. Ich hab doch noch dieses zu tun und jenes zu erledigen. »Vielleicht nach dem Sommer mal«, vertröstete ich ihn. Seit Jahren rede ich mir ein, dass mir Yoga bestimmt guttun würde. Die perfekte und wohl effizienteste Möglichkeit, Sport, Entspannung und Entschleunigung zu kombinieren. Geschafft habe ich es natürlich nicht mal zu einer Probestunde.

Doch mit meinem Problem bin ich offensichtlich nicht allein. Die Zeit scheint nicht nur in meinem Leben ein knappes Gut geworden zu sein, sondern auch in dem vieler anderer. Zumindest höre ich in den letzten Jahren immer mehr Freunde und Kollegen über Zeitmangel klagen. Eigentlich sehr merkwürdig, denn gemessen in Stunden und Jahren, sind wir heute reicher, als Menschen es jemals zuvor waren. Keiner Generation waren bisher so viel Freizeit und eine so lange Lebensspanne beschert. Irgendwie haben wir also auf vielfältige Weise Zeit gewonnen, aber am Ende haben wir sie dann trotzdem nicht.

Als ich eines Nachmittags in meinem Büro sitze und mich dabei erwische, wie meine Aufmerksamkeit wieder mal von der sich auf meinem Schreibtisch auftürmenden Arbeit abgleitet und sich, sicher zum zehnten Mal an diesem Tag, den unendlichen

Weiten des Internets zuwendet, reicht es mir. In einem Akt, irgendwo zwischen Selbstbestrafung und Emanzipation von der Maschine, knalle ich das Display meines Notebooks zu, laufe in die Küche unserer Bürogemeinschaft, mache mir den vierten Kaffee des Tages und beginne intensiver über das nachzudenken, was mich vor allem in den letzten Wochen nicht mehr losgelassen hat: Ticken wir noch richtig?!

Eigentlich nimmt unsere durchschnittliche Lebenszeit seit Jahrzehnten zu. Doch den meisten von uns rinnen die Stunden und Tage immer schneller durch die Finger. Wir haben es eilig, wir hetzen uns. Ständig. Das ist offenbar zum charakteristischen Lebensstil unserer Zeit geworden. Um mich herum scheint sich seit einigen Jahren das Dasein enorm zu beschleunigen. Und zwar in allen Lebensbereichen. Bei der Arbeit, in der Freizeit, im Privatleben und vor allem in der Kommunikation. Jeder Jugendliche daddelt doch heute mit seinem Handy, seinem Laptop und seiner PlayStation in einem Tempo und einer Frequenz, die Gordon Gecko, den raffgierigen Börsenhändler aus dem Film »Wall Street« in den neunziger Jahren, vor Neid hätte erblassen lassen. E-Mails, SMS, MySpace, Facebook, Twitter: Die Gesellschaft kommuniziert sich hysterisch um den Verstand.

Aber die Zauberwörter »Beschleunigung«, »Effizienzsteigerung« und »Wachstum« sind nicht nur bei den neuen Kommunikationstechniken zu einem Mantra geworden, das nicht weiter hinterfragt wird. Auch die Politik weiß auf die größte Wirtschafts- und Finanzkrise der letzten Jahrzehnte reflexartig nur mit einem Wachstumsbeschleunigungsgesetz zu antworten. Wachstum allein reicht wohl nicht mehr. Es muss jetzt auch noch beschleunigt werden. Und wenn es dann mal richtig ernst wird, kommt dann wohl auch noch das »Wachstumssteigerungseffizienzbeschleunigungsgesetz«. Jawoll. Und alle nehmen das hin.

Welches Ziel verfolgen wir eigentlich mit der ständigen Beschleunigung? Wem nützt sie? Wartet dahinter irgendwo eine bessere Welt oder ein besseres Leben auf uns? Und wo ist die Zeit eigentlich hin, die wir in den letzten Jahrzehnten durch die immer ausgeklügelteren Technologien, Synergieeffekte und Effizienzmodelle des digitalen und spätkapitalistischen Zeitalters gespart haben? Wer hat sie sich unter den Nagel gerissen?

Draußen ist es inzwischen dunkel geworden. Ich sitze immer noch auf dem etwas abgewetzten Sofa in der Küche unseres Gemeinschaftsbüros und merke, dass etwas Besonderes passiert ist: Ich habe tatsächlich eine Stunde am Stück nachgedacht, ohne mich selbst dabei durch sinnlose digitale Übersprungshandlungen zu unterbrechen. Ich habe weder E-Mails noch SMS verschickt oder gelesen. Es funktioniert also doch noch, das Denken. Ich freue mich so sehr angesichts dieses kleinen Siegs über meine schlechten Angewohnheiten, dass ich entscheide, den Rechner heute nicht mehr anzumachen. Stattdessen rufe ich Caro an, um mich mit ihr und Anton zum Abendessen in der Kneipe um die Ecke zu treffen. Aber die Fragen, die ich mir an diesem Nachmittag gestellt habe, lassen mich nicht mehr los.

Also habe ich angefangen, zu recherchieren und nach Artikeln und Büchern zu googeln, um herauszufinden, warum sich unser Leben ständig beschleunigt und warum mir und uns allen die Zeit ausgeht. Zuerst eher unregelmäßig und als willkommene Ablenkung von meiner eigentlichen Arbeit als Filmemacher. Dann aber immer intensiver. Denn was ich da las, fand ich extrem spannend, aber auch ein bisschen *spooky*. Vor allem warf es immer weitere Fragen bei mir auf und machte mich immer neugieriger. Vielleicht sollte ich ja mal einen Film darüber machen? Eine kleine Kostprobe gefällig?

Unser Lebenstempo hat sich in den letzten zweihundert Jahren verdoppelt. Obwohl die registrierte Gesamtarbeitszeit sinkt, fühlen sich immer mehr Menschen permanent unter Termindruck, Entscheidungsstress und Zeitnot. Fast die Hälfte der Deutschen gibt an, unter chronischer Zeitknappheit zu leiden, und von Umfrage zu Umfrage werden es mehr. Das Gefühl der Zeitnot wird von vielen sogar als extreme psychische Belastung wahrgenommen, selbst vier von fünf Kindern in Deutschland geben schon an, unter Zeitdruck zu leiden. Obwohl es Millionen von Arbeitslosen gibt, rackern heute in manchen Branchen viele Arbeitnehmer fünfzig, sechzig oder siebzig Stunden pro Woche.

Auch in anderen Studien erfahre ich Erstaunliches über das Leben des postmodernen Menschen und hoffe dabei insgeheim, dass es bei mir noch nicht so weit ist. So verbringt die Hälfte der Deutschen mehr Zeit vor ihrem Computer als mit Freunden oder der Familie. Mit dem *information overload* tauchen auch ganz neue Krankheitsbilder auf: Der auf das Aufmerksamkeitsdefizitsyndrom (ADS) spezialisierte Psychiater Edward Hallowell spricht bereits von der »ADSierung unseres Alltags« – die Symptome seien »Rastlosigkeit, Ablenkbarkeit und das ständige Gefühl, sich beeilen und unbedingt noch etwas erledigen zu müssen«.

Eine andere psychologische Studie hat herausgefunden, dass die Konzentration sofort schwindet, wenn man eine Aufgabe zum Beispiel durch kurzes Checken der E-Mails oder Abschweifen ins Netz unterbricht. Je länger und intensiver die Unterbrechung sei, desto schwieriger sei es, sich wieder auf die Hauptaufgabe zu konzentrieren. Nach einer Minute Unterbrechung und Ablenkung braucht man im Schnitt mehr als fünfzehn Minuten für die Refokussierung auf die Hauptaufgabe. Unabhängigen Schätzungen zufolge ginge so durchschnittlich 28 Prozent eines Arbeitstages verloren.

Hirnforscher und ehemals netzeuphorische Publizisten wie der amerikanische Blogger und Buchautor Nicholas Carr sind sich offensichtlich einig in dem Befund, dass unser massiver Internetkonsum und die viele Zeit, die wir vor dem Computer verbringen, das menschliche Gehirn verändert. Das Gehirn passt sich dem Blitzgewitter schnell verabreichter Infosplitter an, indem es neue Synapsen aufbaut und vorhandene nicht mehr so häufig benutzt. Und es verliert dabei die Fähigkeit zu Konzentration und Kreativität. Ein Befund, den der Feuilletonchef der FAZ, Frank Schirrmacher, in seinem etwas aufgeregten und reißerischen Buch *Payback* für ein deutsches Publikum aufbereitete und um Warnungen vor dem Untergang des Abendlandes oder zumindest all unserer mühsam erworbenen Kulturtechniken ergänzte.

Wieder eine andere Studie beziffert die Kosten der Folgen von *information overload* für die amerikanische Wirtschaft allein im Jahr 2009 mit neunhundert Milliarden Dollar. Gleichzeitig wächst die Zahl derer, die sich den Anforderungen der modernen Welt nicht mehr gewachsen fühlen; das Burn-out-Syndrom wird immer häufiger; der Einsatz von Antidepressiva und Muntermachern steigt seit Jahren rasant an.

Die Menschen, von denen all diese Studien berichten, tun mir irgendwie leid. Aber gleichzeitig werde ich das Gefühl nicht los, selbst auf dem besten Weg in diesen Strudel aus *information overload* und Zeitmangel zu sein. Kurz vor dem totalen Systemabsturz meiner eigenen Festplatte. Ich fühle mich ertappt. Als ich mir schließlich eingestehe, dass auch ich zu denjenigen zähle, in deren Wortschatz und Leben das Wort »Muße« nicht mehr vorkommt, nehme ich mir vor herauszufinden, warum das so ist – und vor allem: es zu ändern!

Ich mache mich jetzt auf die Suche nach den Ursachen meiner Atemlosigkeit. Ich will herausfinden, warum ich nie Zeit habe. Und wer dieses Hamsterrad eigentlich antreibt, in dem ich, ja, in dem wir alle leben. Eines ist mir jedenfalls klar. Ich will meine frühere Gelassenheit zurück und endlich mehr Zeit mit meinem Sohn verbringen können, ohne dabei ständig auf die Uhr oder mein neues iPhone schauen zu müssen. Vielleicht finde ich dabei, ganz nebenbei, ja auch eine Antwort auf die ewige Menschheitsfrage: Wie wollen wir eigentlich leben?

Wie wesentlich die Auseinandersetzung mit dieser Frage und ein Nachdenken über den individuellen und gesellschaftlichen Beschleunigungswahnsinn für unser Leben ist, hat mir der Soziologe und Beschleunigungsexperte Hartmut Rosa deutlich gemacht, den ich im März 2010 in Jena besuchte. Vieles von dem, was er mir damals in unserem langen Gespräch über den Tempowahn der modernen Gesellschaft sagte, hallt seitdem in meinem Kopf nach.

■ **Hartmut Rosa:** Ich kam auf die Idee, dass Zeitstrukturen irgendwie wichtig sind, weil ich aus einem kleinen Dorf im Hochschwarzwald komme, das eigentlich noch sehr langsame Zeitrhythmen hat. Dann ging es für mich nach Freiburg, was mir zuerst überwältigend groß vorkam, und kurz darauf nach London oder New York. Da ist mir aufgefallen, dass ein wesentlicher Unterschied zwischen Orten verschiedener Größe das Lebenstempo ist. Die Art und Weise, wie man da Welt und Zeit wahrnimmt. London und New York sind vibrierende, hochenergetische Städte. Und ich dachte, irgendwie bin ich da anders in die Zeit gestellt in so großen Städten als in meinem Ursprungsdorf.

Also begann ich zu erforschen, wie sich die Zeitstrukturen in der modernen Gesellschaft ändern. Ich glaube, das tun sie seit langem und dass Modernisierung ein Prozess der Veränderung der zeitlichen Verhältnisse ist, besonders der Beschleunigung, also des Schnellerwerdens von vielen Prozessen, die für unser Alltagsleben wichtig sind. Mich interessiert, wie sich die Art und Weise, wie die Menschen »Welt erleben« und wie sie in die Welt gestellt sind, verändert und warum. Es sind nämlich gar nicht so sehr unsere Wertvorstellungen, die unsere Welt- und Lebenseinstellung prägen, sondern die Zeitverhältnisse. Es wird so etwas wie ein Dauerdruck auf uns moderne Menschen ausgeübt, und dadurch entsteht eine gewisse Atemlosigkeit und Hast bei uns.

Das ungeheure Paradox an der Beschleunigung besteht dabei darin, dass wir umso weniger Zeit haben, je effizienter wir im Zeitsparen werden. Das ist die große Frage, wo die Zeit eigentlich bleibt, die wir ständig einsparen. Das ist wirklich spannend. Wir freuen uns ja, wenn wir ein neues technisches Produkt erworben haben, das ist fast immer eine Zeitersparnis, ganz egal wie das aussieht. Also ob wir ein Navigationsgerät kaufen oder ein iPhone oder sonst etwas, immer wird versprochen, jetzt können wir sofort und gleich Dinge tun, für die wir früher viel Zeit gebraucht haben. Ich kann jetzt sofort ins Netz gehen, ich kann jetzt sofort wissen, was ich wissen muss, Bahnverbindungen oder das Wetter ... und trotzdem habe ich die Zeit nicht.

Die Zeitnot dieser Gesellschaft ist im gleichen Maße gestiegen wie ihre Fähigkeit, Zeit zu sparen. Und diesem Paradoxon, diesem seltsamen Rätsel, dem wollte ich mal nachgehen. Das ist zwar jedem bekannt und jedem bewusst, aber woran es liegt, ist durchaus nicht bekannt. Die Wissenschaft hat sich dieses Problems bisher nicht angenommen. Also, wo ist die Zeit geblieben?

TEIL 1

Stimmt was nicht mit mir?

Wie ein Seminar viel Rettung verspricht und ich wenig verstehe – Zeitmanagement für Anfänger

Meine Reise beginnt am Berliner Hauptbahnhof. Bahnhöfe sind wie Flughäfen »Teilchenbeschleuniger« und damit irgendwie auch sehr typisch für unsere beschleunigte Zeit. Der Berliner Hauptbahnhof mit seiner futuristisch anmutenden Architektur ist hierfür ein Paradebeispiel. Hier ist fast 24 Stunden lang das hochgetaktete hektische Treiben des modernen Großstadtmenschen zu beobachten – der ideale Ausgangspunkt für meine Entdeckungsreise durch Raum und Zeit. Um mich herum drängeln sich die Menschen in der Starbucks-Filiale, vor dem McDonald's-Counter und in der Bahnhofsbuchhandlung, um vor der Reise von A nach B noch schnell noch etwas zu konsumieren.

Ich bin einer von ihnen. Als ich von weitem die Schlange am Serviceschalter der Deutschen Bahn abscanne, bin ich schlagartig genervt. Sie ist zu lang. Viel zu lang. Warum sitzt da wieder so wenig Personal? Ich stelle mich schlecht gelaunt in die Schlange und trete unruhig von einem Bein aufs andere. Um hier eine Fahrkarte zu bekommen, würde ich mindestens zwanzig Minuten warten müssen. Zeit, die ich nicht habe. Nach drei Minuten habe ich keine Lust mehr und suche den nächsten freien Ticketautomaten, um dort meine Fahrkarte zu kaufen. Nicht ohne sofort ein schlechtes Gewissen zu bekommen.

Ich weiß natürlich auch, dass die Bahn, so wie andere Konzerne, die Ungeduld von Leuten wie mir seit langem eiskalt ausnutzen, um Personal abzubauen. Es ist ein altes Rezept. Man verschlechtert den Service so lange, bis die Kunden freiwillig auf Automaten oder das Internet umsteigen. Je mehr von uns das tun, desto weniger Mitarbeiter braucht es am Serviceschalter. Und das alles im Dienste der Effizienzsteigerung und der Beschleunigung. So heißt es dann in lupenreinem Businessdeutsch. Meine Ungeduld führt also letztendlich auch dazu, dass sich die freundliche Dame am Schalter demnächst nach einem neuen Job umsehen kann. Und ich in Zukunft nur noch Automaten anlächeln darf. Na bravo!

Dass dieses Szenario tatsächlich immer näher rückt, habe ich spätestens bei meinem letzten Besuch bei Ikea feststellen können: Als ich dort einkaufen war – ohnehin schon eine Qual für mich und ständiger Quell von Beziehungskonflikten –, wollte ich meinen Augen kaum trauen: Dort gibt es mittlerweile Kassen, an denen Kunden ihre Einkäufe selbst einscannen müssen. Gefühlte zwei Dutzend dieser Schalter wurden von einer oder zwei hin und her flitzenden Servicemitarbeiterinnen beaufsichtigt, die aushelfen, wenn es mal hakt. Dabei waren sie aber sichtlich überfordert und taten mir irgendwie ein bisschen leid, weil sie nicht nur den Unmut der Kunden abbekamen, sondern auch den ihrer Kolleginnen, deren Arbeitsplatz sie gerade überflüssig machten. Bei Ikea habe ich mich aus Protest noch an eine von einer leibhaftigen Kassiererin besetzten Kasse angestellt. Damals habe ich dieses Spiel nicht mitgemacht. Gleichzeitig war mir klar, dass ich wahrscheinlich schon beim nächsten Mal nicht mehr so konsequent sein würde. Schließlich waren diese »Innovationen« ja genau für Leute wie mich gemacht. Typen, die es immer eilig haben.

Wenigstens fällt mir heute öfter als früher auf, wie ungeduldig ich bereits beim geringsten Anlass werde. Das ist doch schon mal was, versuche ich mein Gewissen zu beruhigen. Als ich endlich meine Fahrkarte in den Händen halte, spurte ich los und verfluche innerlich jeden, der mir vor die Füße gerät. Als ich am Bahnsteig ankomme, entfährt mir schon wieder ein genervtes Stöhnen. Verdammt, mein ICE hat dreißig Minuten Verspätung. Ich ärgere mich maßlos und zücke mein Handy, um das irgendjemandem mitzuteilen. Nur wem?

Ich empfinde Warten stets als Zumutung. Von wem, weiß ich auch nicht. So wie ich immer weniger von dem, was ich tue und was mir widerfährt, erklären kann. Sobald ich zum Beispiel ein Restaurant betrete, suche ich den Raum sofort mit nervösem Blick nach dem Kellner ab, anstatt einfach darauf zu warten, dass er kommt, um meine Bestellung aufzunehmen.

Auch jetzt am Bahnsteig nehme ich eine Zeitung aus meiner Tasche und überfliege die Überschriften, um, nun ja, um die Zeit totzuschlagen, die mir an anderer Stelle vermeintlich so sehr fehlt. Während ich tatsächlich anfange, darüber nachzudenken, und mich zunehmend weniger über die Verspätung und mehr über meine mangelnde Gelassenheit ärgere, rollt der Zug auf dem Bahngleis ein.

Meine erste Station führt mich in die Nähe von Frankfurt am Main. Bei meinen Recherchen bin ich auf eine Menge Bücher zum Thema »Zeitmanagement« gestoßen. Sie tragen Titel wie *Simplify your Life, Don't hurry, be happy, Mehr Zeit für das Wesentliche* oder einfach *Das 1 x 1 des Zeitmanagements*. Und sie alle haben eins gemeinsam: Sie sind Bestseller. Es scheinen sich also wirklich eine Menge Leute mit ähnlichen Problemen herumzuschlagen wie ich. Auch Hörbücher und DVDs zum Thema verkaufen sich wie warme Semmeln. Und wer es richtig ernst meint mit der Optimierung seines Zeitmanagements, der meldet sich zu einem Seminar an, übers Wochenende oder nach Feierabend. So wie ich.

Also habe ich mich kurzerhand zu solch einer Veranstaltung angemeldet. Natürlich nicht zu irgendeiner, sondern zu einem Late-Night-Seminar von Prof. Dr. Lothar Seiwert, dem Zeitmanagementpapst in Deutschland. Bei meiner Recherche hatte ich erstaunt festgestellt, dass eine ganze Branche von solchen Vortragsveranstaltungen lebt, die auf Neudeutsch »Keynotes« heißen und auf denen sich die Besucher Tipps für ein erfolgreiches und glückliches Leben holen. Die Keynote-Speaker, also die Redner oder Coaches auf diesen Seminaren, sind in bestimmten Kreisen regelrechte Stars und füllen regelmäßig große Säle. Es scheint mir, als hätte sich dabei jeder Keynote-Speaker auf ein bestimmtes Thema spezialisiert, etwa »Der Erfolgsnavigator«, »Einfach mehr Charisma«, »Erfolgreich mit den Waffen der Frau« oder eben »Mehr Zeit für das Wesentliche«. Jedes Jahr werden die erfolgreichsten Keynote-Speaker prämiert, und die allererfolgreichsten schaffen es sogar in die German Speakers Hall of Fame oder bekommen einen Life Achievement Award.

Auf der Zugfahrt nach Frankfurt blättere ich den Prospekt für das Seminar durch und frage mich, wie eine solche Veranstaltung wohl abläuft und welche Leute sie besuchen. Dem Prospekt nach zu urteilen, werde ich mich unter lauter Managern wiederfinden. Die Seminare richten sich offensichtlich an Leute, die es schon zu etwas gebracht haben, den bisherigen Erfolg aber gern noch ausbauen und ihr Leben weiter optimieren wollen. Ob ich da wirklich hineinpasse? In mir macht sich kurz ein leichter Zweifel breit, ob die 250 Euro, die dieser Abend für die Teilnahme kosten wird, wirklich gut investiert sind und ob ich den Ansprüchen an die Zielgruppe wirklich genüge. Vielleicht hätte ich ja doch besser meinen Anzug angezogen. So, wie ich jetzt aussehe, falle ich jedenfalls sofort auf. Ich bin ein bisschen aufgeregt.

Das Seminar findet in einem Kongresshotel in Königstein statt, das schon mal bessere Tage gesehen hat. Das Ambiente hatte ich mir ein bisschen luxuriöser und dem Managerpublikum angemessener vorgestellt. Aber was soll's? Eigentlich ist es ja ganz sympathisch, wenn hier nicht so dick aufgetragen wird. An der Kasse erhalte ich gegen Vorlage meines Personalausweises einen Button mit der Aufschrift »Zukunftsmanager«, den ich mir als Erkennungszeichen für die anderen Seminarteilnehmer auf meinen Pullover kleben soll. Dann geht es eine Treppe runter zum Vorraum des großen Kongresssaals, wo sich die ersten Seminarteilnehmer an Büchertischen schon mit Ratgebern der heute sprechenden Keynote-Speaker eindecken. Andere testen gerade einige überdimensionierte und etwas futuristisch aussehende Trainingsgeräte, die hier auch zum Kauf angeboten werden und die »effektives Workout« und »Anti-Aging« versprechen. Für dieses Workout muss man nichts anderes tun, als sich auf den Apparat zu stellen und sich zwei Gurte umzuschnallen, erklärt der Vertreter von Activit, der Firma, die diese Geräte verkauft. Dann beginnt der lustige Apparat von selbst, an den Gurten zu rütteln. Das hält fit, stärkt Körper und Geist und lässt die Pfunde purzeln, wird der Vertreter nicht müde zu betonen. All-in-one sozusagen, ohne den lästigen Gang ins Fitnessstudio. So lässt sich auch Zeit sparen. Praktisch, denke ich mir. Vielleicht komme sogar ich ja dann auch wieder dazu, mich fit zu halten.

Meine Augen suchen den Raum nach dem Hauptredner des Abends ab, Prof. Dr. Lothar Seiwert. Ich bin mit ihm vor Beginn des Seminars zu einem kurzen Interview verabredet. Das ist der Vorteil meines Journalisten- und Filmemacherdaseins: Ab und zu bekommt man eine kleine Sonderbehandlung. Da ich Seiwert nicht gleich finde, schaue ich mir, während ich mich an einer Kaffeetasse festhalte, weiter das Treiben der anderen »Erfolgsmanager« in meiner Nähe an. Es herrscht eine seltsam aufgeregte und aufgedrehte Stimmung. Und es ist eine ebenso seltsame Mischung von Leuten. Wie Topmanager sehen die allerdings nicht aus. Eher wie Sachbearbeiter bei der Sparkasse Rheda-Wiedenbrück oder Versicherungsvertreter. Jedenfalls ziemlich weit weg von meiner Lebenswirklichkeit.

Ist das hier vielleicht so was wie ein repräsentativer Querschnitt der Bevölkerung? Ich weiß es nicht. Man vertut sich ja immer und denkt, dass die meisten anderen Menschen ähnlich sind, fühlen und denken wie man selbst oder das eigene Umfeld. Die Leute hier reißen den Verkäufern die Ratgeber praktisch aus den Händen, als fänden sie darin Exklusivwissen, das nur für sie und für niemand anderen bestimmt wäre. Und einige scheinen, im Gegensatz zu mir, nicht zum ersten Mal auf einer solchen Veranstaltung zu sein. Ich erspähe Lothar Seiwert, den Zeitmanagementpapst, auf der Bühne. Er bereitet gerade seine PowerPoint-Präsentation und verschiedene Tricks vor, die er während seines Vortrags vorführen wird, und macht den Sound- und Lichtcheck. Wir verabreden uns zu einem kurzen Interview in seinem Hotelzimmer.

Als er mir eine halbe Stunde später die Zimmertür öffnet, hat er sich bereits für seinen Auftritt zurechtgemacht. Es ist ein, na, sagen wir mal, ungewöhnlicher Anblick. Vor mir steht ein älterer Mann Ende fünfzig mit Föhnfrisur, der ein rosafarbenes

Hemd mit weißem Kragen und einen Frack mit Weste in Nadelstreifen trägt. Sein Outfit erinnert mich an die barocke Garderobe eines Thomas Gottschalk bei »Wetten, dass...?« und kommt mir doch overdressed vor. Seiwert empfängt mich mit professioneller Freundlichkeit.

Ich muss gar nicht lange fragen. Sobald ich sitze, beginnt Seiwert seine Geschichte herunterzuspulen. Man merkt ihm an, dass er das nicht zum ersten Mal tut. Die Betonungen wirken ein wenig einstudiert. Schließlich ist er schon seit über dreißig Jahren im Geschäft. Er hat als Managementtrainer in einem internationalen Konzern angefangen, war dann einige Jahre in einer Unternehmensberatung und schließlich zwölf Jahre im Hochschuldienst tätig. Nebenbei hat er freiberuflich Seminare, Trainings und Coachings gegeben. Seit fast zwanzig Jahren konzentriert er sich darauf und auf das Schreiben von Ratgebern.

Sein Spezialgebiet und Lebensthema ist in diesen Jahren das Zeitmanagement geworden. Rein zufällig, wie er sagt. »Zufall heißt, es fällt dir zu, weil es jetzt fällig ist«, sagt er und macht ein erwartungsvolles Gesicht, als ob er von mir eine besondere Reaktion auf diesen Spruch erwarte. Da ich nicht weiß, welche, reagiere ich gar nicht. Es ist einer von diesen typischen Seiwert-Sätzen, von denen ich im Laufe des Abends noch zahlreiche weitere hören werde. Zuerst sei ihm das Thema »Zeitmanagement« eher aufs Auge gedrückt worden. Heute glaubt er, dass das Schicksal seine Hand dabei im Spiel hatte. Heute sei es seine Lebensmission.

»Mein großes Thema und meine Lebensaufgabe ist es, Menschen zu inspirieren, ihr eigener Lebensunternehmer zu sein, der Kapitän oder die Kapitänin ihres eigenen Lebensschiffes zu werden, weil heute der erste Tag vom Rest unseres Lebens beginnt, den wir mit einem neuen Zeitbewusstsein beginnen können.« Wieder so ein druckreifer Satz, den Seiwert ganz bewusst im Leise-laut-Rhythmus betont. In der heutigen Zeit, in der wir in einer Highspeed-Gesellschaft lebten, sei es wichtig, schneller zu sein als der Wettbewerber. Auf der anderen Seite aber sei es fast genauso wichtig herunterzuschalten, zur Ruhe zu kommen, um sich auf die wirklich wichtigen Dinge im Leben zu besinnen. Also sowohl als auch, meint er. Taoistisch gesehen.

Seiwert versteht sich nicht als Kritiker der Highspeed-Gesellschaft. Im Gegenteil. »Was den internationalen Wettbewerb angeht, so müssen wir schon zulegen«, erklärt er mir. »In unserer Produktivität, Effektivität, Geschwindigkeit. Aber damit wir das auch können, müssen wir wie ein Formel-eins-Rennfahrer auch Boxenstopps einlegen. Bernie Ecclestone hat mal zu einem Fahrer gesagt: ›Go slow and win the race.‹ Diese Devise gilt auch hier. Also, um schneller werden zu können, muss ich auch langsamer sein.« Mir fällt auf, wie häufig Seiwert Vergleiche aus der Welt des Motorsports bemüht.

Warum die Leute kämen, um ihn live zu sehen, will ich wissen. Sie könnten doch auch einfach einen Ratgeber von ihm kaufen oder eine CD. Das habe sicherlich mit seiner Bekanntheit durch die Bücher zu tun. Aber ein Buch, eine CD, eine DVD kämen eben nicht ans Live-Erlebnis heran. Ihm selbst ginge es ja auch so, wenn er Musikkonzerte besuche – dass man das Original gern live hören möchte. Das zusammen mit anderen zu erleben sei durch nichts zu übertreffen.

Und was nehmen die Leute mit? »Mindestens drei Dinge. Natürlich mich persönlich erlebt zu haben, dann nehmen sie sicherlich Impulse bezüglich Techniken, Tipps und Tricks mit.

Aber das Entscheidende ist, dass sie einen gefühlsmäßigen Eindruck, ein Erlebnis mitnehmen, das sie hoffentlich auch ein Stück berührt, in ihrem Inneren, wo es vielleicht Klick gemacht hat und ich sie auf eine Weise erreicht habe, wie es über Medien nicht gelingen kann.«

Ein solches Zeitmanagementseminar muss ja eine unglaublich tolle Wirkung auf die Teilnehmer haben, denke ich mir, und hoffe insgeheim, dass sich nach dem heutigen Abend auch in meinem Leben Wesentliches ändert – oder, wie er es nennt, dass heute der erste Tag meines Lebens mit einem neuen Zeitgefühl sein wird.

Seiwert muss in zehn Minuten auf die Bühne. Das Interview müsse er jetzt leider beenden. Aber ich könne ihm gern noch bei der mentalen Vorbereitung auf den Auftritt zusehen. Ist mir zwar erst mal ein bisschen unangenehm, dem Zeitmanagementguru in diesem kleinen Hotelzimmer bei was auch immer zuzusehen. Aber die Neugier überwiegt dann doch. Schließlich bin ich ja hier, um etwas zu lernen. Seiwert setzt sich in den Sessel, lehnt sich zurück und schließt die Augen. Ich weiß nicht so recht, wohin ich schauen soll. Die Situation ist mir irgendwie peinlich. Dann nimmt Seiwert eine Pose ein, die ich sonst nur bei Leuten kenne, die meditieren. Der wird das doch jetzt nicht tun? Meditation bekomme ich in meinem Kopf irgendwie nicht so recht mit einem Mann in diesem Outfit zusammen.

»Ich bereite mich dadurch vor, dass ich von der Außenwelt in meine Innenwelt gehe. Den ganzen Tag werden wir von äußeren Einflüssen gesteuert, und wenn wir unsere Augen schließen, zur Ruhe kommen, fokussieren wir uns automatisch auf unsere Innenwelt, und das hilft mir, ruhiger zu werden. Im Sport nennt man es ›mentales Training‹. Man kann es auch ›Meditation‹ nennen. Also, es hilft mir dann, später zur Höchstform aufzulaufen. Ich lasse das, was hinterher passieren wird, vor meinem geistigen Auge ablaufen wie ein Formel-eins-Rennfahrer vor seinem Rennen oder ein Zehnkämpfer vor dem Hundertmeterlauf, genauso mach ich das eben auch.« Aha, das merke ich mir. Die Worte kamen mir irgendwie bekannt vor. Aus der Sportschau oder so.

Das Seminar beginnt. Ich suche mir schnell einen Platz im großen Kongresssaal und versuche, möglichst unauffällig in der Menge unterzutauchen. Ich setze mich an den Rand, damit ich schnell mal rausgehen kann, wenn's nötig ist. Auf meinem Platz liegen diverse Arbeitsmappen und Prospekte zu den Themen »So können Sie noch erfolgreicher werden«, »Mut für Visionen« und »Das neue Zeit- und Lebensmanagement«, die meine Sitznachbarn schon neugierig durchblättern und bearbeiten. Den ersten Vortrag des Abends zum Thema »Was Männer mögen und Frauen glücklich macht«, den die Keynote-Speakerin Claudia Enkelmann hält, eine der Veranstalterinnen, lasse ich über mich ergehen. Den Rest des Saals scheint er sehr zu amüsieren. Enkelmanns Vortrag ist mit der feingeistigen Ironie vom Schlage eines Mario Barth oder eines Eckart von Hirschhausen gespickt.

Anschließend wird der Saal verdunkelt und der Spot auf die Bühne gerichtet. Wieder betritt Frau Enkelmann, rotes Kostüm, knallroter Lippenstift, viel Goldschmuck und Föhnwelle, die Bühne. Diesmal um den Mann und das Thema anzukündigen, derentwegen ich hier bin. Und sie spart nicht mit Superlativen.

»Wenn Ihre Lebenszeit zu kostbar ist, dann müssen wir den besten Zeitexperten Europas einladen, damit er sein Wissen an

Sie weitergibt. Einen Mann, der der ›Zeitmanagementpapst‹ genannt wird, einen Mann, der ›Mr Time Balance‹ genannt wird, einen Mann, der unglaubliche Rekorde geschlagen hat. Seine Bücher sind zu Bestsellern geworden. Alle. Sie alle kennen Titel wie *Mehr Zeit fürs Wesentliche*, Sie alle kennen die *Bärenstrategie*, und mit Sicherheit haben Sie alle schon den fantastischen Titel gehört: *Gehe langsam, wenn du es eilig hast*. Und spätestens wenn Sie jetzt nicht beeindruckt sind, sind Sie von der nächsten Zahl beeindruckt, dieser Mann hat über fünf Millionen Bücher verkauft; das heißt, er muss was richtig gemacht haben. Freuen Sie sich jetzt bitte auf den *one and only* Prof. Dr. Lothar Seiwert.«

Nach dieser sensationellen Ankündigung bin ich noch gespannter auf das, was mich erwartet. Wenn das alles stimmt, was Frau Enkelmann da gesagt hat, dann müsste es ja mit dem Teufel zugehen, wenn ich nicht hier und heute Abend schon eine Lösung für mein Zeitproblem fände.

Lothar Seiwert betritt die Bühne, gibt Frau Enkelmann ein Küsschen rechts und links und beginnt sofort mit seiner Show. Hinter ihm hängt ein überdimensionales Plakat mit der Aufschrift »Die Welt braucht erfolgreiche Menschen«.

»Zu einem erfolgreichen Umgang mit der Zeit, meine sehr verehrten Damen und Herren, gehören zwei Dinge«, beginnt Seiwert. »Techniken und unsere innere Einstellung. Was glauben Sie, wie viel kommt es bei einem erfolgreichen Umgang mit der Zeit auf Techniken, Methoden an und zu wie viel spielt Ihre innere Einstellung, Ihr Verhalten eine Rolle?« Das Publikum zögert, aber Seiwert spricht sofort eine Frau in der ersten Reihe an und fragt sie noch einmal. Sie antwortet: »Neunzig zu zehn oder achtzig zu zwanzig?«

Das sei bei jedem unterschiedlich, antwortet Seiwert. Er persönlich sei aber überzeugt, dass es weniger die Techniken und Methoden seien, sondern dass es auf unsere Einstellung, unsere Power und unsere Selbstdisziplin ankäme, und er wolle uns heute Abend beides mit auf den Weg geben.

Mein Zeitproblem liegt also an meiner Einstellung. Zack. Das hat gesessen. Seiwert ist die ganze Zeit in Bewegung, läuft auf der Bühne auf und ab und hält ein iPhone in der Hand. »Ich bin ja auch nicht von vorgestern«, sagt er, »ich kann sogar von meinem iPhone aus hier den Rechner steuern. Ist das nicht geil?« Diese Lockerheit kommt an beim gesetzten Publikum mittleren Alters. Dass das Bild flackert und der Ton der Raumanlage völlig übersteuert ist, scheint hier heute Abend niemanden zu stören. Seiwert trägt eins dieser schmalen Headsets mit Mikrofon und erinnert mich daher an die Gameshowmoderatoren bei Sat.1 oder Pro7.

Er rät dem Publikum, die kleinste Zeiteinheit, den Tag, sorgfältig zu planen. Das sei uraltes Erfolgswissen, das schon die alten Römer vor Tausenden von Jahren gepredigt hätten: »Ich weiß nicht, ob jemand von Ihnen das kleine oder große Latrinum [sic!] hat«, fährt Seiwert fort. Das Publikum lacht laut über Seiwerts Gag, so wie es insgesamt großen Gefallen zu finden scheint an den Entertainerqualitäten seines Zeitcoachs. »Carpe diem, nutze den Tag, plane den Tag, und wenn es einmal nicht funktioniert hat, kann man jeden Tag neu beginnen. Wann planen Sie Ihren Tag? Am Abend vorher, warum? Damit Ihr UB, Ihr Unterbewusstsein, die Gelegenheit hat, das Ganze zu verinnerlichen.«

Endlich mal eine Regel, eine Handlungsanweisung. Darauf

hatte ich gewartet. Ich schreibe mir also auf: »Regel Nummer eins – den Tag planen«, am besten am Vortag. Hab ich in den vergangenen zwanzig Jahren immer wieder versucht, hat aber nur selten hingehauen.

Die Königsdisziplin des Zeitmanagements sei eine glasklare Prioritätensetzung, fährt Seiwert fort. Es sei eine Lebenslüge, die immer wieder verbreitet würde, wenn jemand behaupte, er habe keine Zeit. Warum? Weil wir doch alle gleich viel Zeit hätten. Wenn jemand behaupte, keine Zeit zu haben, hieße das in Wirklichkeit, man habe keine Zeit, weil einem anderes eben wichtiger sei. Mein Problem ist also nichts weiter als eine Lebenslüge? Ein wenig deprimiert über diese Diagnose folge ich dem Vortrag weiter.

Ich habe das Gefühl, dass die Leute im Raum Seiwert an den Lippen hängen. Einige filmen die Veranstaltung mit den Kameras ihrer Smartphones. Seiwert empfiehlt uns, den Tag in verschiedene Abschnitte zu teilen, mit Phasen fürs konzentrierte Arbeiten und Phasen für die Erledigung von Alltagsarbeiten. Es ist die Rede von A-, B-, C- und D-Aufgaben, vom After-Lunch-Koma, Biorhythmus und vom *power nap* (»Tagnickerchen, Kraftschlaf«). »*Never Check E-Mails in the Morning* heißt ein bekannter Ratgeber aus den USA, und da ist im Grunde genommen alles Wesentliche enthalten«, erklärt Seiwert uns, seinem Publikum, überzeugend.

Er spickt seinen launigen Vortrag immer wieder mit kleinen Geschichten und Beispielen. Dabei fällt auf, dass diese Geschichten entweder von irgendwelchen extrem hochkarätigen Experten aus Amerika oder von weltbekannten und wichtigen Konzernen handeln, an deren Effizienz man sich ein Beispiel nehmen solle. So wie die folgende: Bei den meisten Firmen habe es sich eingebürgert, dass Meetings immer von 10.00 Uhr bis zur Mittagspause gingen, weiß Seiwert zu berichten. Warum das so sei und ob man etwa weniger erreiche, wenn man erst um 11.00 Uhr anfinge und trotzdem nur bis zur Mittagspause tagte, will er dann vom Publikum wissen. »Im Gegenteil: Sie kommen schneller auf den Punkt. Und ich möchte noch einen Schritt weitergehen. Bei einem großen Sportwagenhersteller in Stuttgart-Zuffenhausen, der nicht näher benannt werden soll«, sagt Seiwert vielsagend grinsend, »habe ich Stehungen statt Sitzungen eingeführt. Dazu braucht man nur einen Bistrotisch, auf den man den Kaffeebecher oder seine Akten legen kann. Was denken Sie, um wie viel sich diese Besprechungen verkürzt haben, nachdem sie ausschließlich im Stehen stattgefunden haben? Um achtzig Prozent.«

Das Publikum spendet Beifall. Ein Mann aus dem Auditorium, der die richtige Antwort gerufen hat, erhält zur Belohnung einen neuen Ratgeber Seiwerts. Und der setzt einen drauf. Bei der Hotelkette Ritz-Carlton sei man noch zeiteffizienter als bei Porsche. Dort treffe man sich zu »Meetings« einfach im Gang. Kein Besprechungsraum, kein Bistrotisch, einfach in einem Gang im rechten Winkel. Jeden Morgen um 9.00 Uhr würden so in jedem Hotel, ob im Housekeeping oder in der Verwaltung, die wichtigsten Punkte durchgesprochen und den Mitarbeitern die zwanzig Dienstleistungsregeln der Kette eingetrichtert. »Und innerhalb dieser sieben, acht Minuten, die so ein Meeting dauert, sind alle auf die gleichen Prioritäten fokussiert, und dann gehen alle sofort ihrer Arbeit nach und verschwenden so keine Zeit.« Völlig einfach, völlig simpel sei das, betont Seiwert, und nicht verboten, es ab sofort selbst im eigenen Betrieb genauso zu machen. Er habe diesen Gedanken jedenfalls von

Ritz-Carlton mitgenommen und das seitdem in seinem kleinen Unternehmen auch so gemacht.

Toll, denke ich bei mir. Hört sich aber gar nicht so verlockend an, diese schöne neue Dienstleistungswelt. Ich stelle mir vor, wie ich reagieren würde, wenn ich ab jetzt nur noch im Stehen arbeiten dürfte.

Es geht gleich weiter. »Wenn Sie nur einen einzigen Gedanken aus dieser letzten Viertelstunde mitnehmen, dann den: Beginnen Sie mit der wichtigsten Aufgabe zuerst und lassen Sie die E-Mails E-Mails sein, konzentrieren Sie sich auf Ihre zukunftsorientierten Prioritäten. Sie haben dann zwar nicht mehr Zeit, aber Sie haben garantiert eine Verdoppelung Ihrer Effektivität um fünfzig Prozent.«

Eine Verdoppelung um fünfzig Prozent? Moment, da stimmt irgendwas nicht. Egal. Ich will ja nicht pingelig sein, und außerdem hab ich gar keine Zeit, so richtig über das Gesagte nachzudenken, so schnell reiht sich hier ein Ratschlag an den nächsten, eine Anekdote an die andere.

Als Nächstes lerne ich, dass ich mein Umfeld dazu erziehen soll, mir nicht mit Problemen zu kommen, sondern mit Lösungen, Vorschlägen, Antworten. Gute Idee. Das werde ich doch gleich beherzigen, wenn mein zweijähriger Sohn das nächste Mal, bevor ich zu einem Dreh ins Ausland aufbreche, wieder krank wird und hohes Fieber hat. Dann sag ich einfach zu ihm: »Komm mir nicht mit Problemen, sondern mit Lösungen, mein Kleiner.«

Als Seiwert etwas von der Prioritätenmatrix und dem Pizzataxieffekt erzählt, schweift meine Aufmerksamkeit für kurze Zeit etwas ab. Ich schaue mir die Leute um mich herum an und versuche mir vorzustellen, welche Lebenssituationen sie hierher gebracht haben. Gern würde ich wissen, welchen Beruf der Glatzkopf vor mir hat und warum der strohblonde Typ mit der randlosen Brille seine Frau und seine Kinder mit zu diesem Seminar bringt. Haben diese zwölfjährigen Jungs etwa auch schon ein Zeitproblem? Hoffentlich nicht. Wahrscheinlich sollen sie hier was fürs Leben lernen. Wie man bei Porsche oder Ritz-Carlton Stehungen abhält oder so. Ich hoffe, dass ich nie auf die Idee kommen werde, meinen Sohn auf solch eine Veranstaltung mitzunehmen. Aber wer weiß schon, was die Zukunft bringt?

Als ich mich geistig wieder in die Seiwert'sche Zeitmanagementshow einklinke, führt er gerade einen Zaubertrick vor. Er füllt einen Messbecher, der für eine Woche stehen soll, mit großen und kleinen Steinen. Dabei stehen die großen Steine für die wirklich wichtigen beruflichen und privaten Dinge des Lebens und die kleinen Kieselsteine für die nicht so wichtigen Dinge. Wenn er nun die Kieselsteine zuerst in den Messbecher hineinfüllt, sagt er, passen die großen Steine nicht mehr hinein. Es passt nicht alles hinein in den Becher beziehungsweise die Woche. Die wichtigen Lebensprioritäten hätten also immer das Nachsehen. Das Problem ist somit klar.

Und Seiwert bietet auch gleich eine einfache Lösung an: Er macht es umgekehrt, er füllt die großen Steine zuerst in das Gefäß, schüttet dann die Kieselsteine darüber – und siehe da: Alles passt hinein. Sein Fazit: »Das ist ein ganz entscheidender Tipp und ein wichtiges Erfolgsgeheimnis: Konzentrier dich auf die großen Steine deines beruflichen wie privaten Lebens. Auf Neuhessisch: *Put the big rocks in first.*« Ich notiere Tipp Nummer drei: auf die wichtigen Dinge des Lebens konzentrieren.

Wieder hatte eine Dame im Publikum die Antwort geahnt oder vorher in einem der Ratgeber gelesen und zur Bühne gerufen. Dafür erhält auch sie ein kleines Werbegeschenk des Zeitmanagementpapstes. Ein kleines rotes Bärchen aus Stoff. Sie freut sich und stellt das Bärchen neben ihre Kaffeetasse.

Als Nächstes empfiehlt Seiwert uns eine Übung. Sie sei auch in den Unterlagen zu finden, die auf jedem Platz lägen. Wir sollen über unsere Lebenshüte nachdenken. »Welche Hüte, Ämter, Jobs, Hobbys, Verpflichtungen, Rollen hab ich denn alle so in meinem Leben?« Zur Illustration setzt er sich verschiedene lustige Schirmmützen übereinander auf den Kopf. Erst eine rote, dann eine gelbe, dann eine grüne und so weiter. Auf Seiwerts Kopf baut sich ein lustiger Mützenturm auf, der jeden Moment umzukippen droht. Der Zeitmanagementpapst sieht in diesem Moment ein wenig bizarr aus. Das Problem ist klar. Wir laden uns alle zu viele Aufgaben auf.

Aber Seiwert wäre nicht Seiwert, wenn er nicht auch hier eine Lösung für sein geplagtes Publikum parat hätte. Wenn man sich auf die wichtigen Dinge des Lebens konzentriere, so Seiwert, würden die anderen alle von allein verschwinden, und man habe genug Zeit. Zum Beweis seiner steilen These führt er einen weiteren Zaubertrick vor. »Wir müssen uns auf die wirklich wichtigen Dinge konzentrieren. Also das, was ich ›Champagneraufgaben‹ nenne.« Er nimmt ein Sektglas, das mit Wasser gefüllt ist, und schüttet das Wasser in einen Pappbecher von McDonald's. »Das Wasser gieße ich nun hier hinein, weil es im Moment nicht so wichtig ist. Und jetzt geht es darum, meine mentalen Kräfte zu aktivieren und mich auf meine wirklich wichtigen Prioritäten zu konzentrieren. Dazu brauche ich natürlich ein magisches Tuch ...«

Spätestens jetzt komme ich mir vor wie bei David Copperfield. Seiwert zückt tatsächlich ein Zaubertuch, deckt es über den Becher und schließt die Augen.

»Ich konzentriere mich jetzt mental auf meine wirklich wichtigen Lebensprioritäten, damit die unwichtigen Dinge des Alltags von allein verschwinden. Jetzt brauche ich etwas Frauenpower, Claudia, bitte mal pusten von da unten. Okay.«

Frau Enkelmann, die mit der Föhnwelle und dem Goldschmuck, kommt und pustet in der Manier einer Assistentin oder eher eines Playboy-Bunnys.

»Danke schön, und wenn ich auf die wirklich wichtigen Dinge fokussiert bin ...«, Seiwert dreht den Becher um, und siehe da, es tropft kein Wasser mehr raus, »sind die dringenden, aber unwichtigen Dinge verschwunden. Danke schön.«

Ich bin platt und versuche die Aussage dieses kleinen Zaubertricks zu entschlüsseln und auf mein Problem zu übertragen. So richtig gelingt es mir nicht. Was sind jetzt die Champagneraufgaben und wieso sollen die anderen dann verschwinden? Wie, was, wo und warum? Das Leben als Zaubertrick? Kann dieser Mann etwa mein Zeitproblem wegzaubern? Hä? Das Publikum klatscht. Soll ich jetzt auch einfach mitklatschen? Ich bin, mal wieder, verwirrt. Gelinde gesagt.

Jetzt wird ein kurzes Filmchen gezeigt. Es ist wirklich sehr kurz. Es zeigt eine Katze, die mit einem Bambi-Reh schmust. Am Schluss gesellt sich noch ein Hase dazu. Das Ganze ist mit Louis Armstrongs Klassiker »What a Wonderful World« unterlegt. Auch der Film scheint dem Publikum sehr zu gefallen. Und ich fange langsam an, mich zu ärgern. Über Seiwerts Zaubershow und über mich selbst. Warum bin ich nur hierher gefahren?

Und über das Publikum, das mir irgendwie »gebrainwasht« vorkommt. Es frisst dem Zeitcoach aus den Händen, so oberflächlich und teils unlogisch seine Ausführungen auch sind. Das Ganze hat was von einer Sektenveranstaltung. Oder bin ich nur eine ewig rumnörgelnde Spaßbremse, die diese »gesunde Mischung« aus Lebenshilfe, Unterhaltung und Humor einfach nicht versteht?

»Ich möchte Ihnen noch ein kleines Nutzangebot machen«, sagt Seiwert dann. Endlich, denke ich. Vielleicht habe ich die Veranstaltung zu Unrecht vorschnell abgekanzelt. »Auf Ihrem Platz finden Sie eine kleine, rote Karte. Und wenn Sie mögen, schicke ich Ihnen jede Woche einen kleinen Life-Balance-Tipp zu, und da ich weiß, dass viele wenig Zeit haben, müssen Sie den nur eine Minute lesen, sind danach aber eine Woche inspiriert. Drehen sie einfach die Karte rum, schreiben links oben in das rote Kästchen Ihre E-Mail-Adresse, und werfen Sie sie draußen in einen der beiden Sektkübel hinein.«

Zum Abschied führt unser Coach noch einen Zaubertrick vor, bei dem er diesmal buntes Wasser in eine Zeitung und von da wieder in verschiedene Sektgläser schüttet. Verstanden habe ich die Aussage des Tricks nicht. Hat wohl wieder was mit Champagneraufgaben und Lebensprioritäten zu tun, und ach ja, und in dem Wort »Zeitung« stecke ja »Zeit« auch irgendwie drin. Dann verbeugt sich Seiwert tief vor dem hochverehrten Publikum, und das Ganze ist zu Ende.

Bis zum nächsten Vortrag mit dem Titel »Die 5 Schlüssel zum Erfolg. Die Macht des Unterbewusstseins« gibt's eine kleine Pause und draußen in der Lobby Bockwurst, Pudding und Kaffee. In der Pause reißen die Seminarteilnehmer Seiwert seine

Bücher und DVDs wieder fast aus den Händen und lassen sie von ihm signieren. »Mit oder ohne Herzchen? Kostet auch nichts extra«, fragt er die wartenden Fans. Als er mich sieht, ruft Seiwert mich noch einmal zu sich und sagt mir sichtlich stolz: »Sehen Sie, Herr Opitz, das ist auch ein wichtiger Teil meiner Mission. Das Verkaufen.« Das zumindest hab ich heute Abend verstanden.

Was habe ich heute sonst noch so gelernt? Mein Zeitproblem ist eine Einstellungssache und dazu eine Lebenslüge, denn wir haben alle gleich viel Zeit. Ich muss nur den Tag richtig planen, die wichtigen Dinge von den unwichtigen trennen und die wichtigen zuerst tun. Und wenn ich mich auf die wichtigsten Lebensprioritäten konzentriere, dann verschwinden alle Probleme und der Zeitdruck irgendwie wie von Zauberhand ganz allein. Die wichtigen von den unwichtigen Dingen trennen. Danke für den Tipp ... Aber genau das gelingt mir ja nicht. Und überhaupt, welches sind denn die Lebensprioritäten? Mein Ausflug in die Welt des Zeitmanagements hat mich ratloser hinterlassen, als ich es vorher war. Heute beginnt der erste Tag des Rests meines Lebens. Stimmt. Nur leider so ganz ohne neues Zeitbewusstsein. Als ich das Hotel in Königstein wieder verlasse, frage ich mich, ob mein Problem wohl eine tiefere Ursache hat.

■ **Hartmut Rosa:** Das weitverbreitete Gefühl der Zeitnot hängt natürlich schon auch mit Technologien zusammen. Wir können uns heute ganz schnell bewegen, können rasend schnell Güter und Informationen über die Welt bewegen. Das erklärt aber nicht, wieso uns die Zeit ausgeht. Die geht uns deshalb aus, weil wir denken, dass wir in immer kürzeren Zeitabschnitten immer mehr Dinge erledigen müssen und wollen. Viele haben den Eindruck, sie müssten jedes Jahr ein bisschen schneller laufen – und jetzt kommt das für mich Spannendste –, nicht, um irgendwo hinzugelangen, sondern um ihre Position zu halten.

Wir bewegen uns in einer Welt, die sich in allen möglichen Dimensionen ständig ändert und ständig schneller ändert. Man muss auf dem Laufenden bleiben, mit den Veränderungen in der politischen Welt, bei Software und Hardware, bei unseren Freunden und in der Familie et cetera. Und so gibt es immer mehr Lebensbereiche, die uns vorkommen wie Rolltreppen, die nach unten fahren. Wenn wir auf dem Laufenden bleiben wollen, müssen wir diese Treppen immer schneller hochstürmen, um oben zu bleiben. Viele Menschen haben heute das Gefühl, die Kontrolle über die eigene Lebensführung zu verlieren. Die beschleunigte Gesellschaft produziert ununterbrochen schuldige Subjekte. Habe ich den richtigen Handytarif? Finde ich das beste Pflegeheim für meine Eltern? Oder den besten und günstigsten Urlaubsort? Sind meine Kinder auf der besten Schule? Es ist unmöglich, das alles zu erfüllen. Die Leute denken, Zeit ist ein Naturphänomen. Wenn ich ein Problem damit habe, bin ich selbst daran schuld. So ist es aber nicht. Ich würde den Leuten gern helfen, sich mit dieser Unzulänglichkeit zu arrangieren.

Hat's mich jetzt auch erwischt? –
Besuch beim Burn-out-Experten

Überall lese und höre ich gerade vom Burn-out-Syndrom. Das scheint heutzutage ziemlich viele Menschen irgendwann mal zu erwischen. Alle Zeitschriften sind momentan voll mit großen Aufmachern über diese neue Zivilisationskrankheit, zig Bücher sind darüber geschrieben worden. Burn-out ist das aktuelle Thema. Und was da zu lesen ist, kommt mir irgendwie bekannt vor.

Der amerikanische Psychoanalytiker Herbert Freudenberger verwendete den Begriff »Burn-out« im Jahr 1974 erstmals, um einen Erschöpfungszustand zu beschreiben, den er bei Patienten bestimmter Berufsgruppen beobachtet hatte, die viel mit Menschen zu tun haben: bei Krankenschwestern, Ärzten, Feuerwehrleuten zum Beispiel. Später wurde die Diagnose aber auch auf andere Berufssparten und auf das Privatleben ausgeweitet. Heute wird der Begriff ziemlich unscharf verwendet. Die meisten Psychiater sind sich jedoch einig, dass »Ausgebranntsein« vor allem ein positiver klingendes Synonym für eine Erschöpfungsdepression ist.

Stimmt, denke ich mir. Ist irgendwie auffällig, dass heute viel von Burn-out gesprochen wird und wenig von Depression. Ist wohl auch ein Zeichen unserer Zeit. Momentan scheint es mir jedenfalls so, als ob jeder erfolgreiche Mensch, der was auf sich hält, mal ein Burn-out gehabt haben muss. Ist auch irgendwie klar. Im »Ausgebranntsein« steckt ja auch irgendwie mit drin, dass man mal gebrannt, also wahnsinnig viel gearbeitet hat. Das Burn-out kann man dann wie ein Ritterkreuz oder eine olympische Medaille vor sich her tragen, so wie gerade Miriam Meckel, die prominente Kommunikationswissenschaftlerin, Publizistin und Lebensgefährtin von Anne Will. Die war noch nie so viel in den Medien, wie nach und mit ihrem Burn-out und dem dazu erschienen Buch »Brief an mein Leben«. Sie ist durch sämtliche Talkshows, die das deutsche Fernsehen zu bieten hat, getingelt. Eine durchaus interessante Art der Therapie. Ich frage mich, was ihr Therapeut dazu sagt. Aber Frau Meckel ist nicht die einzige Prominente mit Burn-out. Egal ob Fernsehkoch, Skispringer, Ministerpräsident oder Bestsellerautor: Vor einem Burn-out ist niemand gefeit.

Achtzig Prozent der Deutschen empfinden einer Umfrage zufolge ihr Leben als stressig. Jeder Dritte fühlt sich gar durch Job, Schule oder Studium im absoluten Dauerstress. Der Stress der Mitarbeiter verursacht bei deutschen Unternehmen jährlich einen Schaden von einigen Milliarden Euro. Deutsche Arbeitnehmer waren im Jahr 2008 wegen Stresserkrankungen wie Burnout oder Depression fast zehn Millionen Tage krankgeschrieben. Fast vier Millionen Menschen sollen hierzulande unter behandlungsbedürftigen Depressionen leiden. Das Leben in der digitalen, beschleunigten Zeit scheint seinen Tribut zu fordern. Bei den meisten Menschen ist die Stressbelastung gestiegen, und Dauerstress kann gravierende körperliche und psychische Folgen haben. Die Weltgesundheitsorganisation WHO erklärte in einer Studie den beruflichen Stress gar als größte Gesundheitsgefahr des 21. Jahrhunderts.

Burn-out hat also definitiv etwas mit Stress zu tun. Den hab ich auch, und zwar täglich und nicht zu knapp.

Und auch ein paar andere Punkte, die ich in diesem Zusammenhang lese, passen gut zu meinem aktuellen Zustand. Nach der Pleite beim Zeitmanagementseminar frage ich mich tatsächlich, ob mein Zeitproblem nicht vielleicht auch so was Ähnliches wie ein Burn-out ist oder ob ich vielleicht sogar ein richtiges Burn-out-Syndrom habe. Ohne es zu merken. Das kommt nämlich auch häufig vor, habe ich gelesen.

Ich war noch nie beim Therapeuten, aber um das herauszufinden, vereinbare ich einen Termin bei einem Psychiater, dem bekannten Burn-out-Experten Dr. Bernd Sprenger. Einfach so. Ich habe gar nicht so lange darüber nachgedacht. Aber je näher der Termin rückt, desto unsicherer werde ich. »Eigentlich Blödsinn. Warum bist du jetzt unsicher?«, hab ich mich gefragt. »Gehst du halt auch mal zum Therapeuten. Machen doch heute eh fast alle, und du gehst ja eigentlich auch nur hin, weil du für deine Recherche mehr über das Thema ›Burn-out‹ erfahren willst.« Doch so locker, wie ich mir selbst einzuflüstern versuche, bin ich natürlich nicht. Insgeheim denke ich: »Jetzt bist du also auch so weit. Zum Psychodoc. Herzlichen Glückwunsch!«

Als ich mich mit dem Fahrrad zu Sprengers Praxis nach Berlin-Köpenick aufmache, fängt mein Hirn wieder an zu rattern: »Eigentlich ist dieser Termin ja total überflüssig. Total übertrieben. Am besten rufst du jetzt sofort an und sagst ihm ab. Hast sicher kein Burn-out. Nur weil du ein bisschen gestresst bist, musst du dich noch lange nicht gleich behandeln lassen. Sicher entlarvt dich der Doc als Hypochonder. Aber andererseits: Dann weißt du endlich, woran du bist, ob du noch normal tickst oder ein Problem hast.«

So geht es noch eine Weile hin und her, bis ich schließlich im idyllischen Köpenick ankomme. Eigentlich hätte ich erwartet, dass ein Burn-out-Therapeut seine Praxis mitten in der Stadt hat, am Potsdamer Platz oder so, und nicht hier im beschaulichen, gar nicht beschleunigten Köpenick. Sprengers Praxis liegt direkt an der Spree im Hinterhof einer alten Seidenfabrik aus Backstein. Schöne Gegend. Ich stelle mein Fahrrad ab und merke, dass ich mal wieder verschwitzte Hände habe. Wie immer, wenn ich aufgeregt bin. Bevor ich an der Tür der Praxis klingle, halte ich nochmal die Luft an, dann drücke ich den Knopf. Es begrüßt mich ein großgewachsener, sympathisch wirkender Mann Anfang fünfzig mit grauen Haaren und Vollbart, der es nicht ganz geschafft hat, den sympathisch-gemütlichen Akzent des Badeners abzulegen. Sehr gut, denke ich. Dann fühl ich mich gleich ein bisschen wie zu Hause.

Hab ich mir so die Praxis eines Psychiaters vorgestellt? Die obligatorische Couch gibt es hier jedenfalls nicht. Stattdessen ist alles sehr schlicht und stilbewusst eingerichtet: Stahl, Glas, Leder, Parkett. An einem Ende des Raums steht ein großer Schreibtisch, am anderen eine kleine Sitzgruppe mit zwei Sesseln, die sich gegenüberstehen. Wir setzen uns auf die Sessel und kommen gleich zur Sache. Als ich Dr. Sprenger erkläre, dass ich glaube, ein »Burn-out-Kandidat« zu sein, bombardiert er mich sofort mit Fragen. Er will wissen, wie ich darauf käme und welche Symptome ich bei mir beobachten würde. Ich erzähle ihm ein bisschen von meinem Alltag und dem ewigen Gefühl der Zeitknappheit.

Er fasst zusammen: »Okay, also die ganze Zeit unterwegs, die ganze Zeit in Action. Die ganze Zeit am Handy, im Internet und so weiter und keine Zeit für das Wesentliche? Wissen Sie denn, was das Wesentliche für Sie ist?«

Ich muss nachdenken. Die Frage kommt mir bekannt vor. Fängt der jetzt auch so an wie der Zeitmanagementpapst? Doch dann denke ich über seine Frage nach. Hm, eigentlich dachte ich ja immer, genau zu wissen, was mir wichtig ist. Freunde, Familie, ein bisschen freie Zeit für mich selbst et cetera. Aber dafür ist ja irgendwie nie genug Zeit da. Stattdessen beschäftige ich mich mit Dingen, die mich nicht weiterbringen und meine Zeit auffressen. Nach einigen Momenten der Stille versuche ich Dr. Sprenger zu vermitteln, was in meinem Kopf vorgeht. Drücke ich mich klar aus? Versteht er, was ich meine? Keine Ahnung.

Der Burn-out-Experte hakt gleich nach. Er fragt, ob ich denn Zeit, die ich mit der Familie und Freunden verbringen würde, auch wirklich genießen könne. »Denn typisch für ein Burn-out ist, wenn er wirklich mal eingetreten ist«, erklärt er mir, »dass man nicht einmal mehr das, von dem man denkt, dass es einem eigentlich Spaß machen müsste, noch Spaß macht. Sondern man empfindet das dann als Belastung. Dass man, wenn die Kinder mit einem spielen wollen, sagt: ›Um Gottes willen, lass mich bloß in Ruhe!‹«

Ich muss an Anton und meine Freundin und unseren Ausflug in den Ostberliner Tierpark vor zwei Wochen denken. Hab ich das genossen? Logo! Ein ganz klares Ja! Und wie. Ich könnte Wochen so verbringen. Wenn ich nur die Zeit hätte. So weit sei ich noch nicht, entgegne ich Sprenger ein wenig stolz auf mich und erleichtert.

Das sei schon mal gut, sagt Dr. Sprenger und fragt gleich weiter. Wie gut ich mich denn abgrenzen könne, wenn jemand etwas von mir will? Mist. Jetzt hat er mich. Jetzt hat er einen wunden Punkt gefunden. Während ich über die Frage nachdenke, rutsche ich nervös auf dem Sessel herum. Ich muss es zugeben. Ich kann schwer Nein sagen, wenn jemand etwas von mir will. Schlimmer noch, eigentlich kann ich es gar nicht.

»Das habe ich mir gedacht, deshalb habe ich ja gefragt«, entgegnet der Psychiater. Klugscheißer, denke ich. »Das heißt, Sie sind mehr erreichbar, als es tatsächlich notwendig wäre. Und Sie verlieren sich auch manchmal im Internet. Sie wollen irgendetwas recherchieren, und stattdessen landen Sie auf irgendeiner anderen Seite und dann auf noch irgendeiner Seite. So?«

»So, genau so«, antworte ich. Ich grinse verlegen. Verdammt. Der kennt mich doch gar nicht. Ich sitze doch gerade mal zehn Minuten hier.

Ich sei da schon auf einer guten Spur, fährt Dr. Sprenger fort. Das alles seien Hinweise darauf, dass ich meine Fokussierung nicht mehr gut hinbekäme, die man paradoxerweise bräuchte, wenn man nicht ausbrennen wolle.

»Burn-out hat viel mit Disziplin zu tun. Und wir leben ja heute in einer Zeit, in der es von allem zu viel gibt. Zu viel Informationsangebot, zu viel Essen, zu viele Termine. Wir müssen also relativ stark aussuchen. Und es scheint so, als müssten Sie das wieder lernen.«

Hm, lernen auszusuchen. Ich denke darüber nach und muss feststellen, dass der Psychiater auch hier recht hat. Ich kann mich tatsächlich sehr schwer entscheiden. Das beginnt schon bei den kleinsten Dingen des Alltags, beim Klamotten- oder Plattenkauf zum Beispiel. Aber auch im Job werden mir ständig neue Entscheidungen aufgezwungen, die ich gern so lange wie möglich hinauszögere. Aber hab ich deswegen gleich ein Burnout? Ich hoffe immer noch, dass es nicht so ist.

Wie es denn gesundheitlich so bei mir aussehe, fragt Sprenger freundlich, ob ich gut schlafen könne. Kann ich. Sonst irgendwelche körperlichen Symptome? Hier und da mal so leichte Knochen- und Rückenschmerzen, nichts Gravierendes. Rückenschmerzen? Was ich denn an Sport mache? Sehr wenig, keine Zeit.

»Also geht es immer wieder um das Thema ›Keine Zeit‹«, fasst er zusammen. »Okay, wir haben eigentlich jetzt schon die wesentlichen Punkte gestreift, die bei dem Thema ›Burn-out‹ eine Rolle spielen. Es geht zum einen um körperliche Symptome, wobei Sie da noch relativ gut dabei sind. Und es geht um dieses Gefühl ›Ich habe keine Zeit mehr, ich komm nicht mehr zum Wesentlichen und fühle mich ständig gehetzt‹.«

Wie, das sollen schon die wesentlichen Punkte gewesen sein? Meine erste Therapiestunde hatte ich mir aber etwas tiefgründiger vorgestellt. Ich will doch mindestens noch von Dr. Sprenger wissen, woran ich konkret erkennen kann, ob ich ein Burn-out-Syndrom habe.

»Ein richtiges Burn-out erkennen Sie daran, wenn Sie wirklich nicht mehr können. Das Burn-out im Endstadium ist dadurch gekennzeichnet, dass die Leute auch physisch nicht mehr können. Die kommen tatsächlich die Treppe nicht mehr hoch. Die können sich nicht mehr konzentrieren, kriegen nichts mehr auf die Reihe. Ein typischer Burn-out-Patient kommt am Freitagnachmittag zu mir und sagt: ›Herr Doktor, am Dienstag habe ich einen wichtigen Termin, also machen Sie mich gesund.‹ Und dann muss ich ihm erst mal diesen Zahn ziehen, weil der versucht, seine Genesung genauso zu betreiben, wie er auch in das Burn-out reingekommen ist. Und wenn jemand an dem Punkt ist, an dem er nicht mehr kann, dann muss man ihn auch aus dem Verkehr ziehen: Da hilft in der Regel nur noch eine stationäre Behandlung.«

Autsch. Das klingt nicht gut. In diese Situation möchte ich auf keinen Fall kommen. Ich würde jetzt sehr gern von Dr. Sprenger hören, dass ich kein Burn-out habe. Aber ich trau mich nicht, ihn zu fragen. Was ist, wenn er eins diagnostiziert? Muss ich dann in eine Klinik? Psychopharmaka schlucken? Ich hab Schiss.

»Habe ich ein Burn-out Ihrer Meinung nach?«, frage ich dann aber doch unter Aufbringung all meines Mutes.

»Sie haben, glaube ich, sehr wohl die Anfangssymptome, die in ein Burn-out reinführen können. Und Sie sind sehr gut damit in Kontakt, dass das ein Problem ist. Deshalb würde ich Ihnen raten, jetzt auf der Stelle schon Maßnahmen zu ergreifen, die etwas mit Grenzsetzung zu tun haben, dann werden Sie nicht in das Burn-out reinkommen.«

Ich muss schlucken. Was heißt das jetzt? Klingt, als sei ich zumindest auf dem besten Weg dahin. Ich spüre Panik in mir aufsteigen.

Es gäbe da einen guten alten Satz von Tucholsky, sagt Dr. Sprenger: »Leben heißt aussuchen.« Da wäre schon damals was dran gewesen und heute umso mehr. Wir müssten ständig aussuchen und Ja und Nein sagen – und eines der Hauptprobleme, bei Leuten, die ausbrennen, sei, dass sie keine klaren Grenzen setzten. Wenn ich zum Beispiel das Gefühl hätte, immer erreichbar sein zu müssen, würde er empfehlen, Zeiten festzulegen, an denen das Handy ausgeschaltet wird. Das sei der eine Punkt. Der zweite Punkt sei die Frage, wonach man sich eigentlich richten sollte. Und sehr gute Taktgeber seien da der eigene Organismus und die eigenen Grundbedürfnisse. Das seien gar nicht so viele. Körperlich seien es drei: Schlaf, Bewegung, Ernährung. In den entwickelten Industrieländern hätten wir in allen dreien oft Probleme. Daneben gäbe es vier psychische Bedürfnisse: Bindung, Selbstwertbestätigung, das Bedürfnis nach Orientierung und Kontrolle. Und das Bedürfnis nach Lustbefriedigung. Damit sei nicht nur die sexuelle Lust gemeint, sondern etwa auch Achterbahn zu fahren und Spaß zu haben.

»Das sind sieben verschiedene Bedürfnisse«, sagt Dr. Sprenger. »Wenn die einigermaßen im Gleichgewicht sind, geht's uns eigentlich gut. Es ist nur wichtig, darauf zu achten, dass sie im Gleichgewicht sind. Und Ihr Organismus sagt Ihnen das eigentlich, wenn Sie auf die Signale hören.«

Das Problem bei vielen modernen Menschen sei jedoch, dass sie das nicht tun oder die Signale, die ihnen der eigene Organismus gibt, zu beseitigen versuchen. Ob nun mit Kaffee, Energydrinks, Medikamenten oder Drogen. Kommt mir auch nicht unbekannt vor: Hab ich Kopfschmerzen, nehme ich halt eine Tablette. Bin ich müde, dann trinke ich halt einen Kaffee, statt schlafen zu gehen.

Sprenger spricht weiter, aber ich höre nicht mehr richtig zu. Was er mir da sagt, weiß ich ja irgendwie auch alles, aber im Alltag bekomme ich es trotzdem nicht geregelt. Grenzen setzen. Einfach mal Handy und Computer ausmachen, nicht mehr ans Telefon gehen. Klingt einfach. Ist es aber nicht.

Ich frage mich, ob ich da vielleicht ein gewisses Suchtpotenzial im Umgang mit Handy und Internet entwickelt habe. »Man spricht ja mittlerweile von einer sogenannten Internetsucht«, erklärt mir der Doktor. Sucht sei ja medizinisch definiert. Und ein Definitionskriterium sei der Kontrollverlust. Also dass man nicht mehr Herr darüber sei, wie oft man welche Mengen konsumiere. »Und wenn Sie tatsächlich schon in so einem Stadium sind«, sagt Dr. Sprenger mahnend, »dann hätten wir eine Suchtentwicklung, und dann müsse man tun, was man tun muss bei einer Sucht. Man muss erst mal entgiften.

Ich nehme all meinen Mut zusammen und frage meinen Therapeuten: »Bin ich süchtig?«

»Sie haben ja gerade ein Suchtsymptom geschildert, nämlich einen Kontrollverlust über das Verhalten oder die Substanz. Aber in Ihrem Fall ist es das Verhalten. Und die einfachste Methode, um herauszufinden, ob Sie wirklich süchtig sind, ist, sich tatsächlich mal eine Zeit lang ein strenges Muster zu machen und zu sagen: ›Eine bestimmte Zeit benutze ich meinen PC und mein Handy, und da bin ich erreichbar, zu einer anderen Zeit nicht.‹ Schauen Sie, was passiert. Wenn Sie süchtig sind, kommen Sie auf Entzug. Sie werden immer unruhiger und halten es nicht mehr aus. Sind Sie schon so weit?«

Ich muss schlucken, denn ich glaube, ich bin längst so weit. Aber ich gebe es nicht zu und antworte stattdessen unsicher: »Ich hoffe, nicht.«

»Probieren Sie es aus«, gibt der sympathische Psychiater mir mit auf den Weg.

Autsch!

■ **Hartmut Rosa:** Viele von uns verhalten sich wie Suchtkranke: Wir suchen ständig nach dem nächsten Kick. Gelingt es uns mal, im Kurzurlaub oder an Feiertagen, uns aus dem täglichen Hamsterrad der auf uns einprasselnden Optionen auszuklinken, haben wir plötzlich Entzugserscheinungen. Wer das ganze Jahr, also 365 Tage lang, immer unter Strom steht – noch schnell Mails checken, kurz jemanden anrufen –, der kann dieses Verhalten nicht so schnell ablegen. Muße braucht Zeit!

Diese Zeit nehmen wir uns aber nicht mehr; wir werden, um es mit Goethes Zauberlehrling zu sagen, die Geister nicht mehr los, die wir riefen. Aber es hält keiner aus, unter Dauerstrom zu stehen. Irgendwann gerät jeder in einen Erschöpfungszustand. Die Konzentrationsfähigkeit nimmt ab, die Aufmerksamkeitsspanne wird kürzer. Wir hoppen von einem Ereignis zum nächsten. Wir sind dann kaum noch in der Lage, längere Projekte durchzuziehen, von Kreativität gar nicht zu reden. Beim Individuum führt das zu Burn-out-Zuständen, bei Organisationen zu organisatorischem Kammerflimmern. Wirklichen Tiefgang und Innovationen bekommt man nicht durch totale Flexibilität, Kommunikation und schnelles Reagieren, sondern durch eine gewisse Unempfindlichkeit gegenüber den kommunikativen Reizen der Umwelt.

Wie viele E-Mails ich heute bekommen habe? Ich weiß es tatsächlich nicht. Die habe ich schon seit Tagen nicht mehr abgerufen. Ich komme einfach nicht mehr nach. Manche Leute schreiben mir gar keine Mails mehr, worüber ich ganz froh bin. Ich denke, wir müssen uns heute mit dem Lebensgefühl arrangieren, dass wir die Berge auf unserem Schreibtisch nicht mehr kontrollieren, geschweige denn abarbeiten können. Durch diese digitalen Medien und Übertragungsmöglichkeiten haben wir in den letzten Jahren eine gewaltige Explosion an Optionen, an Möglichkeiten, besonders auch an Anschlussmöglichkeiten gesehen. Es kommen neue Kommunikationsmittel hinzu, die alten bleiben. Es gibt ja nicht nur E-Mail und SMS, sondern auch Facebook, Skype, Twitter et cetera.

(M)ein Leben ohne Handy und Internet? – Digitales Fasten

Eine Weile ganz ohne Internet und Handy auskommen ... Ob das eine Lösung für mich ist? Ich hab lange nachgedacht über den Ratschlag meines Therapeuten, habe das Für und Wider gegeneinander abgewogen. Klar, eine kontrollierte Abstinenz würde mir sicher guttun. Vielleicht wäre ich dann ruhiger und würde mich nicht mehr so gehetzt fühlen.

Es muss ja auch wirklich nicht sein, dass ich morgens, noch bevor ich mir einen Kaffee mache, nachsehe, ob mir irgendjemand nachts eine wichtige E-Mail geschrieben hat. Und meine Freundin hat sich auch schon häufig darüber beschwert, dass ich abendelang vor dem dämlichen Rechner sitze. Ich rechtfertige mich dann immer, dass ich dringend noch dies oder noch ganz kurz jenes machen müsste, für die Arbeit, Bürokram, Steuer. Ist klar. In Wirklichkeit hat sie mich gerade dabei ertappt, wie ich wieder, ohne es so richtig zu merken, in irgendwelche Untiefen des Netzes abgetaucht bin, nochmal eben schnell diesen Artikel bei Spiegel Online gelesen oder bei eBay vorbeigeschaut habe. Hab ich das Netz noch unter Kontrolle oder zappele ich schon längst hilflos darin herum? Das Internet ist eine gigantische Zeitfressmaschine. Und, nein! So richtig hab ich meinen Netzkonsum nicht unter Kontrolle, aber ist das wirklich gleich Suchtverhalten?

Auf der anderen Seite: Wie stellt der sich das vor, der Therapeut? Der hat gut reden. Als Freiberufler ohne Internet und

Handy? Tolle Idee. Geht aber leider nicht. Denn dann hab ich im null Komma nix keine Arbeit mehr. Ich spüre, wie ich fast ein bisschen wütend werde über Dr. Sprengers scheinbar einfachen Therapievorschlag. Wie soll ich denn für meine Arbeit und meine Filme recherchieren, wenn nicht im Netz? Soll ich etwa wieder in den Lesesaal der Uni-Bibliothek latschen wie in der Studienzeit und mit Mikrofiches nach Fachzeitschriften suchen? Fernleihe oder was? Gibt's diese riesenhaften Mikrofiche-Lesegeräte überhaupt noch? Nein, ohne Netz und Handy zu arbeiten, das ist ganz und gar und absolut unmöglich für Leute wie mich.

Das denke ich zumindest, bis mir der Soziologieprofessor und wohl wichtigste Beschleunigungsexperte Hartmut Rosa bei meinem Besuch in der Universität Jena von diesem sympathischen Journalisten von der *Süddeutschen Zeitung* erzählt. Der wollte das einfach mal ausprobieren und macht gerade einen Selbstversuch: ein halbes Jahr ohne Netz und Handy, ein halbes Jahr digitales Fasten. Klingt spannend, mit dem will ich reden, denke ich mir sofort. Ich frage Rosa nach der Mailadresse des Journalisten und bemerke gar nicht, wie bescheuert meine Frage ist. Rosa hingegen merkt, dass ich auf dem Schlauch stehe, und gibt mir noch kurz eine Chance, es zu kapieren, bevor er erklärt: »Nee, hat er ja nicht. Er ist ja gerade nicht übers Netz erreichbar. Aber eine Festnetznummer kann ich Ihnen geben.«

Eine Festnetznummer ... Habe ich schon ziemlich lange nicht mehr bekommen. Ich merke, wie ich deswegen sofort etwas Geheimnisvolles und irgendwie Konspiratives in diesen Selbstversuch hineininterpretiere. Als ob der Typ sich entschieden hätte, in ein einsames Blockhaus zu ziehen wie der UNA-Bomber und Rosa mir gerade eine geheime Karte gegeben hätte, um dieses

Blockhaus zu finden. Dabei hat er mir nur eine stinknormale Festnetztelefonnummer eines Journalisten gegeben, der eben mal ausprobieren will, wie man heute ohne Internet und Handy klarkommt. So wie wir das vor etwas mehr als zehn Jahren noch alle gemacht haben, ohne uns irgendetwas dabei zu denken.

»Alex Rühle heißt der Typ«, gibt mir Rosa mit auf den Weg. »Den kann man am besten abends unter dieser Nummer erreichen, hat er gesagt.«

Alex Rühle lebt nicht in einem Blockhaus in der Wildnis, sondern mit Familie mitten in München, und auch ansonsten ist er ein ziemlich normaler und sehr lustiger Zeitgenosse. Ich habe ihn gleich am nächsten Tag angerufen und über mehrere Festnetzstationen schließlich in der Redaktion in der Süddeutschen Zeitung erwischt. Wir waren uns, am Telefon auf Anhieb sympathisch. Ich erzählte ihm ein bisschen von meiner Macke und er von seiner. Ich von meiner Suche nach den Ursachen meiner Zeitknappheit. Und er von seiner Internetsucht und dem daraus folgenden Selbstversuch. Es ist ein bisschen so, als hätte ich gerade meinen Bruder im Geiste kennengelernt und würde ihm mein Herz ausschütten. Und das so richtig analog am guten alten Festnetztelefon und nicht über Facebook. Wir verabreden ein Treffen für eine Woche später in München.

Als ich die Woche darauf im ICE nach München sitze, zwischen iPhone und meinem Laptop hin und her multitaske – es ist erstaunlich, wie wenig Leute heute in einem ICE noch Zeitung oder ein Buch lesen; gefühlte 95 Prozent starren in ihre Rechner oder daddeln an ihren Smartphones oder beides gleichzeitig (so wie ich) –, frage ich mich, was ich eigentlich in München will. Warum fahre ich eigentlich zu diesem Rühle?

Will ich mich nur selbst beruhigen, dass da jemand sein Internet- und Handynutzungsverhalten vielleicht noch weniger unter Kontrolle hat als ich? Oder will ich mir selbst bestätigen, dass solche Selbstversuche sowieso nichts bringen und ich deswegen erst gar nicht damit anfangen muss. Was will ich eigentlich genau wissen? Nach und nach fallen mir die Fragen wieder ein, die mich nach unserem Telefongespräch noch ein paar Tage beschäftigt haben. Mich interessiert, wie sich das so anfühlt, ein Leben außerhalb der digitalen Wolke. Wird es stiller, gerichteter oder zentrierter? Hatte Rühle euphorische Gefühle bei seinem Selbstversuch? Oder Entzugserscheinungen?

Diese und andere Fragen gehen mir durch den Kopf, als ich am Münchner Hauptbahnhof ankomme und mit der S-Bahn zur *Süddeutschen Zeitung* in den Münchner Osten weiterfahre. Die Redaktion der SZ ist hier in einem neuen Glasturm untergebracht, der genauso auch in Frankfurt, London oder Dubai stehen könnte. Der breite bayerische Akzent des Pförtners ist das Einzige, was darauf hinweist, dass ich in München und nicht in Dubai bin. Rühles Büro sei im neunzehnten Stock, teilt er mir mit. Er wirkt mit seinem Dialekt irgendwie aus der Zeit gefallen und will so gar nicht zum steril-schicken Interieur des Foyers passen, an dessen Wand riesige Monitore hängen, auf denen verschiedene Nachrichtenkanäle und Börsenkurse gleichzeitig laufen. Könnte genauso eine Bank sein, denke ich mir.

Auf dem Weg in den neunzehnten Stock fällt mir noch eine weitere Frage ein, die mich brennend interessiert. Hat Rühle bei seinem Selbstversuch geschummelt? Heute ist übrigens der letzte Tag seines Unterfangens. Dann hat er das halbe Jahr geschafft. Die Tür des Büros steht offen. Rühle telefoniert gerade noch, winkt mich aber freundlich rein. Er ist ein paar Jahre älter als ich, denke ich, vielleicht Anfang vierzig, leger gekleidet und sieht eher aus wie ein zerzauster Künstler, nicht so sehr wie ein Redakteur.

Rühle legt auf und begrüßt mich freundlich. Wir setzen uns an einen Tisch an der Fensterfront seines Büros, beschließen, uns ab sofort zu duzen, und sind, ganz ohne Umschweife, sofort beim Thema. Warum er den Selbstversuch auf sich genommen hat, will ich wissen. Er holt tief Luft, ungefähr das letzte Mal für die nächsten drei Stunden, und legt dann los. Als müssten all die aufgestauten Erlebnisse dringend raus. Auch ganz schön. Diesmal bin ich der Therapeut und Alex der Patient. So gefällt mir das besser.

Er habe einfach das dringende Bedürfnis gehabt, etwas zu ändern, erklärt Alex. Er bekomme circa sechzig Mails am Tag und schreibe fünfzig. Den ganzen Tag prasselten die in sein Postfach, während er versuche, Texte zu schreiben und sich zu konzentrieren. Das sei aber in den letzten Jahren unmöglich geworden. »Ich biege nach jedem zweiten Absatz ins Netz ab und denke, ich gucke mal kurz Spiegel Online, und wenn ich wieder rauskomme, ist eine halbe Stunde vergangen, und ich weiß nicht, wo sie hin ist. Und wenn ich abends nach Hause kam, habe ich sofort den Rechner angemacht. Und dann hatte ich irgendwann diese Teufelsmaschine BlackBerry. Und die hat mich fertiggemacht«, erzählt er und grinst dabei verlegen. »Ich war nie süchtig, ich habe nie viel getrunken, und ich hatte immer das Gefühl, ich habe vielleicht kein besonderes Leben, aber immerhin versacke ich nicht in irgendeiner lebenszerrüttenden Sucht. Und dann kam dieses BlackBerry daher, und aus dem Stand war ich von dem Ding abhängig. Ich hab das einfach überhaupt nicht unter Kontrolle gehabt.«

Hab ich's doch gewusst. Es gibt Leute, denen es noch schlimmer geht als mir. Ich komme mir bei dem Gedanken zwar ein bisschen schäbig vor, aber insgeheim bin ich ganz erleichtert zu sehen, dass auch ein gestandener Redakteur der größten Tageszeitung Deutschlands, ähnliche Probleme hat wie ich und mir hier dazu noch so offen von seiner Verzweiflung berichtet. Dass er das mit einer gehörigen Portion Selbstironie tut, erleichtert die Sache ungemein. Sonst käme ich mir am Ende des Tages doch noch vor wie bei den Anonymen Alkoholikern oder sonst einer Selbsthilfegruppe.

»Wenn das vibriert hat und ich mit Leuten zusammen war«, erzählt Alex weiter von der Zeit vor dem digitalen Fasten, »und es mir peinlich war zu gucken – gucken musste ich –, da bin ich immer kurz aufs Klo gegangen, um zu gucken, was da für 'ne Mail gekommen ist. Die war natürlich in neunzig Prozent der Fälle Blödsinn, aber ich musste gucken!«

Das sei ihm mit der Zeit immer unheimlicher geworden. Er hänge ja schon in seiner Redaktion neun Stunden pro Tag am Rechner wie am Tropf. Danach sei er meist nach Hause gefahren und habe sofort wieder den Rechner hochgefahren. Oft habe er seinen Kollegen um halb eins noch Mails geschickt, aber gleichzeitig nicht verstanden, warum. »Ich habe mich zu Hause benommen wie ein Pegeltrinker. Ich habe den BlackBerry auf den Schuhschrank gelegt, und wenn ich zum Klo gegangen bin, hab ich dann immer heimlich geguckt, damit es meine Frau nicht sieht.«

Der hat wirklich ein Problem, denke ich, als ich Alex zuhöre. Um gleich im nächsten Moment schmerzhaft vom hohen Ross zu fallen und festzustellen, dass mir dieses Problem ja leider auch nicht ganz unbekannt vorkommt. Auch wenn wir zu Hause keinen Schuhschrank haben, kann ich mich an viele Situationen erinnern, in denen es mir ähnlich ging wie Alex. Alex hat wenigstens die Konsequenzen daraus gezogen und sich für ein halbes Jahr offline entschieden, wie er es nennt. Weil er sehen will, was es mit ihm macht, ob er es schafft und überhaupt funktionsfähig ist, bei der Arbeit und zu Hause.

Dazu muss man wissen, dass Alex Redakteur im Feuilleton und dort für die freien Themen zuständig ist. »Also für alles und nichts.« Im Gegensatz zu den meisten seiner Redaktionskollegen bearbeitet er keinen festen Bereich wie Theater, Kunst, Literatur oder Film. Seine Kollegen können sich, wenn ihm ausnahmsweise mal nichts Tolles einfällt, an vorausplanbaren Erscheinungsterminen oder Premieren entlanghangeln. Er ist permanent selbst auf der Suche nach Themen, weshalb er täglich nervös und hungrig im Netz umhergestreift ist, ein digitaler Jäger und Sammler von Themen. Und das hat ihn auch zu einem Fan des Internets gemacht.

Denn Alex ist alles andere als ein Internetskeptiker. Er verdammt das Netz nicht alarmistisch wie sein Kollege Frank Schirrmacher von der FAZ, der ja bereits um die menschliche Hirnstruktur fürchtet und durch das Netz die abendländische Kultur gefährdet sieht. Nein, ohne Internet wäre Alex' Arbeit kaum machbar und er ziemlich aufgeschmissen. Sich in dieser Position für ein halbes Jahr ohne Internet zu entscheiden ist also entweder mutig – oder ziemlich bescheuert.

»Ich mache all das nicht, weil ich das Internet doof finde. Im Gegenteil, ich verbringe den großen Teil meiner wachen Zeit im Netz, weil ich es großartig finde. Allein die Homepage des *Guardian* ist wie ein Bergwerk voller Goldadern. Und natürlich ist Google auf der einen Seite eine böse Firma, aber auf der anderen Seite bin ich Google unendlich dankbar, dass die Suchmaschine die Welt für mich ordnet. Ich hatte nur irgendwann das Gefühl, dass ich mir im Netz selbst abhandenkomme, dass es mich schluckt, und das war mir unheimlich«, sagt Alex.

Dann erzählt er mir vom 1. Dezember vergangenen Jahres, dem Tag, als er seinen BlackBerry unter Zeugen bei der IT-Abteilung der SZ abgegeben hat. Die dort arbeitenden Kollegen hätten ihn völlig entgeistert angeschaut. »Alles in Ordnung, Herr Rühle? Das ist doch ein Scherz.«

Ist es nicht. »Ich habe gesagt: ›Ich komme erst am 31. 5. wieder, und vorher geben Sie ihn mir bitte auch nicht.‹ Ich dachte auch, vielleicht bin ich völlig unzurechnungsfähig und bettele denen da den BlackBerry ab.«

Als er am gleichen Tag die Internet-Sachbearbeiterin der SZ anruft und darum bittet, sämtliche Mail- und Internetprogramme auf seinem Dienstrechner zu sperren, entgegnet die ihm reflexartig, das dürfe man doch gar nicht. Alex hat eine Weile gebraucht, um ihr glaubhaft zu machen, dass sein Experiment mit der Chefredaktion abgesprochen ist.

»Ich habe mir am Anfang selbst misstraut, weil ich im Urlaub schon öfter versucht hatte, für kurze Zeit ohne Internet auszukommen, aber ohne Erfolg.«

Es ging nicht anders: Auch auf seinem PC zu Hause hat sich Alex Safari, Mozilla und Outlook von einem Freund sperren lassen. So wie er es beschreibt, muss er ein erbärmliches Bild abgegeben haben an dem Tag, als er seinen BlackBerry abgegeben und seinen Netzzugang hat sperren lassen. So wie jemand, den man in jahrelange Isolationshaft abführt.

Er übertreibt bestimmt maßlos. Mir gegenüber sitzt jedenfalls kein Wrack, sondern ein äußerst vergnügter und guter Erzähler. Ich würde allzu gern wissen, ob seine gute Laune davon kommt, dass ihm das Experiment so gutgetan hat, oder davon, dass es morgen vorbei ist.

Und ich frage mich, wie sich der erste Tag seines Experiments für Alex angefühlt hat. Wenn er süchtig war, das habe ich ja inzwischen von meinem Burn-out-Therapeuten gelernt, muss er doch so etwas wie Entzugserscheinungen gehabt haben.

»Ja, Wahnsinn, furchtbar, ich bin halb durchgedreht. Wie so ein Raucher. Weil, normalerweise hat man ja den Rechner an und hat ja alles da drinnen. Und wenn ich früher an einem Text saß, bin ich immer irgendwo ins Netz abgebogen. Alle paar Minuten. Und das ging plötzlich nicht mehr. Ich hatte nur noch diese weiße Artikelfläche vor Augen. Furchtbar. Und das Netz kam mir vor wie die *great planes*, diese endlose Weite der Freiheit des Netzes. Und ich saß hier wie eingesperrt und konnte nicht mehr raus. Schlimm war das«, sagt er und grinst dabei voller Selbstironie.

Bis jetzt animieren seine Erfahrungen ja nicht gerade zum Nachmachen. Erst die traurige Selbsterkenntnis, süchtig zu sein, dann die Selbstzweifel, den Selbstversuch nur unter Zeugen hinzubekommen, und schließlich auch noch so etwas wie ein kalter Entzug. Nee, so was muss ich mir jetzt nicht auch noch antun. Ob es wohl irgendwann besser wurde?

»Zuerst überhaupt nicht. Die ersten Tage fühlte ich mich leer und nervös. Man ist halt ein Gewohnheitstier. Ich dachte, dieses Ohnmachtsgefühl dauert Wochen«, beschreibt Alex die erste Zeit des Selbstversuchs. »Aber das hat es dann nicht. Plötzlich hab ich gemerkt, dass ich hier auf der Arbeit auf einmal konzentrierter Texte schreiben kann, weil ich nicht mehr abbiegen konnte. Du suchst dir dann zwar andere Kanäle, und sicher, du plapperst mehr mit Kollegen rum. Am dritten oder vierten Tag dachte ich: ›Jetzt bin ich wohl verhaltensauffällig.‹ Ich stand dann plötzlich immer so bei Kollegen im Büro rum. Aber insgesamt kam es mir so vor, als wäre ich konzentrierter.«

Er erzählt von seinen Erlebnissen als analoger Eremit in der digitalen Welt. Ich lehne mich zurück und höre ihm gebannt und vergnügt zu. Es sei wirklich nicht einfach gewesen, sich durch diese analoge Restewelt zu tasten mit Fax und Briefkasten und Telefonzellen. Er sei sich vorher nie bewusst darüber gewesen, wie schnell diese analoge Welt hinter unserem Rücken »eingesaugt wird vom Netz« und dass die analogen Kommunikationsstrukturen einfach in einem beeindruckenden Tempo verschwänden. Und auf genau diese analogen Strukturen war er plötzlich angewiesen. Vor allem ein Erlebnis habe ihm das besonders klar gemacht. In der Redaktion habe er einmal mehrere Tage auf ein dringendes Fax gewartet. Immer wieder sei er zum Faxgerät gelaufen. Aber es sei kein Fax gekommen. »Auf dem Faxgerät stand: ›Bitte warten‹. Ich habe gewartet, es kam nichts. Ich bin technisch total unbegabt, und das Einzige, was mir da einfällt, ist, aus- und wieder einzuschalten. Das hab ich gemacht, und dann fing das Fax an, mit einem röchelnden Gequietsche Seiten auszuspucken. Aber nicht mein Fax, sondern Faxe von Montag, Dienstag, Mittwoch und Donnerstag. Das heißt in dieser Redaktion, in der es ziemlich rund geht, ist fünf Tage keinem aufgefallen, dass das Faxgerät nicht mehr funktioniert, weil keiner mehr Faxe braucht und Faxe erwartet. Das ist einfach ein Dinosaurier. Und auf so etwas war ich plötzlich angewiesen. Oder wenn ich Leute nach einer Telefonzelle fragte, antworteten die: ›Telefonzellen gibt es doch gar nicht mehr!‹ Obwohl die ja doch sehr auffällig in der Gegend rumstehen.«

So einen Selbstversuch trotz aller Widrigkeiten des Alltags durchzuhalten stelle ich mir ja schon zermürbend genug vor, doch was mich total nerven würde, wäre, allen erklären zu müssen, warum ich kein Handy benutze und nicht ins Netz gehen kann. Das wäre mir wirklich zu doof. Ich frage mich, wie die Leute reagiert haben, als sie von Alex' Selbstversuch erfuhren. Haben sie verstanden, warum er das macht? Oder haben sie ihn für einen esoterischen Spinner oder Aussteiger gehalten?

Von einigen seiner Kollegen habe er Hohn und Spott ertragen müssen, erzählt Alex. Sie nannten ihn, wenn auch augenzwinkernd, »Höhlenmenschen« und witzelten, ob er seine Mails jetzt mit dem Toaster schicken würde.

»Das Interessanteste für mich aber war, dass viele so was in mich hineingeheimnist haben. Die dachten, dass es ja die restlose Rundum-Erfüllung sein muss, ohne Internet zu leben. Natürlich war es das nicht. Es war ein Kampf. Zumindest für mich. Aber viele Leute fanden das Experiment auch total spannend. Sie haben mir dann von ihrer eigenen digitalen Klatsche erzählt und die in mich hereinprojiziert. Ich müsste jetzt eigentlich Lebensratgeber schreiben, den Leuten erklären, wie es geht.«

Ertappt. Ich merke, dass ich ein bisschen rot werde. Denn auch ich habe ja während unseres Gesprächs ständig meine »digitale Klatsche« und mein Zeitproblem mit Alex' Erfahrungen abgeglichen und versucht herauszufinden, wen von uns beiden ich jetzt bemitleidenswerter finde. Auch Alex beschreibt seinen Zustand vor dem Selbstversuch wie eine handfeste Sucht. Keine Sucht ohne einen ordentlichen Rückfall, denke ich mir insgeheim und frage mich, wie der wohl bei Alex ausgesehen haben mag? Oder hat er vielleicht doch keinen gehabt und ist inzwischen geläutert?

Alex erinnert sich an zwei Rückfälle. Für den einen habe er nichts gekonnt, der sei beruflich bedingt gewesen. Aber der andere sei ihm peinlich, für den schäme er sich. »Da hat meine Frau abends zu mir gesagt: ›Du, ich hab kurz mal Mozilla auf deinem Computer installiert, mein Rechner ist abgestürzt. Du schaust ja eh nicht rein, oder?‹ Aber ich hab mich verhalten wie einer, der auf Entzug ist und dem man sagt: ›Da hinten steht übrigens der Bierautomat, aber du gehst ja nicht ran, oder?‹« An diesem Abend musste Alex am Computer einen Text für die Zeitung fertigschreiben, aber da habe immer wieder dieser Fuchs in seinem Blickfeld geleuchtet. Er habe mit sich gekämpft, erzählt er, und schließlich sogar noch das Dokument, an dem er gerade arbeitete, über den verlockenden Fuchs gezogen ...« Aber irgendwann war ich im Netz und bin dann so durch meine Favoriten gesurft, eine Stunde oder so, zwanghaft«, sagt Alex. Hat er sich gut dabei gefühlt? »Absolut beschissen. Ich dachte, jetzt muss ich abbrechen. Also das war eine richtig demütigende Erfahrung, dass ich das nicht schaffe.«

Ein Kollege von Alex steckt seinen Kopf zur Tür rein und lächelt wissend. Der analoge Zausel, wie Alex sich seit Beginn seines Versuchs gern selbst nennt, ist mittlerweile eine kleine Berühmtheit in den Fluren der SZ und auch darüber hinaus. Inzwischen ist er fast häufiger der Interviewte als der Interviewer.

Mein Blick schweift aus der Fensterfront von Alex Büro. Wenn man aus dem neunzehnten Stock nach unten guckt, sieht man Bahngleise und eine Menge abgestellter S-Bahn-Züge. Sieht man in die Ferne, kann man an schönen Tagen bis in die Alpen schauen. »Ein tolles Panorama«, sagt Alex. Doch leider glotze er ja die meiste Zeit in den Bildschirm. Auf den Sesseln am Fenster, auf denen wir gerade sitzen und die er eigentlich für Momente der Muße und des Nachdenkens dorthin gestellt habe, habe er bisher so gut wie nie gesessen. Aber jetzt, wo Alex nicht mehr im Netz herumirrlichtern kann, sollte er doch eigentlich genug Zeit dafür haben, frage ich ihn. Ich merke, wie ich langsam ungeduldig werde. Irgendwie habe ich das dringende Bedürfnis nach einem Happy End. Ich will unbedingt auch noch etwas Positives mit nach Hause nehmen. Hat sich denn in der ganzen Zeit gar nichts getan bei ihm? Außer Entzugserscheinungen?

»Doch. Klar. Es hat sich doch recht schnell ein Befreiungsgefühl eingestellt«, sagt Alex. Vermisst habe er sehr wenig. Er habe wieder sehr viel Zeitung gelesen. Nur das Schnelle fehle eben. Im Netz sei ja alles immer sofort da. Er habe auch die Mails nicht so sehr vermisst. »Ich bin nicht auf Facebook, war ich auch nie«, erzählt Alex, »aber ich maile exzessiv mit ein paar Freunden. Ich würde deshalb auch nicht sagen, dass durch das Mailen die Kommunikation stirbt, das halte ich für absoluten Unsinn. Ich habe so tolle Mailfreundschaften.« Einige seiner Mailfreunde seien wieder aufs Papier zurückgegangen, um mit ihm in Kontakt zu bleiben, aber andere könnten einfach keine Briefe mehr schreiben oder wüssten teilweise auch gar nicht mehr, wie das mit dem Porto ginge.

»Und zu Hause war es ein riesiger Zugewinn. Ich glaube schon, dass ich mich geändert habe. Ich meine, ich bin kein anderer Mensch geworden, aber dieses bescheuerte Verhalten, diese Nervosität, diese vermeintliche »Nonstop-Totalinformiertheit«, die man da immer bedienen zu müssen meint. Dieses Mails-Checken, wie so eine Nuckelflasche. Immer braucht man süßen Brei fürs Ego. Das hat dann einfach nachgelassen. Ich habe sehr gut funktioniert zu Hause ohne, sogar besser. Es gab wieder so etwas wie Feierabend. Was sich vorher völlig aufgelöst hatte, vollkommen. Die Abende, die ich frei hatte, habe ich auf jeden Fall konzentrierter verbracht. Wie es geht, ein paar Stunden am Stück zu lesen, hatte ich vergessen und es in dieser Zeit wiederentdeckt. Diese Monate, die ich hatte, waren auf jeden Fall qualitativ hochwertigere Zeit, würde ich sagen. Ich will da nichts reingeheimnissen. Ich will keine Sekte aufmachen. Aber dass das so einsickert in alle Lebensbereiche und in alle Zeit, die man hat, außer schlafen, aber das kommt wahrscheinlich auch noch, das war einfach unheimlich.«

Also doch. Ich bin erleichtert. Wie gebannt habe ich Alex bis hierher zugehört. Viel von dem, was er erzählt hat, kenne ich nur allzu gut aus meinem eigenen Alltag, und sein Scheitern wäre auch für mich ziemlich frustrierend gewesen. Ich sollte mir doch nochmal überlegen, ob ich nicht auch eine Zeitlang zur Entgiftung offline gehe, wie Dr. Sprenger es mir empfohlen hat. Fragt sich nur noch, was passiert, wenn man danach wieder ins digitale Leben zurückkehrt. Bei Alex ist es morgen so weit. Er wird wieder resozialisiert. Freut er sich drauf?

»Ich bin sehr gespannt, ich weiß es nicht. Ich habe ziemlichen Schiss davor«, gesteht Alex.

»Echt?«, frage ich erstaunt.

Die Antwort überrascht mich doch. Ich hatte einen abgeklärten, geläuterten und überzeugten von der Sucht Geheilten erwartet. Ehemalige Raucher sind ja auch die überzeugtesten und fanatischsten Nichtraucher.

»Ich habe ziemlichen Schiss davor, ja klar, den BlackBerry will ich nicht wiederhaben.« Eigentlich bekäme man bei der SZ immer einen BlackBerry zum Dienstgebrauch, erklärt Alex. Aber er wolle lieber ein normales Handy haben. Zwar habe man ihm in der IT-Abteilung zuerst wieder gesagt, so etwas gebe es gar nicht mehr. Aber jetzt bekomme er doch eins. Ein altes Nokia, ohne Mail, ohne Internet. »Ich freue mich drauf, hier in der Redaktion wieder ein normaler Mensch zu sein. Aber ich habe auch Angst und bin sehr skeptisch, ob ich das hinkriege. Also, ob ich einen kontrollierteren Umgang damit hinbekomme. Zu Hause schalte ich das Internet erst mal nicht an. Ich bin hier neun Stunden im Netz, das sollte reichen. Aber ich weiß nicht, ob es klappt.« Da bin ich auch gespannt.

Am Ende unseres Gesprächs mischt sich ein nachdenklicher Unterton in Alex' launige Erzählung. Er scheint sich selbst nicht so ganz über den Weg zu trauen und sich auch noch nicht ganz klar darüber zu sein, was das halbe Jahr digitales Fasten mit ihm gemacht hat. Er hat ein Tagebuch darüber geführt, das demnächst veröffentlicht werden soll, gut, aber was langfristig passiert, steht in den Sternen. Vielleicht war alles umsonst, und in zwei Monaten ist wieder alles beim Alten.

Aber wo ich schon mal hier bin, versuche ich trotzdem, wenigstens ein bisschen aus ihm herauszukitzeln. »Was hat die Offline-Zeit mit dir gemacht? Hat der Selbstversuch nicht doch irgendwie einen Schalter bei dir umgelegt?«, frage ich ihn.

»Ich bin sehr froh, dass ich es gemacht habe. Ich fand, es war 'ne tolle Erfahrung«, sagt Alex. »So oder so.«

Ob er es auch anderen und speziell mir, seinem Leidensgenossen, guten Gewissens empfehlen könne? »Ich würde es dir als Vater empfehlen. Ja, auf jeden Fall. Ich empfehle es dir als zeitgestresstem Menschen und als Vater.«

Alex' Antwort kam wie aus der Pistole geschossen. Dafür

musste er wohl nicht lange nachdenken. Und sie trifft ins Schwarze.

»Meine Kinder«, sagt er, »waren so wütend auf dieses Teil. Zu Recht. Wenn die mal später eine Analyse machen, dann kommt meine Tochter wahrscheinlich zu mir und sagt: ›Ich träume immer von dir mit so einem blauen Gesicht.‹ Weil ich immer in den Bildschirm geguckt habe, wenn ich mit ihr redete, nebenbei, ganz schnell, nur mal eben Mails gecheckt habe. Kinder sind das Analogste, was es gibt.«

Der letzte Satz klingt lange nach bei mir. Ob er denn nach seinem Selbstversuch für eine Welt ohne Internet eintreten würde, wie es sich für einen erfolgreich entwöhnten Süchtigen gehört, will ich von Alex wissen.

Das sei doch Blödsinn, antwortet er. Es sei nun mal da und habe ja auch enorm viele Vorteile, die er auf gar keinen Fall missen wolle. »Ich habe schmerzhaft bemerkt, wie klug das Netz ist, wie schnell, wie fantastisch organisiert. Ich finde das Netz ja auch toll, irgendwie«, sagt Alex. Das Schwierige sei eben, es in den Griff zu bekommen. Und dafür habe er auch nach dem halben Jahr keinerlei Rezept gefunden. Die Sogkraft sei doch enorm stark. Er könne jedenfalls jedem empfehlen, mal eine Zeit lang offline zu gehen. Bloß müsse man es ja irgendwie auch einrichten können in seinem Leben. Nicht jeder sei festangestellter Redakteur wie er. Deswegen müsse er sich morgen erst mal aufs herzlichste bedanken bei seinen Kollegen, die ihn ein halbes Jahr analog ertragen hätten.

Nach fast drei Stunden ohne Pause ist unser Gespräch zu Ende. Auf einmal wird Alex hektisch. Er muss bis Redaktionsschluss noch seinen letzten analog recherchierten Artikel seiner digitalen Fastenzeit fertigschreiben. Die Zeit ist wie im Flug vergangen, und ich bin sicher, wir werden uns wiedersehen. Eine Frage habe ich aber noch. »In einem Satz: Was ist denn jetzt dein Fazit, Alex?«

Er zögert kurz. Dann antwortet er: »Schön war's. Es war sehr schön, und ich bin heilfroh, dass ich morgen wieder ins Netz komme.« Alex grinst verlegen, und man merkt: Er kann es kaum erwarten.

■ **Hartmut Rosa:** Wo die Zeit hin ist, die wir durch die Technik gewinnen, ist nicht leicht zu beantworten. Aber man kann ein bisschen Licht ins Dunkel bringen, wenn man sich die Prozesse einmal genau anguckt: Man kann beispielsweise eine E-Mail doppelt so schnell schreiben wie einen normalen Brief. Wenn wir also früher am Tag zehn Briefe geschrieben haben und dafür eine Stunde brauchten und jetzt zehn E-Mails in einer halbe Stunde schaffen, dann haben wir dreißig Minuten freie Zeitressourcen gewonnen. Das ist erst einmal ganz toll. Aber ist es wirklich so gekommen? Nein. Weil wir nicht mehr nur zehn E-Mails schreiben, sondern inzwischen eher vierzig, fünfzig oder sechzig. Wenn nun also eine E-Mail doppelt so schnell geht wie früher ein Brief, dann brauchen wir heute trotzdem mehr Zeit zum Erledigen unserer Korrespondenz. Wir haben also insgesamt Zeit verloren.

Und da wir aber unsere Zeit nicht beliebig ausdehnen können, müssen wir eben schneller werden. Das ist genau die Situation, die die meisten Menschen kennen. Wenn sie den Computer anmachen, tickern die Nachrichten ein, und man wird, wie auf einer Rolltreppe, nach unten befördert, und man muss nach oben laufen, um die alle zu beantworten. Und in dem Moment, da wir denken, dass wir oben angekommen sind und uns einer anderen Aufgabe widmen können, fahren wir die Rolltreppe wieder nach unten. Die Metapher der Sisyphusarbeit passt auf kaum etwas besser als auf das E-Mail-System. Jeden Morgen rennen wir den Berg hoch. Jeden Morgen wird der Berg ein bisschen höher. Jeden Morgen müssen wir ein bisschen schneller rennen und ein bisschen weiter, und am nächsten Tag sind wir wieder unten. Die Zeit, die wir durch die neue E-Mail-Technologie gewinnen, verlieren wir dadurch, dass die Zahl der Nachrichten, die wir ja nicht nur schreiben, sondern auch lesen und verarbeiten müssen, viel stärker gestiegen ist als die Geschwindigkeitsgewinne der neuen Technologie.

Das Gleiche beim Autoverkehr. Natürlich geht es schneller, einen Weg von fünf Kilometern mit dem Auto zurückzulegen, als zu Fuß zu gehen, aber wir beschränken uns inzwischen eben nicht auf fünf Kilometer am Tag, sondern fahren fünfzig oder hundert. Wo man hinsieht, erkennt man immer wieder dieses Muster. Das Beschleunigungsproblem kommt also daher, dass die Wachstumsraten höher sind als die Beschleunigungsraten.

Die Zeit wird auch knapp, weil das Missverhältnis zwischen Mensch und Technologie immer größer wird. Unsere modernen Geräte und Technologien können immer mehr, bieten immer mehr Optionen, die wir aber nicht mehr ausschöpfen. Das weiß jeder, der im Internet surft. Da stehen alle Informationen, die ich haben muss, ich finde sie nur nicht. Im seltensten Fall liest ein Internetbenutzer eine Seite bis zum Ende. Weil man immer das Gefühl hat, woanders findet man möglicherweise etwas Besseres oder mehr. Und das Gleiche gilt für die Geräte, mit denen wir uns umgeben. Also mit der neuen Fotokamera, dem neuen Fernseher, Computer oder Drucker. Diese Dinge werden immer schlauer, können immer mehr, aber wir wechseln sie auch in immer kürzeren Abständen aus, und wir werden mit den Sachen nicht mehr vertraut. Man kann sogar zeigen, dass wir fast mit jeder neuen Technologiegeneration inzwischen weniger können als mit der letzten. Vor zehn Jahren wusste fast jeder, wie man eine Radiosendung aufnimmt. Man hat die Kassette eingelegt und auf den Aufnahme-, den Record-Knopf gedrückt. Das konnte fast jeder.

Die heutigen Technologien können viel bessere und kompliziertere Dinge tun, aber die wenigsten wissen, wie sie eine Radiosendung aufnehmen können. Oder eine Digitalkamera. Die macht tolle Bilder und hat endlos viele Optionen, aber die wenigsten wissen, welche. Weil sie sie viel zu schnell austauschen. Das Gleiche gilt für das Handy, das Navi und so weiter. Die Dinge bleiben uns immer fremd, weil wir wissen, sie sind wahnsinnig komplex, und wir haben gar keine Zeit, sie auszuschöpfen. Der Ausschöpfungsgrad nimmt ab, und dadurch machen wir uns selbst auch ein bisschen unglücklich.

Zwei Leben in einem –
Beim Zeitforscher

Was soll ich jetzt vom digitalen Fasten halten? Eine Zeit lang ohne Handy und Internet! Klar. Da täte mir bestimmt gut! Nur passt es eben gerade nicht so. Irgendwann mal mach ich das bestimmt. Aufgeschoben ist ja nicht aufgehoben... Andererseits: So richtig runtergekommen zu sein von der digitalen Sucht scheint Alex nach einem halben Jahr Entzug auch nicht.

Da ich gerade in München bin, verabrede ich mich für den Nachmittag mit Deutschlands bekanntestem Zeitforscher, Professor Karlheinz Geißler. Ein Freund hat mir neulich von ihm erzählt, als wir beide in der Kneipe mal wieder über unser stressiges Leben jammerten. Er hatte gerade eins der zahlreichen Bücher gelesen, die Geißler über sein Lebensthema »Zeit« geschrieben hat, und er war sehr angetan davon. Er mochte besonders, dass Geißler sich in seinen Büchern eben nicht zum besser wissenden Ratgeber und Lebenscoach aufschwingt, sondern das ewige Gehetze des modernen Menschen auch mit etwas Augenzwinkern betrachtet. Er nehme sich selbst nicht so wichtig, das würde den Mann so glaubwürdig machen, meinte mein Freund. Das ist genau der Richtige. Den muss ich treffen, dachte ich mir sofort.

Mit S- und U-Bahn fahre ich in den Münchner Südosten, wo Geißler lebt. Ich bin schon etwas zu spät dran, das heißt eine Stunde nach der verabredeten Zeit. Aber bei Geißler kann man scheinbar gar nicht so richtig zu spät kommen. »Kommen Sie, wann Sie wollen«, hatte er mir am Telefon gesagt. »Wenn ich weiß, dass Sie morgen kommen, bin ich da und erwarte Sie. Machen Sie sich keinen Stress.« So problemlos und entspannt habe ich mich schon lange nicht mehr verabredet. Wie wohl so ein Zeitforscher lebt, frage ich mich, als ich durch die Straße mit Einfamilienhäusern laufe, die zu Geißlers Adresse führt. Vor einem kleinen Haus aus den fünfziger Jahren bleibe ich stehen und klingle.

Ein freundlicher Mann, Mitte sechzig, mit weißem Bart öffnet die Tür. »Kommen Sie herein, Herr Opitz«, sagt Geißler. Er hat die besondere Ausstrahlung desjenigen, den so schnell nichts aus der Ruhe bringt, als kämen Eile und Hektik in seinem Leben nicht vor. Das hat sicher damit zu tun, dass Geißler schon sein Leben lang zur Langsamkeit gezwungen ist. Mit fünf Jahren sei er an Kinderlähmung erkrankt und seitdem gehbehindert, erzählt Geißler, der sich nur mühsam mit dem Stock fortbewegen kann.

»Ich konnte in meinem ganzen Leben nicht beschleunigen. Ich bin also durch meine Krankheit auf die Tribüne verbannt worden, und von da aus schaue ich mir das Verhältnis des modernen Menschen zu Zeit und Geschwindigkeit an und merke, dass Leute viel gewinnen durch Beschleunigung, aber auch sehr viel verlieren. Natürlich bin ich auch ein bisschen neidisch, weil die was können, was ich nicht kann. Auf der anderen Seite habe ich mich damit zurechtgefunden. Ein bisschen amüsiere ich mich darüber, und zu guter Letzt schreibe und lehre ich darüber. Und das ist das Positive, was ich aus dieser Beobachtung gewonnen habe. Das heißt, es ist quasi eine aus der Not geborene Wissenschaft geworden.«

Wenn er davon erzählt, merkt man, dass er darauf auch ein

wenig stolz ist. Geißler ist emeritierter Professor für Wirtschaftspädagogik und Präsident der Deutschen Gesellschaft für Zeitpolitik. Zeitpolitik? Was das wohl bedeutet? Geißler bietet mir einen Espresso an, den ich gern annehme. Ich hatte heute erst zwei. Ich schaue ihm beim Hantieren in der Küche und im Wohnzimmer zu und erkenne, was er meint, wenn er über seine eigene Langsamkeit spricht. Als der Espresso fertig ist, setzen wir uns in den Garten und beginnen uns zu unterhalten. Warum denn heute so viele Menschen das Gefühl hätten, keine Zeit zu haben, will ich von ihm wissen.

»Ja, wir haben nicht zu wenig Zeit, sondern zu viel zu tun oder glauben, zu viel zu tun zu haben«, antwortet Geißler. »Und zwar, weil wir so viele Möglichkeiten haben. Also die Geschwindigkeit, die wir inzwischen in der Produktion, im Verkehr und in der Freizeit, in der Unterhaltung erreicht haben, lastet uns immer mehr Optionen auf. Wir haben heute mehr Entscheidungs- und Wahlmöglichkeiten als je zuvor. Doch je mehr wir davon haben, desto mehr wollen wir auch realisieren.«

Der Mensch wolle eben auf möglichst nichts verzichten. Also lade er sich immer mehr auf. Und dabei merke er nicht, dass darin letztlich die Ursache seiner Zeitnot liege. Der moderne Mensch packe dann drei oder vier Leben in eins und vervielfache Tempo und Pensum aus Angst, das Entscheidende zu verpassen.

»Sie sollten also nicht fragen, warum Sie keine Zeit haben, sondern eher: ›Was kann ich dagegen tun, dass ich so viel zu tun habe?‹«, rät mir der Zeitforscher. Die Hetze komme natürlich auch daher, dass die Maschinen rund um die Uhr liefen, dass das Internet rund um die Uhr laufe, dass alles rund um die Uhr zur Verfügung stehe und dass wir uns daran orientierten. So würde ja zum Beispiel immer wieder darüber nachgedacht, den Sonntag abzuschaffen. Doch der Mensch könne vom Brot allein nicht leben. Er brauche einfach auch Ruhe im Leben und Zeiten, die nicht in Geld verrechnet werden. Aber eigentlich würden die meisten gern auch noch am Sonntag einkaufen und ins Internet gehen. Einfach um eine Option mehr zu haben.

Geißlers Telefon klingelt mehrfach. Und der Professor erteilt mir, dem nervösen Hektiker, eher unbeabsichtigt eine kleine Lektion dessen, was er Zeitsouveränität nennt. Wenn bei mir das Telefon klingelt, gehe ich natürlich immer sofort dran. Immer. Allein um sicherzugehen, dass ich keinen dringenden Anruf verpasse. Ich unterbreche das gerade stattfindende Gespräch, um kurz ans Telefon zu gehen und dem Anrufer mitzuteilen, dass ich später zurückrufe. Abgesehen davon, dass das ziemlich absurd und hirnrissig ist, gehe ich damit auf einen Schlag gleich zwei Menschen auf die Nerven. Dem Gesprächspartner und dem Anrufer. Ich mache das trotzdem immer so. Ich kann nicht anders. Geißler schon. Er lässt es klingeln.

Seit einiger Zeit schon beschäftigt mich die Frage, ob das Leben eigentlich wirklich immer schneller wird oder ob wir nur alle das subjektive Gefühl der Beschleunigung haben.

»Na, es gibt Dinge, die sich nicht beschleunigen. Zum Beispiel die Abläufe der Natur, die beschleunigen sich nicht«, antwortet Geißler. Wir hätten immer noch sieben Tage die Woche und nicht acht. Wir hätten immer noch gleich lange Jahre, immer noch Frühling, Sommer, Herbst und Winter. Aber was wir selbst produzieren, das würde sich verändern. Hier würden wir immer schneller. Weil wir in unserem Wirtschaftssystem Zeit in Geld verrechneten, müssten wir schneller werden, um mehr Geld zu verdienen und mehr Wohlstand zu produzieren.

»Wenn wir von dem Zeitdruck wegkommen wollen«, sagt Geißler, »dann müssen wir mehr verzichten. Das ist die einzige Lösung. Darauf verzichten, mehr Geld zu verdienen, oder auf Möglichkeiten des Konsums verzichten.«

Ich versuche mir vorzustellen, was genau Geißler mit verzichten meint? Auf was sollen wir denn verzichten? Auf Autos, Computer, Flugreisen? Auf all die Vorzüge des modernen Lebens? Zurück ins vordigitale Zeitalter? Oder aussteigen aus der kapitalistischen Gesellschaft? So weit wollte ich jetzt eigentlich gar nicht gehen. Ich will doch einfach nur wieder mehr Zeit für mich haben.

Trotzdem. Die Worte des gelähmten Professors prasseln nicht so einfach an mir ab, wie ich zuerst dachte, sondern beschäftigen mich. Was würde denn passieren, wenn ich mich morgen aus diesem Hamsterrad verabschieden würde, alle anderen aber weiter mitrennen? Wie soll das gehen? Verzicht, ohne unter der Brücke zu landen? Von irgendetwas müssen wir doch leben ...

»Na ja, man landet auch nicht unter der Brücke, wenn man aufs große Geld, auf Produkte und Beschleunigungsgeräte verzichtet. Also wenn ich mir kein Handy zulege, lande ich nicht notwendigerweise unter der Brücke. Aber ich werde gewisse Dinge natürlich nicht bekommen und nicht leben können«, sagt Geißler. Aber die spannende Frage sei doch, ob einem das was ausmache oder nicht. Verzichten müsse man ja sowieso. Niemand könne alle Gelegenheiten wahrnehmen. Je mehr Gelegenheiten man habe, desto mehr müsse man verzichten. »Ich kann nicht zwei Leben oder drei Leben in einem leben. Ich kann immer nur ein Leben leben. Und wenn mir das klar wird, wenn ich auch der Verführung der Werbung, die das suggeriert, entgehen kann, dann kann ich durchaus zeitzufrieden leben. Aber das ist ein Stück weit gegen den Strom geschwommen.«

So habe ich es noch nie gesehen. Verzicht nicht als lustfeindliche, quasireligiöse Aufforderung zum spartanischen Leben, sondern als Mittel zur Rückgewinnung der Lust am Leben? Ich merke, wie es in meinem Kopf zu rattern beginnt. Das ist wirklich Denksport heute.

»Wir sollten unseren Reichtum nicht allein im Güter- und im Geldwohlstand messen, sondern auch im Zeitwohlstand«, fügt Geißler hinzu. »Wenn man eine Balance zwischen Güter- und Zeitwohlstand hinbekommt, dann, denke ich, kann man glücklich und zufrieden leben. Aber es ist immer wieder eine neue Herausforderung zu erkennen, auf welche Dinge man verzichten will und auf welche nicht. Was gewinne ich zum Beispiel, wenn ich Kinder habe, und was verliere ich? Ich verliere an Geschwindigkeit, aber ich gewinne sozusagen an Liebe, Zuneigung und auch an viel, viel Freude.«

Wir sitzen nun schon eine Weile im Garten und unterhalten uns über die unterschiedlichsten Facetten der Zeit und der gesellschaftlichen Beschleunigung. Es scheint Geißler Freude zu machen, dass sich auch mal ein relativ junger Besucher für seine scharfsinnigen und spitzzüngigen Thesen interessiert. Und auch ich genieße die Zeit. Geißler ist ein äußerst angenehmer Gesprächspartner, der mir nicht nur wegen seines verschmitzten Lächelns sehr sympathisch ist. Ab und zu kommen seine Frau oder sein Sohn vorbei. Sie scheinen seine Pointen und seine Leidenschaft für unser Gesprächsthema jedoch nicht das erste Mal zu erleben und verlassen nach kurzer Zeit mit einem vielsagenden Blick wieder den Garten.

Wir sind inzwischen bei den historischen Wurzeln der Beschleunigung angekommen, der Frage also, woher unser zunehmender Zeitdruck kommt. Seit es die Uhr gibt, sagt Geißler, sei der Mensch immer weiter vertaktet worden. Das Leben des Menschen sei von der Naturzeit gelöst und mit der Uhr gleichgeschaltet worden. Damit sei es aber auch dem Diktat von Zeitplänen und Effizienz unterworfen worden. Eine weitere Zäsur war die Erfindung der Dampfmaschine, mit der der Beschleunigungsprozess erst so richtig in Fahrt gekommen ist. Mit Beginn der Industrialisierung ist wirtschaftliches Wachstum dann eigentlich immer über wachsende Beschleunigung erreicht worden.

»Wachstum hieß dabei immer auch, in gleicher Zeit mehr zu tun und mehr zu verdienen als bisher oder bisher ungenutzte Zeit künftig irgendwie wirtschaftlich zu nutzen«, fährt Geißler fort. Aus dieser Zeit stamme schließlich auch das von Benjamin Franklin geprägte Motto »Zeit ist Geld«. Das habe über zweihundert Jahre prächtig funktioniert. Wir seien immer schneller geworden – von der Eisenbahn über das Auto bis hin zur Raumfähre. Aber jetzt sei die Temposteigerung am Ende angelangt. Schneller als Lichtgeschwindigkeit, mit der heute Informationen über den Planeten gejagt würden, könnten wir ja nicht mehr werden.

Ich bin erstaunt. Wenn ich mich in der Welt umschaue, habe ich jedenfalls nicht den Eindruck, dass sich die Erkenntnis herumgesprochen hat, die Temposteigerung sei an einem Ende angelangt. Die Temposucht des Menschen scheint mir jedenfalls keineswegs gesättigt zu sein, sondern unvermindert fortzubestehen.

»Das ist auch so. Da haben Sie recht. Doch heute versuchen

wir durch ›Vergleichzeitigung‹ und Zeitverdichtung und nicht mehr nur durch Schnelligkeit schneller zu werden. Wir beschleunigen dadurch, dass wir immer mehr Dinge gleichzeitig machen. Also das, was man neudeutsch ›Multitasking‹ nennt.« Doch richtiges Multitasking, da seien sich die Hirnforscher einig, funktioniere im menschlichen Gehirn eigentlich gar nicht. Das Gehirn sei programmiert auf eins nach dem anderen. Das gehe zugegebenermaßen aber ziemlich fix. Doch Dinge, die man vertieft angehen müsse, die man gründlich machen müsse, die ließen sich nicht durch Zeitverdichtung oder Multitasking beschleunigen, die bräuchten unsere ganze Aufmerksamkeit. »Flexibilisierung« sei neben »Multitasking« das zweite Zauberwort der Beschleunigung.

Stimmt irgendwie, was der Professor da sagt. Für immer mehr Menschen scheint es heute tatsächlich keine Rolle mehr zu spielen, ob sie tags, nachts oder 24 Stunden am Stück arbeiten – allein das Ergebnis zählt. Unsere Arbeits- und Gehirnlaufzeiten werden, ohne dass wir es so richtig wahrnehmen, per Handy und E-Mail bis ins Privatleben hinein verlängert: Der flexible Mensch ist immer auf »Stand-by«, immer »on«. Um Zeit zu gewinnen, macht er keine Pausen mehr, erledigt nicht mehr eins nach dem anderen, sondern alles zugleich: e-mailen, simsen, essen, telefonieren, das Kind versorgen. Geißler nennt diese Menschen, die maximal flexibel sind und sich perfekt im Multitasking eingerichtet haben, »Simultanten«.

Leider erkenne ich mich sofort in seiner Beschreibung des Phänomens wieder. Bin ich also, ganz ohne es bisher gemerkt zu haben, zu einem Simultanten geworden? Hört sich irgendwie fies an, nach Science-Fiction, nach Mutant und Aufschneiderei. So will ich nicht sein. Ich muss an meinen Sohn denken.

Soll der so einen Simultanten als Vater haben? Einen, der nonstop telefoniert, mailt, arbeitet, managt, während ich eigentlich mit Anton Fußball spielen sollte? Nein. Wie komme ich da nur wieder raus? Okay, eins nach dem anderen machen. Dafür muss ich mich aber erst mal besser organisieren. Also doch Zeitmanagement? Ich bin verwirrt.

»O Gott, nein. Zeitmanagement ist sozusagen der sicherste Weg zu neuen Zeitproblemen«, versichert Geißler lachend, »und zu noch größeren. Es ist eine moderne Märchenerzählung, dass man mit der Zeit ins Reine kommen kann, dass man sie organisieren oder sparen kann. All das geht überhaupt nicht. Wir wissen doch alle: Je mehr Zeit ich spare, desto mehr komme ich unter Zeitdruck. Deshalb sollte man sich das Zeitmanagement sparen und die Zeit besser nutzen. Durch Multitasking und den Verzicht auf Pausen werden Sie von Ihrer Zeitnot jedenfalls nicht befreit. Zeit kann man nicht durch Zeitsparen, sondern nur durch Zeit selbst wiedergewinnen. Durch entdichtete Zeiten, ob sie nun ›Feierabend‹, ›Urlaub‹, ›Sonntag‹ oder ›Kaffeepause‹ heißen.«

»Haben Sie irgendeinen Rat für mich?« In dem Moment, als ich Geißler diese Frage stelle, macht es aus meiner Hosentasche laut: »Dingdong!« Mein Handy klingelt. Als ob es eines weiteren Beweises dafür bedurft hätte, dass ich tatsächlich so ein verdammter Simultant bin. Ich werde sofort knallrot. Es ist mir irgendwie sehr peinlich vor diesem so souveränen alten Herrn.

Ob er denn für eine radikale Entschleunigung eintrete, will ich von Geißler wissen. Nein, nein, er sei kein radikaler Entschleuniger. Vieles an der Beschleunigung sei ja sinnvoll. Aber die Frage, ob Beschleunigung in bestimmten Bereichen sinnvoll ist oder eher sinnlos sei, werde eben gar nicht mehr gestellt. Beschleunigung werde heute per se als gut und Verlangsamung als schlecht angesehen. Er selbst sei für Enthetzen. Enthetzen hieße nichts anderes, als überflüssige Beschleunigung abzubauen. In anderen Worten: Es gehe darum, die angemessene Geschwindigkeit für die verschiedenen Lebensbereiche zu finden. Es geht also wie bei Alex auch um das gesunde Mittelmaß. Doch was ist angemessen? Was ist meine »Wohlfühltemperatur« in Sachen Geschwindigkeit?

Deswegen habe er ja die deutsche Gesellschaft für Zeitpolitik mitgegründet, erklärt Geißler. Weil er der Meinung sei, dass mein Zeitproblem kein individuelles Problem sei, wie es das Zeitmanagement ja unterstelle, »sondern ein gesellschaftliches und besonders auch ein politisches Problem. Denn politische Entscheidungen sind auch Zeitentscheidungen. Und das den Leuten bewusst zu machen und zu wissen, welche Konsequenzen politische Entscheidungen für das Zeitleben der Menschen haben, das ist eigentlich die Aufgabe der Zeitpolitik.« Wenn man zum Beispiel den Sonntag abschaffe, dann sei doch klar, dass weniger Kinder geboren würden und dass die Scheidungsrate steigen würde. Das sei alles prognostizierbar. »Aber das wird nicht diskutiert. Es wird nur behauptet, dass wir mehr Wachstum bekommen, wenn die Geschäfte sonntags aufhaben, und dass wir an Freiheit gewinnen, noch mehr zu shoppen. Aber es wird nicht über Kinder diskutiert, es wird nicht über Familien diskutiert, es wird nicht über das Ausbrennen der Menschen diskutiert.«

Wie im Nu sind in Geißlers Garten Stunden verflogen, und es ist dunkel geworden. Wir gehen rein, denn ich muss mich natürlich wieder beeilen, um meinen ICE nach Hause noch zu bekommen. Einen weiteren Tag oder zumindest über Nacht in München zu bleiben und den Abend im Biergarten zu genießen, dafür hatte ich mir natürlich wieder keine Zeit eingeplant. Stattdessen habe ich mir ein Ticket für den letzten Zug nach Berlin gekauft. Selbstverständlich online. Umtausch und Rückgabe ausgeschlossen. Das nenn ich Flexibilität!

Mein Blick wandert durch das aufgeräumte Wohnzimmer des Professors mit dem weißen Bart. Mir fällt auf, dass hier nirgendwo eine Uhr hängt. Als wolle Geißler der Vertaktung keine Chance geben. Auch nach einem Fernseher halte ich vergeblich Ausschau. Alles ist hier sehr schlicht gehalten, in den Regalen stehen viele Bücher. Schöne, große Bücher.

»Einige davon hat meine Frau herausgegeben. Sie macht aufwändige Kunstbücher in Miniauflage. Wenn Sie so wollen, ist das eine sehr zeitaufwändige und entschleunigte Arbeit. Aber auch die kann manchmal in regelrechten Stress und Zeitdruck ausarten, wenn sie einen Abgabetermin hat.«

So wie Geißler das sagt, merkt man, dass ihm nicht wohl ist bei dem Gedanken, sich fremdbestimmten Terminen unterzuordnen. Er selbst überzieht die Fristen, die ihm die Verlage seiner Bücher setzen, ständig, sagt er. Ein Buch sei fertig, wenn es fertig ist und nicht wenn der Verlag es will. Die scheinen dieses augenzwinkernde Spiel des Zeitprofessors mitzumachen. Sie schätzen ihn als Autor und nehmen es ihm nicht übel, warten zu müssen. Er hält den gestressten Medienmenschen damit immer wieder den Spiegel vor. Die spitzbübische Freude darüber kann Geißler kaum verbergen.

Zum Abschied wage ich nochmal einen Versuch. Der erste war ja durch mein Handy jäh unterbrochen worden. Ob er doch noch einen konkreten Rat für mich hat? Geißler zögert kurz, denn er ist kein Freund der einfachen Antworten. Dann sagt er: »Unser Leben ist sehr stark durch die Uhr und durch Maschinen und Geräte vorgegeben, und daran orientieren wir uns. Am liebsten würden viele von uns ja genau so funktionieren wie eine Maschine oder ein Computer. Rund um die Uhr aktiv sein können, keine Pausen mehr kennen, keine Wartezeiten, keinen Urlaub, keinen Sonntag. Das Leben der Maschinen und der Uhr ist vertaktet. Und Takt heißt: Wiederholungen ohne Abweichungen. Immer das Gleiche, immer eins nach dem anderen. Aber unser natürliches Leben, unser von der Natur mitgegebenes Leben, orientiert sich am Rhythmus. Und Rhythmus heißt: Wiederholungen mit Abweichungen. Das heißt: Jeder Tag ist gleich lang, aber ein bisschen anders, inhaltlich und qualitativ. Und es ist wichtig, dass wir dieses andere Leben, dieses rhythmische Leben als Orientierungspunkt haben. Das vertaktete Leben macht uns zur Maschine, und das macht unzufrieden.«

Eine halbe Stunde später sitze ich schon im ICE und bin auf dem Heimweg nach Berlin. Maschinen, Computer und Simultanten – durch meinen Kopf rauschen die Informationen, und gleichzeitig fühle ich mich total kaputt. Mit leerem Blick starre ich müde aus dem Fenster. Eigentlich würde ich jetzt gern schlafen. Doch dafür haben mich die heutigen Gespräche zu sehr aufgewühlt. Geißlers Worte gehen mir nicht mehr aus dem Kopf. Sieben Tage die Woche 24 Stunden am Tag funktionieren ... Wie Maschinen ... Wollen wir das wirklich? Will ich das? Das klingt nach einem Albtraum.

Langsam wird mir klar, dass mich weder eine Therapie weiterbringt noch ein Selbstversuch. Und schon gar kein Zeitmanagementseminar. Und auch das Netz ist nicht schuld an allem.

Nicht nur ich scheine eine Zeitmacke zu haben, die ganze Gesellschaft ist also auf Speed!

Also Schluss mit der Nabelschau. Der freundliche Professor hat recht. Ich muss endlich aufhören, meine Zeitnot als mein individuelles Problem zu begreifen. Um meine Macke zu verstehen, muss ich erst mal herausfinden, warum die Gesellschaft so tickt, wie sie tickt. Woher kommt die ständige Beschleunigung? Wer treibt das große Hamsterrad eigentlich an? Und wo ist all die Zeit geblieben, die wir durch immer ausgeklügeltere Technologien und Effizienzmodelle gespart haben? Um das herauszufinden, werde ich mir die Welt der Beschleuniger mal genauer anschauen. Meine Welt, die der Beschleunigten, kenne ich ja besser, als mir lieb ist.

■ **Hartmut Rosa:** Es gibt drei Bereiche, in denen die Gesellschaft sich wirklich beschleunigt. In der Technologie, im Tempo des sozialen Wandels bzw. im Tempo unseres Lebens. Bei der Technologie ist es am offenkundigsten. Im Transport, bei Dienstleistungen, in der Kommunikation und in der Produktion haben wir gigantische Beschleunigungsgewinne, die sich um den Faktor von zehn hoch zwei, drei oder vier bewegen. Aber auch unsere Lebensverhältnisse haben sich beschleunigt. Moden kommen und gehen in immer kürzeren Zeitabschnitten. Menschen wechseln in immer kürzeren Zeitabschnitten ihren Arbeitsplatz, ihren Wohnort oder ihren Lebenspartner. Das sind Beschleunigungsprozesse, die ich ›Beschleunigung des sozialen Wandels‹ nenne. Aber daneben hat sich auch das Tempo unseres Lebens gesteigert. Viele Menschen haben das Gefühl, die Absicht und sehr häufig auch den Druck, innerhalb einer bestimmten Zeitspanne am Tag, im Jahr oder im Leben mehr Dinge erledigen zu müssen als zuvor. Man muss mehr in einen Tag pressen oder in ein Leben. Und das tun wir, indem wir schneller handeln, Fastfood und Speeddating und solche Dinge tun oder indem wir versuchen, Pausen wegzulassen. Die meisten planen ihr Leben heute so, dass immer eine Aktivität auf die nächste folgt. Dass keine Leerzeit mehr dazwischen ist. Wir sind mittlerweile auch fast alle Weltmeister im Multitasking. Dadurch versuchen wir die Zahl der Handlungsepisoden pro Zeiteinheit zu erhöhen. Diese drei Formen von Beschleunigung, in der Technologie, im sozialen Wandel und im Lebenstempo, die kann man auch wirklich messen. Das hat nichts mit subjektiver Erfahrung zu tun.

Dass immer mehr Menschen ihre Zeitnot als individuelles Versagen wahrnehmen, wird durch Zeitratgeber, die es in Hülle und Fülle gibt, verstärkt. Die sagen einfach, dass wir ein falsches Zeitbewusstsein haben. Aber das ist genau der große Irrtum. Die ganze Gesellschaft beschleunigt sich. Alle individuellen Entschleunigungsstrategien können da eigentlich nur scheitern. Kaum jemand sagt, dass das ein strukturelles, gesellschaftliches Problem ist.

… TEIL 2

Die Welt der Beschleuniger

Wer hat an der Uhr gedreht? – Die Beschleuniger

Obwohl alles schneller wird, haben wir nicht mehr Zeit, sondern immer weniger. Das ist doch komisch. Warum ist das so und wo ist sie geblieben, die Zeit, die wir durch all die modernen Technologien und die ständige Steigerung der Effizienz eingespart haben? Wer könnte diese Fragen besser beantworten als diejenigen, die sich in unserer Gesellschaft vehement einsetzen für mehr Effizienz, mehr Wachstum und mehr Beschleunigung: die weltweit operierenden großen Unternehmensberatungen? Niemand vertritt diese Ideen so überzeugt und konsequent wie sie. Auch wenn ihre Namen den wenigsten bekannt sind, kaum jemand hat unser Denken in den letzten zwanzig Jahren direkt und indirekt so verändert und den Effizienzgedanken erfolgreich in den Alltag verpflanzt wie die großen internationalen Unternehmensberatungen: McKinsey, Boston Consulting Group (BCG), Roland Berger, Booz & Company, Capgemini, Deloitte und wie sie alle heißen.

Ich würde gern wissen, woher dieser nicht endende Drang nach Effizienz, Wachstum und Beschleunigung eigentlich kommt und wieso diese Dinge überhaupt so wichtig sind. Da es in meinem Freundes- oder Bekanntenkreis keinen einzigen Unternehmensberater gibt, beginne ich zuerst ganz naiv, im Milieu der weltweit operierenden Unternehmensberatungen zu recherchieren. Ich hatte nicht die leiseste Ahnung, wie schwierig es ist, mehr über die Arbeit dieser Unternehmen zu erfahren.

Zuallererst probiere ich mein Glück natürlich bei der weltgrößten und bekanntesten Unternehmensberatung: McKinsey. Ich rufe die Presseabteilung von McKinsey an und erkläre der Pressesprecherin, dass ich mich gern mit einem ihrer Berater über das Thema »Zeit und Beschleunigung« unterhalten würde. Das Gespräch und meine Recherchen würden möglicherweise Eingang in einen Dokumentarfilm und ein Buch finden. Das klinge ja sehr spannend und sei sicher ein sehr interessantes Projekt, entgegnet mir die Frau von McKinsey freundlich, aber vor allem reserviert. »Ich möchte Ihnen da nicht viel Hoffnung machen. Wir beteiligen uns normalerweise nicht an solchen Projekten. Aber ich werde Ihre Anfrage weiterleiten.« Na immerhin, denke ich.

Doch die Absage folgt einige Tage später per E-Mail und ist unmissverständlich: Nach Rücksprache müsse man mir bedauerlicherweise mitteilen, dass man mir nicht weiterhelfen könne. Leider lasse sich meine Anfrage nicht mit McKinseys grundsätzlichem Verständnis von Diskretion vereinbaren. Trotzdem wünsche man mir viel Erfolg mit diesem interessanten Projekt. Mit freundlichen Grüßen. Blablaba.

Das ist deutlich. Ich fühle mich erst mal schlecht. Als hätte ich etwas Unanständiges verlangt. Dabei wollte ich doch niemanden zu irgendwelchen Indiskretionen verleiten, sondern mich einfach nur mal mit jemandem, zu dessen täglichem Job Effizienzsteigerung, Wachstum und Beschleunigung gehören, über die Zeit und darüber unterhalten, warum diese Aspekte so furchtbar wichtig zu sein scheinen.

Macht nichts, denke ich mir. Probiere ich es einfach bei einer der anderen großen Unternehmensberatungen. Es gibt ja genug. Ich telefoniere die Top Ten nacheinander ab, um mein Anliegen vorzubringen. Die Reaktion kommt zum Teil direkt, zum Teil erst nach ein paar Wochen, aber sie kommt bei fast allen ähnlich. Es sei ein hochinteressantes Thema, mit dem ich mich da befasse, und passe ja eigentlich auch haargenau zur Unternehmensmission der Beratungsfirma XY, aber leider, leider stehe keiner der Mitarbeiter für so etwas zur Verfügung. Man wünsche mir dennoch weiterhin viel Glück und sei sehr gespannt auf das Ergebnis meiner Arbeit.

Die Ähnlichkeit der Absagen ist verblüffend und macht mich schon stutzig. Aber was mich besonders erstaunt, ist, dass auch die Begründungen für die Absagen fast immer gleich klingen. Ein Teil der Beratungsfirmen verweist darauf, dass ihre Geschäfte so vertraulich seien, dass sie generell kein Interesse daran hätten, in der Öffentlichkeit zu stehen. Einzige Ausnahme sei das Recruiting, also die Suche nach Beraternachwuchs, nach Frischfleisch sozusagen. Hier sei man an einem positiven Bild des Berufsstandes sehr interessiert und suche die Öffentlichkeit. Die anderen begründeten ihre Absage damit, dass das Bild des Unternehmensberaters in der Öffentlichkeit allerspätestens seit der Finanzkrise, natürlich unberechtigterweise, so negativ, klischeebeladen und beschädigt sei, dass man nicht noch mehr Öl ins Feuer gießen wolle. Aus allen Absagen spüre ich deutliches Misstrauen.

Schon komisch, denke ich mir. Dass eine Branche, die in den letzten Jahrzehnten Wirtschaft, Politik und Gesellschaft so sehr beeinflusst hat wie keine zweite und aus der sich ein beträchtlicher Teil des Personals der Vorstandsetagen der größten Unternehmen der Welt rekrutiert, das Licht der Öffentlichkeit so sehr scheut. Wenn man etwas über die Arbeitsweise der Branche erfahren will und kein potenzieller Kunde ist oder gerade einen Job sucht, trifft man regelrecht auf eine Mauer des Schweigens.

Einen Moment lang weiß ich nicht weiter und denke schon daran, meinen Plan aufzugeben und woanders nach einem geeigneten Gesprächspartner zu suchen. Doch dann gibt mein Kollege Oliver mir einen guten Tipp. Ein Sandkastenfreund von ihm hätte lange als Unternehmensberater für die BCG gearbeitet. Er wisse zwar nicht, ob er da noch sei, aber ich solle ihn doch einfach mal kontaktieren. Vielleicht würde der ja mit mir reden oder könne mir zumindest weiterhelfen.

Gleich am nächsten Tag rufe ich an. Bernd A., seinen vollen Name möchte er vertraulich behandelt wissen, ist sehr freundlich und höflich zu mir am Telefon. Gern könnten wir uns treffen, und er könne mir auch Tipps für die weitere Suche nach einem Gesprächspartner geben. Er selbst stehe für ein Interview aber nicht zur Verfügung. Er sei zwar inzwischen bei BCG ausgeschieden, aber er dürfe und wolle auch nach seinem Ausscheiden nicht über seine Arbeit reden.

Ein paar Tage später treffe ich A. in einem Café in Frankfurt am Main. Ich schätze ihn auf Anfang vierzig, und er sieht so aus, wie ich mir einen Unternehmensberater im Freizeitlook vorstelle. Haare zurückgegelt, Segelschuhe, eine gesteppte Windjacke im Stil des englischen Landadels, kariertes Herrenhemd, Marke Ralph Lauren.

Es ist irgendwie komisch. Unser Treffen hat von Anfang an etwas Konspiratives. Nachdem er mir noch einmal unmissverständlich klargemacht hat, dass er selbst nicht offiziell interviewt werden will, beginnt er zu erzählen. Mir wird schnell deutlich, warum ich bis jetzt keinen Gesprächspartner gefunden habe. »Das wundert mich überhaupt nicht«, sagt auch A.

Die großen Beratungsfirmen läsen höchst ungern etwas über sich und ihre Arbeit in der Zeitung. Sie hätten in Deutschland ja auch nicht den besten Ruf. Absolute Diskretion sei bei diesen Firmen ein ungeschriebenes Gesetz. Ziemlich paranoid sei das manchmal. »Das hat manchmal was von Geheimdiensten oder Sekten. Es herrsche ein ziemlicher Korpsgeist bei den Beratungsfirmen. Und es werde das Gefühl gepflegt, einer Elite anzugehören. Vom Beginn der Karriere an.

Dafür brauche es natürlich das passende Personal: »*Overachiever with low self esteem*, Leistungsträger mit geringem Selbstwertgefühl. So wurden sie in einem Strategiepapier zur Personalrekrutierung genannt, das ich mal in den Fingern hatte«, erzählt B. Allzu selbstbewusste und kreative Querköpfe seien weniger gefragt, die seien zu schwer zu führen. Leistungsträger mit geringem Selbstbewusstsein ließen sich am besten im Sinne der Firmenpolitik formen. Und sie seien am ehesten mit diesem Elitedenken zu ködern. Zuerst lade man sie zu Seminaren ein, in schöne Städte oder auf ein luxuriöses Schiff. Dann trichtere man ihnen ein, dass sie zu einer absoluten Elite gehörten und besser seien als die Übrigen, die es nicht bis hierhin geschafft hätten. Der Rest der Loyalität werde dann durch ein ziemlich hohes Einstiegsgehalt erkauft.

Danach gebe es für die jungen Berater kaum mehr Ausruhen, keinen Stillstand. Mit Leistungsdruck würden die Berater auf Trab gehalten. Es herrsche Karrierezwang. Ein Privatleben aufrechtzuerhalten sei da schwer. Alle vier bis sechs Monate würden die Leistungen des Einzelnen neu bewertet. *Up or out* hieße die Devise bei der einen Firma, *grow or go* bei der anderen. Gemeint sei das Gleiche. Derjenige, der die nächste Stufe nicht schaffe, das nächste Steigerungsziel, müsse die Firma verlassen. Wer es schafft, dessen Korpsgeist und Elitedenken sei nach der Herausforderung noch weiter gestählt. »Wow«, denke ich, »das ist wirklich Effizienz- und Wachstumsdenken mit der Brechstange.«

Die meisten Berater fangen direkt nach dem Studium bei der Beratung an, erklärt A., der Ex-Unternehmensberater. »Die kennen nur diese Welt und dieses Denken.« Ausscheidenden Mitarbeitern würde durch die Blume klar gemacht, dass man sich immer zweimal im Leben sehen würde und es unangenehme Konsequenzen für die Karriere haben könnte, wenn etwas aus der Zeit bei der Unternehmensberatung nach außen dringe.

»Kein Wunder, dass da niemand mit mir reden will«, sage ich. Ein wenig deprimiert von dieser Prognose bestelle ich die Rechnung und lade A. ein, obwohl er wahrscheinlich das Hundertfache von mir verdient oder zumindest verdient hat. Aber sei's drum.

Doch bevor der Kellner zum Kassieren kommt, hat A. doch noch eine Idee: Ich müsste jemanden finden, der so weit oben in der Führungsetage einer der Beratungsfirmen angesiedelt sei, dass er sich einfach über deren ungeschriebene Gesetze hinwegsetzen könne und wolle, aus Eitelkeit oder irgendeinem anderen Grund. Wer das denn sein könnte, frage ich ihn. Ihm scheinen mehrere Personen im Kopf herumzuspuken, doch dann nennt er nur einen Namen. »Probieren Sie doch mal Ihr Glück bei Frau Dr. Antonella Mei-Pochtler. Sie ist eine der bekanntesten und erfolgreichsten Unternehmensberaterinnen der Welt. Die lässt sich nicht sagen, was sie darf. Bei ihr könnten Sie Erfolg haben.«

Mit einem kleinen Fünkchen Resthoffnung fahre ich wieder nach Berlin zurück. Ich merke, dass A.s Erzählungen von den geheimniskrämerischen und paranoiden Beratungsfirmen meinen Ehrgeiz eher noch weiter angestachelt haben. Jetzt erst recht. Was denken die sich eigentlich? So leicht lasse ich mich nicht abschütteln. Aber gleichzeitig habe ich auch das unangenehme Gefühl, dass Frau Mei-Pochtler meine letzte Chance ist. Wenn A.s Empfehlung jetzt auch noch absagt, dann weiß ich wirklich nicht mehr weiter. Noch am gleichen Abend maile ich ihr meine Anfrage. Tags darauf erhalte ich die überraschende Antwort:

> Lieber Herr Opitz, das klingt sehr interessant. Wir sollten telefonieren, um die Realisierbarkeit auszuloten.
> Mit freundlichen Gruessen
> A. Mei-Pochtler
> – Message sent from BlackBerry –
> Dr. Antonella Mei-Pochtler
> Senior Partner & Managing Director

»Geht doch«, denke ich und wähne mich schon fast am Ziel. Nochmal zwei Tage später erreiche ich Antonella Mei-Pochtler auf ihrem Mobiltelefon beim Einchecken auf irgendeinem Flughafen dieser Welt. Zeit sei für sie das Thema schlechthin, und deswegen stehe sie gern für ein Interview zu Verfügung. Es gäbe da nur noch zwei klitzekleine Hindernisse aus dem Weg zu räumen. Das eine seien Bedenken von Seiten Ihrer Firma, die eigentlich dagegen sei. Das andere Hindernis sei ihr voller Terminkalender. Am besten solle ich doch mal ihre Assistentin anrufen. Die habe einen besseren Überblick über ihre Termine.

Die Bedenken ihrer Firma hat Frau Mei-Pochtler relativ schnell zerstreut oder einfach ignoriert. Mit dem vollen Terminkalender hat sie jedoch noch maßlos untertrieben. Einen Termin zu finden erweist sich in den nächsten Monaten als nahezu unmöglich. Trotz der tatkräftigen Mithilfe ihrer Assistentin. Die versucht mir vom ersten Telefonat an klar zu machen, dass es wegen des extrem beschleunigten und hochgetakteten Lebens ihrer Chefin eigentlich völlig aussichtslos sei, in den nächsten Monaten irgendeine Verabredung zu treffen, geschweige denn sie zwei, drei Tage bei ihrer Arbeit zu begleiten, wie ich es eigentlich vorhatte. Sie wolle mich nicht abwimmeln, nur auf die bevorstehende Frustration vorbereiten, sagt ihre Assistentin Frau Leon mir am Telefon. »Die Frau Doktor ist die Beschleunigung in Potenz. Das ist eine andere Dimension von Stress. Sie glauben mir das jetzt vielleicht nicht. Aber Sie werden es merken. Ich arbeite schon seit fast dreißig Jahren mit ihr zusammen.« Es klingt Bewunderung in ihrer Stimme mit. Zuerst bin ich mir noch sicher, dass es doch nur ein weiterer Versuch ist, mich abzuwimmeln.

Gefühlte hundert Telefonate und fast ein ganzes Jahr später, mittlerweile halte ich das Dilemma von Frau Leon nicht mehr für eine faule Ausrede, hat Dr. Antonella Mei-Pochtler schließlich doch noch Zeit für mich: Eine halbe Stunde auf dem Weg vom Flughafen Berlin Tegel zu ihrem nächsten Termin. Zwei Tage später erwarte ich sie gemeinsam mit dem Fahrer eines Limousinenservice, der sie immer fährt, wenn sie in Berlin ist, im Ankunftsbereich des Flughafens. Als sie herauskommt, nickt sie mir kurz wissend zu, dann geht alles ganz schnell. Der Fahrer und sie scheinen ein eingespieltes Team zu sein. Er hat sein

Auto, wie immer, direkt am Ausgang abgestellt, im absoluten Halteverbot. Bis ins Parkhaus zu laufen würde zu viel Zeit kosten.

Sie lässt sich ihren Koffer vom Fahrer abnehmen und eilt schnellen Schrittes zum Wagen. Jeder einzelne Handgriff sitzt, alles geht so schnell vonstatten, dass es wie eine eingeübte Choreografie wirkt. Sie legt ihre Jacke in den Kofferraum, nimmt ein paar Unterlagen aus ihrer Aktentasche, ein Handy und den BlackBerry aus ihrer Jacke und setzt sich dann auf die Rückbank des dunklen S-Klasse-Mercedes. Geredet wird erst mal nur das Nötigste.

Erst jetzt begrüßen wir uns richtig. Frau Mei-Pochtler ist Anfang fünfzig und trägt ein schwarzes Nadelstreifenkostüm. Ich setze mich neben sie und bin etwas nervös. Ein Jahr hab ich jetzt auf dieses Gespräch gewartet. Ich fühle mich wie ein Sprinter kurz vor dem Startschuss eines wichtigen Hundertmeterlaufs. Jetzt bloß nichts vermasseln. Es ist jetzt 9.20 Uhr. Bis 9.55 Uhr haben wir Zeit. Dann muss Frau Mei-Pochtler beim Kundentermin sein. Ich schalte mein Aufnahmegerät ein, überprüfe, ob es wirklich an ist, und stelle die erste Frage. Die Zeit läuft. Es ist 9.21 Uhr, der Wagen setzt sich am Flughafen Tegel in Bewegung.

Warum die ständige Beschleunigung eigentlich so wichtig sei, will ich von Antonella Mei-Pochtler als Erstes wissen. Die Unternehmensberaterin wirft noch schnell einen letzten Blick für die nächsten Minuten auf ihren BlackBerry, bevor sie spricht.

»Weil es in der Wirtschaft im Wesentlichen darum geht, sich im Wettbewerb durchzusetzen«, antwortet sie dann doch wie aus der Pistole geschossen, »und da hat immer derjenige einen

Vorteil, der dem anderen zuvorkommt. Eigentlich geht es darum, dass ich die Lösung für ein Problem schneller schaffe als der Konkurrent. Das ist Zeitwettbewerb.« In der Wirtschaft gehe es ja darum, dem Konsumenten immer wieder neue Produkte anzubieten. Da sei die Fähigkeit, das vor den anderen zu tun, enorm wichtig. Denn der, der schneller sei als die Konkurrenz, mache dann ja auch den Profit, die Umsätze. Zeit sei eben Geld. Daher sei der Faktor Zeit für die Wirtschaft sicherlich extrem wichtig.

Für sie als Unternehmensberaterin spiele Tempo aber nochmal eine besondere Rolle, und zwar in zweifacher Hinsicht, fügt Antonella Mei-Pochtler hinzu, während sie ab und zu auf ihren BlackBerry blickt, den sie noch immer in der Hand hält. Berater müssten in sehr komprimierter Zeit ein enormes Pensum bewältigen. Man müsse sehr viel reisen und sehr viele Themen in minimaler Zeit bearbeiten. Und gleichzeitig sei Beschleunigung ein zentraler Bestandteil der Arbeit für die Kunden.

»Für die geht es ja zum Beispiel nicht so sehr darum, dass sie in einen neuen Markt einsteigen, sondern dass sie es als Erste tun, eben schneller als der Wettbewerber. Wir haben vor Jahren, als das Thema ›Zeit‹ sehr stark bei den Unternehmen hochkam, das Konzept des Zeitwettbewerbs eingeführt. Zeitwettbewerb bedeutet nichts anderes, als den Marktkontrahenten eine Nasenlänge voraus zu sein. Und noch wichtiger: die Zeit als Ordnungsrahmen für alle internen Prozesse anzuerkennen. Beim Zeitwettbewerb geht es darum, die produktive Zeit bestmöglich zu nutzen. Wie kann ich in der gleichen Zeit mehr bewältigen oder wie kann ich in einer kürzeren Zeit mehr produzieren als der Wettbewerber? Wettbewerb ist extrem wichtig, eigentlich die wichtigste Dimension, die man immer im Hinterkopf behalten sollte.«

Diese Lektion hat Antonella Mei-Pochtler scheinbar schon sehr früh gelernt. Man könnte den Eindruck haben, die gebürtige Italienerin sei mit Hochsteckfrisur und dezentem Make-up auf die Welt gekommen. Ein Blick auf ihren Lebenslauf vermittelt einem das Gefühl, selbst bisher das falsche Leben gelebt oder zumindest einen Großteil davon vertrödelt zu haben. Als Jugendliche wurde sie als Handballerin zur Jugendsportlerin des Jahres gewählt. Sie hat zwei Klassen übersprungen, BWL studiert, promoviert und dann auf der Wirtschaftskaderschmiede INSEAD ihren MBA gemacht. Mit 25. Neben ihrem Studium, man ahnt es fast, modelte sie natürlich. Mit 31 wurde sie Partnerin bei der BCG. In so jungen Jahren war das bis dahin niemandem gelungen. Antonella Mei-Pochtler, das kann man mit Fug und Recht behaupten, ist die leibhaftig gewordene Effizienz.

Ich schaue auf die Uhr. Es ist 9.28 Uhr. Während ich Antonella Mei-Pochtler so zuhöre, muss ich an einen Satz von Klaus Schwab denken. Schwab ist der Gründer des World Economic Forum (WEC), jenes jährlichen Stelldicheins im Schweizer Skiort Davos, bei dem sich hinter hohen Stacheldrahtzäunen Konzernchefs, Politiker und Prominente treffen und in kleinen intimen Runden und Kamingesprächen über die drängenden Probleme der Menschheit sprechen. Und bei dem auf der anderen Seite der Stacheldrahtzäune seit gut einem Jahrzehnt Globalisierungskritiker dagegen demonstrieren, weil sie der Meinung sind, dass hier in einem demokratisch nicht legitimierten Rahmen von Konzernbossen Großinvestoren und einigen handverlesenen Politikern in Kaminzimmern Weichen für die Weltpolitik gestellt würden. Klaus Schwab hatte genau dort vor einigen

Jahren seine Erkenntnisse über die globalisierte Welt in den einen Satz gefasst: »Nicht der Große frisst den Kleinen, sondern der Schnelle den Langsamen.« Meint die Direktorin der BCG das, wenn sie von Zeitwettbewerb spricht?

Ja, sagt sie, dieser Spruch habe eine unglaubliche Kraft für sie. Auch weil die Beschleunigung und die erhöhten Anforderungen die Menschen in den Unternehmen und der Gesellschaft dazu zwinge, sich wirklich auf das Wesentliche zu konzentrieren. »Und wir Unternehmensberater versuchen ihnen dabei zu helfen, indem wir überlegen: Wie können die Menschen besser und effizienter arbeiten? Die Rolle des Beraters ist, ganz klar, die eines Beschleunigers, die des Optimierers; und von den Unternehmen werden wir auch sehr bewusst so eingesetzt«, erklärt die blonde Wienerin ihren Job. Die Unternehmen müssten innerhalb immer kürzerer Zeit Problemstellungen lösen und dabei zusätzlich auch noch sich selbst oder die Arbeitsprozesse umstrukturieren. Das ginge mit der externen Hilfe einer Beratungsfirma viel besser; denn die externen Berater müssen keine Rücksichten nehmen, können einfach eine kritische Beraterposition einnehmen und dem Unternehmen helfen, schneller die Antworten zu finden und sicherzustellen, dass diese Antworten dann auch schnell umgesetzt werden. »Daher beschleunigen wir eigentlich in einem doppelten Sinn: Wir treiben die inhaltliche Bewältigung eines Themas voran, helfen bei der Lösungsfindung, beschleunigen aber daneben auch ihre Umsetzung.«

Es ist 9.35 Uhr. Mein Blick schweift kurz aus dem Fenster. Auf dem Weg ins Stadtzentrum fahren wir gerade an den alten und meist unrenovierten Häuserzeilen Berlin-Tegels vorbei. Hier wohnen vor allem die sogenannten einfachen Leute: Arbeiter,

Angestellte, Hartz-IV-Empfänger und Migranten. Ich versuche mir vorzustellen, wie das, was Antonella Mei-Pochtler da gerade ebenso euphorisch wie abstrakt propagiert, eigentlich im richtigen Leben aussieht, wie sehr es das Leben dieser Leute betrifft. Oder auch meins und das meiner Familie.

Was es bedeutet, wenn sie sagt, dass Unternehmensberater keine Rücksichten nehmen müssen. Immer wenn ich in den letzten Jahren etwas über die so diskrete Arbeit der Unternehmensberatungen gelesen habe, hatte es ja konkrete Konsequenzen für die Menschen, die bei den beratenen Unternehmen arbeiten: McKinsey empfiehlt den Abbau von x Stellen, Boston Consulting die Schließung von Standort Y. Natürlich nur zum Vorteil des beratenen Unternehmens. Hinter so wohlklingenden Begriffen wie »Effizienzsteigerung«, »Beschleunigung« oder, wie es im besten Beratersprech heißt, »Time-Compression Management«, »Resource Leverage« oder »Reengineering« verbirgt sich häufig ja nichts anderes als Automatisierung, Einsatz von Maschinen, Personalabbau, Standortverlagerung in Länder, in denen billiger produziert werden kann. Und der Druck auf die verbleibenden Mitarbeiter steigt nach diesen effizienzsteigernden Maßnahmen weiter. Wie geht man als Unternehmensberater mit diesen »Kollateralschäden« des Berufes und der Beschleunigung um, frage ich die sympathische Beraterin. Belastet sie das nicht manchmal auch ein bisschen?

»Absolut. Dass Effizienzsteigerung und Beschleunigung leider oft mit dem Verlust von Arbeitsplätzen oder deren Verlagerung zu tun haben, kann man ja nicht leugnen. Und das ist sicherlich auch eine große Belastung für den Berater. Aber man macht Beschleunigungen, Kostensenkungen und Produktivitätssteigerungen ja normalerweise nicht nur, um Reduktionen durchzuführen und Geld zu verdienen. Man macht das, um dann die Möglichkeit zu haben, in anderen Bereichen zu wachsen. Das ist der Preis, den man zahlen muss, um wiederum in anderen Bereichen vorankommen zu können. Alles andere hieße Stillstand und Stagnation. Das überlebt kein Unternehmen.«

Moment mal. Das hab ich so oder so ähnlich doch schon öfter gehört. Irgendwie ein Totschlagargument, dem man wenig entgegensetzen kann, da es sich so abstrakt dahergesagt weder be- noch widerlegen lässt.

9.40 Uhr. Antonella Mei-Pochtler, das wird mir spätestens jetzt klar, ist eine Überzeugungstäterin. Sie glaubt an das, was sie sagt. Beschleunigung und Effizienzsteigerung ist ihr Mantra. Aber gilt ihre Beschleunigungspredigt eigentlich nur für die Wirtschaft?

Das könne man ja oft nicht voneinander trennen. Wirtschaftliche Probleme seien ja auch soziale Probleme, antwortet sie mir. Und eine gesunde Gesellschaft sei nur dann möglich, wenn auch die Wirtschaft gesund sei. Das sei praktisch so wie zwei Lungenflügel. Deshalb sei es so wichtig und wertvoll, an dem einen zu arbeiten, damit dann der Gesamtorganismus funktionieren könne. Wirtschaft und Gesellschaft könnten nur dann positiv weiterentwickelt werden, wenn es innovative Wettbewerber gebe, die sich immer wieder überlegen: Wie können wir eigentlich bestimmte Themen, bestimmte Probleme besser lösen als andere und das schneller machen und so die Vorteile bekommen? Der allgemeinen Beschleunigung könne man sich nicht entziehen, auch wenn man es wolle.

Mit diesem Denken ist sie keine Ausnahme. In den letzten zwanzig Jahren hat eine regelrechte Umerziehung der Gesellschaft stattgefunden. Der Effizienzgedanke wurde in den Alltag verpflanzt, fast alle Lebensbereiche dem Diktat der Ökonomie unterstellt und beschleunigt. Städte, Universitäten, Theater, Krankenhäuser sollten schneller, besser und effizienter werden und befinden sich seitdem im Dauerreformzustand. Treibende Kraft dahinter waren oft die großen Unternehmensberatungen.

Antonella Mei-Pochtler hat sich selbst in ihrer raren Freizeit diesem Glauben an die Hochleistungsgesellschaft verschrieben. Sie ist eine der Hauptinvestorinnen und sitzt im Aufsichtsrat der Phorms AG, einer Aktiengesellschaft, die Kindergärten, Grundschulen und Gymnasien wie ein Unternehmen, vor allem aber besser betreiben will als der träge Staat. Und damit auch noch Geld verdienen will. Die Zielgruppe der Phorms-Schulen sind ehrgeizige und besorgte Mittelschichteltern, die Angst haben, dass ihre Kinder im globalen Wettbewerb von fleißigen Chinesenkindern abgehängt werden könnten und diese deshalb so früh wie möglich in eine gute Startposition bringen möchten. Also werden sie bei Phorms vom Kindergarten an bilingual in Deutsch und Englisch auf die beschleunigte Welt vorbereitet. Leider mussten die ersten Phormsschulen inzwischen wieder schließen. Die finanziellen Zuschüsse des ungeliebten Staates haben nicht ausgereicht.

Ich muss zugeben, dass vieles von dem, was Frau Mei-Pochtler mir gerade erzählt hat, irgendwie logisch, durchdacht, konsequent und überzeugend klingt. Irgendwie. In jedem Einzelfall lassen sich wahrscheinlich viele wirklich gute Gründe für die Beschleunigung und die Effizienzsteigerung finden. Es scheint mir sogar für einen kurzen Moment so, als könne ich mich der Kraft ihrer Argumente nicht länger entziehen. Doch wenn ich diesen Gedanken zu Ende denke, kommt doch in der Summe eine Gesellschaft dabei heraus, die nicht lebenswert ist. Eine Welt, in der alle Lebensbereiche, angefangen bei den Kindergärten, dem Diktat der Ökonomie und der Effizienz unterworfen sind. Eine Welt, vor der es mir graust und vor der ich meinen Sohn Anton gern bewahren würde.

»Die Beschleunigung ist schon der Megatrend«, wird Mei-Pochtler nicht müde zu betonen. Die Wienerin ist jetzt richtig in Fahrt und offenbar ganz in ihrem Element. Die starke Beschleunigung der letzten Jahre habe verschiedene Ursachen. Sie habe sicher damit zu tun, wie man inzwischen kommuniziere. Man brauche für die Lösung vieler Themen heute einfach weniger Zeit als früher, weil man schneller und intensiver zusammenarbeiten könne. Und dann komme noch der Wettbewerb hinzu. »Das bringt zusätzlich Beschleunigung. Und so haben wir die Beschleunigung der Beschleunigung.«

Es ist 9.45 Uhr. Zwei Drittel unserer Interviewzeit sind vorüber. Um kurz vor zehn muss Antonella Mei-Pochtler in der Berliner Zentrale eines großen deutschen Medienkonzerns Unter den Linden sein. *Der Spiegel* nannte sie mal den »Paradiesvogel« unter den Beratern und das »Glamourgirl« der Boston Consulting Group, weil sie sich, völlig untypisch für ihre lichtscheue Profession, gern auf gesellschaftlichen Events ablichten lässt. Sie selbst nennt es »gesellschaftliche Visibilität.« Die sei in ihrem Job manchmal ja auch ganz nützlich. Na, das sollte sie mal ihren Kollegen erklären. Das hätte mir einige Mühen erspart. Doch die scheinen darauf nicht so viel Wert zu legen.

Nach all den Absagen aus der Welt der Unternehmensberatungen bin ich jetzt sehr froh, dass ich mich nicht habe abwimmeln lassen und hier nun mit einem wirklich hohen Tier der Branche sprechen kann. Frau Mei-Pochtler ist weltweit verantwortlich für das Marketing der zweitgrößten Unternehmensberatung der Welt, ist als Markenguru bekannt und betreut bei der BCG vor allem die Bereiche Medien und Konsumgüter. 2006 stieg sie ins weltweite Leitungsgremium der Firma auf. Als sogenannter Senior Partner bestimmt sie seitdem die Arbeit der BCG, die weltweit circa 4500 Berater beschäftigt, wesentlich mit. Sie ist auf der ganzen Welt tätig und lebt überwiegend im Hotel oder in der Luft. Ihre Woche beginnt jeden Montag sehr früh am Morgen, fast noch in der Nacht. Da steigt sie erst ins Taxi, dann in den Flieger.

»Ich versuche natürlich, die Zeit bestmöglich auszunutzen«, sagt Mei-Pochtler. Diese Woche sei sie zum Beispiel jeden Tag in einer anderen Stadt. An einigen Tagen in zwei Städten. Und nächste Woche sei dann Executive Committee Meeting in den USA, Freitag zurück nach Wien, Samstag Florenz, Sonntag wieder Wien, und dann startet die nächste Woche.

»Es klingt alles so glamourös: Montag in London, Dienstag in Frankfurt und Mittwoch in Berlin und dann Donnerstag in Paris. Aber es ist eigentlich völlig unglamourös, weil man sich von einem Termin zum anderen bewegt und eigentlich überall in der Welt sein könnte. Von den Orten bekommt man nichts mit, außer vielleicht die Flughäfen.«

Sie ist also auch eine dieser Männer und Frauen in austauschbaren Businessuniformen, von denen es auf Flughafengates nur so wimmelt und die bis zur letzten Sekunde, bevor sie ins Flugzeug steigen, auf die Tastaturen ihrer BlackBerrys oder iPhones einhämmern, als ob es kein Morgen gäbe, oder unverhältnismäßig laut etwas von Jahresabschlüssen und Quartalszahlen in ihre Handys bellen. Ich hatte schon immer den Verdacht, dass ein beträchtlicher Teil dieser auffällig unauffälligen Menschen Unternehmensberater sind.

Was mir Frau Mei-Pochtler von ihrem Leben aus dem Koffer erzählt, klingt nicht besonders verlockend für mich. Nach einigen Jahren exzessiver Reiserei als Filmemacher empfinde ich es inzwischen durchaus als Lebensqualität, auch mal eine Weile am Stück zu Hause sein zu können. Ob sie auch so eine Extremjobberin mit siebzig oder mehr Arbeitsstunden sei, von denen ich bei meinen Recherchen so viel gelesen habe, will ich von ihr wissen. Diese Frage, das sieht man ihr deutlich an, irritiert sie. Frau Mei-Pochtler scheint nicht auf Anhieb zu verstehen, worauf ich hinauswill. Klingt wahrscheinlich zu sehr nach Gewerkschaft.

»Äh, ich habe meine Arbeitsstunden nie gezählt.«

»Aber mehr als 35?«, hake ich halb ernst nach.

Sie lacht. »Garantiert, aber ich rechne das nicht.« Es sei doch die Frage, wann die Arbeit anfange und wann sie aufhöre. »Bei Leuten, die konzeptionell arbeiten, und das ist ja bei den Beratern so wie bei Künstlern, ist es doch so: Wenn man nicht gerade schläft, und selbst dann hat man ja manchmal im Traum tolle Einfälle, ist man immer ›on‹. Also, man ist immer eingeschaltet. Bei mir läuft im Hintergrund immer irgendwie der Zentralprozessor, der an bestimmten Themen weiterarbeitet, und dann, plötzlich, fällt mir eine Lösung ein.« Es gäbe sicher Menschen, die lieber eine ganz klare Trennung zwischen Berufs- und Privatleben ziehen. Ihr mache diese Durchmischung nichts aus. Sie fände es nicht schlimm, sehr lange zu arbeiten. »Zwischendurch habe ich ja immer kleine Pausen der gemütlichen Reflexion«, sagt sie.

Kleine Pausen der gemütlichen Reflexion: Wie mögen die bei

Antonella Mei-Pochtler wohl aussehen? Ein Powernap im Flieger vielleicht? Meditation im Hotelzimmer? Wie mag wohl das Privatleben eines Menschen aussehen, der eigentlich auf der Überholspur zu Hause ist? Gibt es überhaupt eins?

»Man kann die verschiedenen Themen, Privatleben und Berufliches nicht unter einen Hut bringen, wenn man die Sachen nicht wirklich sehr schnell erledigt und auch versucht, eine gewisse persönliche Effizienz zu entwickeln.«

Themen. Themen. Immer wieder Themen. Bei meiner Recherche ist mir aufgefallen, dass bei Unternehmensberatern und Bankern eigentlich alles ein »Thema« ist. Damit können die unterschiedlichsten Dinge gemeint sein. Wirtschaftswachstum, Geschwindigkeit, Aktienkurse, Arbeitslosigkeit, aber eben auch das Privatleben, die Familie, die Gesundheit oder die Kinder. Alles wird zu einem Thema, das abgearbeitet werden muss. So wie es sich in einer effizienten Welt gehört. Für Sentimentalitäten ist da wenig Platz. Ich frage mich insgeheim, wie oft Frau Mei-Pochtler wohl mit ihren drei Töchtern gespielt hat. In der beschleunigten Welt, von der sie mir gerade erzählt, kann dafür ja eigentlich nicht allzu viel Platz sein. Denn streng genommen ergibt sich daraus ja kein Wettbewerbsvorteil, im Gegenteil.

In der Welt von Frau Mei-Pochtler gibt es nur zwei Typen von Menschen: die Langsamen und die Schnellen. Sie persönlich bevorzuge die Schnelligkeit und komme mit diesem Tempo sehr gut zurecht, sonst hätte sie es nicht gewählt.

»Ich liebe die Intensität. Notfalls schlafe ich halt nur vier Stunden. Und ich versuche, das so gut wie möglich mit der Familie zu verbinden. Dabei habe ich sehr viel Unterstützung – durch meinen Mann, durch meine Mutter, die mich bei den Kindern unterstützt, und durch meine extrem tüchtige Sekretärin, durch meine Mitarbeiter. Im Grunde genommen wird mein persönliches Zeitreservoir immer wieder sehr großzügig von meinem ganzen Team aufgefüllt ...

Ich liebe Zeit, ja. Im weitesten Sinne, ich finde Zeit so ein wichtiges Thema. Aber bin selber nicht besonders gut im Umgang mit der Zeit.« Am Ende sei sie doch immer zu knapp für das, was sie mit ihrem Leben gern noch machen würde. Es gebe so viele Themen, so viele Probleme, die sie gern noch lösen würde. Da wünschte sie sich manchmal schon, dass der Tag 48 Stunden hätte und man dreimal so lang leben könnte.

Es ist 9.51 Uhr. Wir sind Unter den Linden angekommen, haben aber noch ein paar Minuten. Deswegen dreht der Fahrer noch eine Extrarunde für uns. Es ist ungewöhnlich, dass Antonella Mei-Pochtler zu früh irgendwo ankommt. Ich habe noch genau für eine Frage Zeit. In meinem Kopf geistern aber noch viele herum, doch eine brennt mir besonders unter den Nägeln. Die hat mich schon immer interessiert. Warum macht man so was? Warum wird man Unternehmensberater? *Warum?*

»Ich bin Unternehmensberaterin geworden, weil ich diesen unglaublichen Drang zur Weltverbesserung habe. Und Beratung ist, wenn man so will, eine minimalinvasive Form der Verbesserung der Welt. Man beschäftigt sich mit wichtigen Problemen. Problemen der Unternehmen, der Konsumenten, aber auch der Menschheit, ja, der Gesellschaft. Dass man als Berater anderen helfen kann, diese Probleme zu lösen. Das hat mir schon immer an dem Beruf gefallen. Und ich glaube, dieser Weltverbesserungsgedanke ist sicherlich ganz wichtig, um die Kollateraleffekte der Beratungstätigkeiten in Kauf nehmen zu können.«

Unternehmensberater als Beschleuniger und Beschleunigung als Weltverbesserung! Das ist mal ein wirklich neuer und, sagen wir mal, interessanter Gedanke ... So habe ich das noch nie gesehen. Gern hätte ich ja noch mehr darüber erfahren, wie diese Weltverbesserung konkret aussieht. Doch wir sind leider schon am Ziel angekommen. Und zum Kundentermin von Antonella-Mei Pochtler darf ich nicht mit. Diskretion, das habe ich ja inzwischen gelernt, hat in ihrem Metier oberste Priorität.

Eine eilige Verabschiedung, dann öffnet der Fahrer schon die Tür und reicht Antonella Mei-Pochtler Jacke und Aktentasche. Einen kurzen Moment später ist die Direktorin der BCG bereits im hochherrschaftlichen Gebäude ihres Kunden verschwunden. Sehr lange hatte ich auf dieses Gespräch gewartet. Und jetzt ist es in knapp dreißig Minuten einfach so an mir vorbeigerauscht. Ein bisschen bedröppelt sitze ich allein auf der Rückbank und frage mich, was eigentlich hängen geblieben ist. Beschleunigung, Effizienzsteigerung und Wettbewerb sind in den Augen einer der wichtigsten Unternehmensberaterinnen weltweit also so etwas wie das Lebenselixier für Wirtschaft und Gesellschaft. Und nichts und niemand kann sich dem ihrer Meinung nach entziehen.

Was bedeutet das aber für mich und mein Zeitproblem? Muss ich mich damit abfinden, dass die Gesellschaft so nun mal funktioniert? Dass unsere Zukunft unabänderlich im Zeichen ständiger Beschleunigung und Effizienzsteigerung stehen wird? Dass jede Minute meines Lebens und dessen meiner Kinder so ausgefüllt sein muss wie das eines Managers?

Wenn es nach einer Antonella Mei-Pochtler geht, wenn es nach den Verfechtern eines totalen Wirtschaftlichkeitsdenkens geht, nach den McKinsey-, Boston-Consulting- oder Deutsche-Bank-Menschen dieser Welt, ja.

Dann müssten wir jeden Bereich unseres Alltags bewirtschaften, auch unser Privatleben ökonomisieren wie ein Unternehmen, dann müsste jeder Einzelne zur Ich-AG werden, um den Anforderungen unserer Zeit gerecht zu werden. Schöne neue Welt ...

■ **Hartmut Rosa:** Ich glaube, dass es viele Räder gibt, die zusammen wirken und ein ineinandergreifendes System der Beschleunigung erzeugen. Zunächst: Wir wollen schnell leben. Ich glaube, dass es eine kulturelle Verheißung von Beschleunigung gibt, bei der Beschleunigung zum Ewigkeitsersatz wird. Die moderne Gesellschaft ist überwiegend eine säkulare Gesellschaft. Das heißt, das Gewicht unserer Lebensführung liegt nicht auf einem imaginären Leben nach dem Tod, sondern auf einem Leben vor dem Tod. Und da sind wir zu der Einsicht gekommen, dass das gute Leben darin liegt, dass es ein reichhaltiges Leben ist. Dass wir möglichst viele und tiefe Erfahrungen und Erlebnisse haben. Und da liegt es nahe zu sagen: Wenn ich doppelt so schnell mache, kann ich zwei Leben in einem unterbringen, ich kann das Erlebnispensum verdoppeln. Die Beschleunigung, die Steigerung der Erlebnisepisoden, ist unsere Antwort auf das Todesproblem geworden. Wir wollen ein ewiges Leben vor dem Tod haben. Irgendwann muss ich sterben. Das weiß jeder von uns. Das mag siebzig, achtzig, neunzig oder vielleicht sogar hundert Jahre dauern, doch bevor es so weit ist, möchten wir noch so viel Welt wie möglich mitnehmen, und das legt Beschleunigung nahe.

Aber ich glaube, dass dieses kulturelle Prinzip nicht der Hauptantriebsfaktor ist. Es ist schon so, dass die ökonomische Logik eines kapitalistischen Systems Zeit verknappt, in einem kapitalistischen Wirtschaftssystem ist Zeit notwendigerweise knapp, ist Zeit Geld, und Geld ist notwendigerweise knapp. Naturgemäß gibt es also in einer kapitalistischen Gesellschaft keine langfristige oder nachhaltige Entschleunigung. Doch nicht nur Kapitalismus und Wirtschaft treiben uns an, sondern überhaupt die Wettbewerbslogik: Wir verteilen alle Güter, alle Positionen, Privilegien, Freunde in einem Wettbewerbssystem nach der Logik der Konkurrenz. Das ist der Hauptantriebsmotor dieser Gesellschaft, und der macht Menschen selbstverständlich auch irgendwie Angst, weil sie ständig das Gefühl haben, sie könnten morgen schon abgehängt sein.

Was wir momentan sehen können, ist, dass Menschen auf der einen Seite aus dem System herausgeschleudert werden können. Sie werden zwangsentschleunigt, indem sie zum Beispiel dauerhaft arbeitslos sind und von Hartz IV oder so leben müssen. Wir haben also Menschen, die ganz viel Zeit haben, weil sie wirtschaftlich stillgestellt und zwangsentschleunigt sind. Und wir haben die anderen, die sich zu Tode arbeiten, die an ihrem Arbeitsplatz unter immer größeren Zeitdruck geraten, der immer häufiger zum Burn-out und zu Depressionen führt.

Gelegentlich wird mir gesagt: »Na ja, dieses Beschleunigungsproblem ist ein Eliteproblem.« Das finde ich empörend und auch ein bisschen beleidigend für diese Menschen. Stellen Sie sich mal zwei Stunden zu einer Kassiererin an eine Supermarktkasse. Dann wissen Sie, unter was für einem gigantischen Zeitdruck die arbeitet. Oder auch in einer Bäckerei. Da habe ich neulich die Beschäftigten beobachtet, die gleichzeitig kassieren, bedienen, Brötchen schmieren müssen.

An nahezu jedem Arbeitsplatz kann man unmittelbar nachvollziehen, was es bedeutet, dass in der Wirtschaft Zeit teuer ist, dass da Beschleunigungsdruck herrscht. Bei Fernfahrern ebenso wie bei sozialen Diensten oder in Krankenhäusern. Vom Pflegebereich wollen wir gar nicht reden ...

Die technischen Beschleunigungsgewinne haben uns in der Geschichte der Moderne natürlich riesige Spielräume eröffnet. Sowohl den Individuen als auch in der politischen Gestaltung. Beschleunigung als Grundprinzip, als Hauptprinzip von Modernisierung, ist per se nicht schlimm, das Problem entsteht dort, wo sie nicht abschließbar ist. In der Geschichte der Moderne, mindestens in den letzten zweihundert Jahren, war die Beschleunigung ein fast durchgängiger, relativ stetiger Prozess. Natürlich gab es immer mal Beschleunigungswellen und auch Widerstände gegen Beschleunigung, aber insgesamt ist das Niveau doch permanent angestiegen. Egal welche Widerstände es dazwischen gab.

Die letzten Beschleunigungswellen entstanden zum einen durch die Wende, also nach 1989. Durch den Zusammenbruch des Ostblocks und die damit zusammenhängenden politischen Neugestaltungen bzw. das, was wir »Globalisierung« nennen, wurde noch einmal ein gewaltiger Beschleunigungsruck erzeugt. Und natürlich hat auch die Digitalisierung, die Einführung des Internets, unsere Welt enorm beschleunigt.

Momentan befinden wir uns in einer kritischen Umbruchphase. Die Menschen können heute immer weniger die Verheißungsseite der Beschleunigung sehen bzw. was ihnen die Beschleunigung bringen soll. Sie haben das Gefühl, dass es jedes Jahr ein bisschen schneller geht und dass auch sie jedes Jahr schneller werden müssen. Aber im Gegensatz zu früher ist damit keine Bewegungs- oder Entwicklungshoffnung mehr verbunden. Der Lebensstandard steigt nicht mehr spürbar durch den immer höher werdenden Druck. Was wir jetzt beobachten können, ist der Verlust der Fortschrittshoffnung. Dass Menschen nicht mehr glauben, die Dinge werden besser dadurch, dass wir wachsen oder beschleunigen, sondern dass sie das Gefühl haben, der Druck wachse ihnen über den Kopf. Das erzeugt eine Art Kollektivdepression. Wir haben Strukturen geschaffen, die sich beschleunigen müssen; nicht, damit die Dinge besser werden, sondern damit sie überhaupt bestehen können. Und das ist der Punkt, wo Beschleunigung aus meiner Sicht schlimm wird, wo wir nämlich immer schneller rennen müssen, nicht, um irgendwo hinzukommen, sondern nur um irgendwie auf dem Laufenden, im Spiel zu bleiben.

Es ist doch kein Zufall, dass genau in dem Zeitalter, in dem permanent der Wettbewerb beschworen wird, in dem sich fast alle Parteien einig sind, dass wir mehr Wettbewerb unter Schulen, mehr Wettbewerb unter Universitäten, mehr Wettbewerb unter Strom- und Gasanbietern und Versicherern und so weiter brauchen, dass genau in dem Zeitalter auch die Menschen über Zeitnot im wachsenden Maße klagen. Wer »Mehr Wettbewerb« sagt, meint weniger Zeit. Meint Verschärfung der Beschleunigungslogik.

Wie lange ist eigentlich eine Mikrosekunde? – Reuters und der Finanzmarkt

»Zeit ist Geld«: Die subtile Bedeutung und Sprengkraft dieser tausende Male gehörten und scheinbar abgegriffenen Gleichung war mir vor meiner Suche nach den Ursachen meiner und unserer Raserei überhaupt nicht klar. Wirtschaft und Wettbewerb tragen also einen erheblichen Teil dazu bei, dass die Welt immer schneller und uns allen die Zeit immer knapper wird. So viel steht fest. Doch ohne uns, die dieses Spiel mitmachen, ginge das natürlich nicht. Nicht nur im Rennsport hat Geschwindigkeit eben auch durchaus ihren Reiz. Nach meinem Treffen mit der Unternehmensberaterin Antonella Mei-Pochtler interessiert mich jetzt die Frage brennend, bei welchem Tempo wir inzwischen eigentlich angekommen sind und wie weit sich das Rad überhaupt noch drehen lässt? Irgendwo muss es doch auch Grenzen der Beschleunigung geben, nur wo?

Um das herauszufinden, bin ich nach London geflogen, wo eines der Herzen der Finanzwelt schlägt. Am Canary Wharf in den Londoner Docklands, wo zu Zeiten des britischen Empire die Schiffe von den Kanarischen Insel anlegten, ist in den neunziger Jahren Londons neues Bankenviertel entstanden. Neben der Wallstreet der wohl wichtigste Handelsplatz der Welt. Hier werden jeden Tag unvorstellbare Summen umgewälzt, verdient und verbrannt. Sobald man aus der U-Bahn steigt, fallen einem hier sofort die gläsernen Bürotürme der Banken ins Auge. Ob Citigroup, Bank of America, Barclay's Bank, Credit Suisse, Morgan Stanley oder die HSBC: Alle großen Finanzinstitute sind am Canary Wharf vertreten. Diese Gegend ist gemeint, wenn man in Finanzkreisen von der Londoner City spricht und damit den europäischen Ableger der global operierenden Finanzindustrie meint: Spekulanten, Hedgefonds und Banken. Im Zentrum des Canary Wharf liegt mein Ziel, die europäische Zentrale von Reuters, der Firma, die 1850 gegründet wurde und sich seitdem einen Namen als weltweit bekannteste Nachrichtenagentur gemacht hat. Genauer gesagt, ist es inzwischen die Zentrale von Thomson Reuters, wie das Unternehmen seit der Fusion mit dem kanadischen Medienkonzern Thomson eigentlich heißt. Bei Reuters arbeitet man tagtäglich emsig daran, die Grenzen des zeitlich Möglichen immer weiter zu verschieben. Man könnte es auch so formulieren: Reuters arbeitet an der Abschaffung von Raum und Zeit, an der weltweiten »Vergleichzeitigung«, am ewigen Jetzt. Auch bei Reuters hat es eine Weile gedauert, bis sich jemand bereit erklärt hat, mir zu erklären, was Reuters denn eigentlich genau mit der Zeit anstellt.

Während ich von der U-Bahn-Station Canary Wharf zwischen den Bankentürmen hindurch zum Reuters-Gebäude laufe, fallen mir sofort zwei Dinge auf: die vielen gut angezogenen Menschen, die im Eilschritt an mir vorbeirauschen, und die zahlreichen Uhren, die wie eine Mahnung auf dem Platz stehen, dass Zeit Geld und deswegen nicht zu vergeuden ist. Auf der Außenfassade des halbrunden Reuters-Gebäudes laufen auf einem elektronischen Schriftband permanent aktuelle Börsenkurse aus aller Welt. Neben dem Eingang der Zentrale steht ein gigantisch großes Display mit den neuesten Nachrichten und Börsenkursen aus aller Welt. Alle dreißig Sekunden unterbrochen von einer Tafel mit der Aufschrift: »Immer und überall dabei. Nachrichten in Echtzeit. Jetzt auch für iPhone und BlackBerry. Von Thomson Reuters.«

Als ich das Gebäude betrete, werde ich zuallererst von einem ziemlich förmlich dreinblickenden älteren Herrn in grauer Butleruniform begrüßt und von ihm keine zehn Meter weiter zu zwei ebenfalls in graue Kostüme gekleideten Damen am Empfang geleitet, die beide einen streng nach hinten zurückgebundenen Dutt tragen. Ich bin etwas irritiert davon, dass die Leute bei Reuters offensichtlich eine spezielle Reuters-Dienstuniform tragen. Damit, mit ihrer roboterhaften Freundlichkeit und dem makellosen Aussehen, erinnern mich alle drei auf Anhieb an Androiden oder die genetisch Selektierten aus der ebenso schicken wie sterilen Welt des Science-Fiction-Films »Gattaca«. Der riesige Bildschirm hinter dem Empfang und die geradezu antiseptisch wirkende Lobby aus Beton, Stahl und Glas tun ihr Übriges. Nachdem ich einer der beiden gutaussehenden »Androidinnen« am Empfang mitgeteilt hatte, dass ich einen Termin mit Mark Thompson hätte, einem der leitenden Redakteure und Manager von Reuters, kommt der Butler wieder und weist mir den Weg zu einer keine fünf Meter entfernten Sitzgruppe. Ich würde gleich abgeholt und zu meinem Gesprächspartner gebracht. Alles sehr förmlich hier. Mir ist ein bisschen unheimlich zumute.

Zehn Minuten später sitze ich Mark Thompson gegenüber, in einem gläsernen Besprechungsraum am Rande des legendären Reuters-Newsrooms im fünften Stock der Reuters-Zentrale. Ich bin erleichtert: Thompson trägt, ebenso wie seine etwa zweihundert Kollegen im Newsroom, keine Uniform, sondern Hemd und Krawatte.

Welche Rolle spielt Tempo für Reuters?

»Das Herzstück von Reuters sind nach wie vor Nachrichten«, erklärt Thompson. »Und in diesem Geschäft ist es einfach wichtig, schnell zu sein. Unser Firmenmotto war schon immer, Nachrichten als Erste zu haben. Denn nur das zählt für unsere Kunden. Doch in den letzten Jahren ist das Tempo für unser Business tatsächlich immer wichtiger geworden, weil es auch für unsere Kunden wichtiger geworden ist. Für die kommt es mehr denn je darauf an, alle Informationen, die sie brauchen, sofort zu bekommen. Die stehen unter einem wahnsinnigen Druck, auch ihre Kunden immer schneller zu beliefern. Die Leute erwarten heutzutage einfach, dass alle Informationen, wann immer und wo immer sie wollen, für sie verfügbar sind.«

Bisher kannte ich Reuters nur als größte und wichtigste Nachrichtenagentur der Welt, die international Presse, Funk, Fernsehen und Webseiten mit Nachrichten, Fotos und Filmbeiträgen beliefert. Doch das ist heute kaum mehr als ein Imagefaktor. Das meiste Geld verdient man hier inzwischen ganz woanders. Seit den Firmenanfängen vor 160 Jahren hat Reuters nicht nur für die Presse, sondern auch für die Märkte gearbeitet, also für Unternehmen und Börsenhändler. Doch das Gewicht hat sich inzwischen stark verschoben. Heute werden 95 Prozent der Umsätze mit Dienstleistungen für die Finanzindustrie verdient.

»Eine Menge dessen, was wir als Nachrichtenagentur in unseren Newsrooms weltweit machen«, sagt Thompson, »machen wir, um die Finanzindustrie mit Nachrichten und Informationen zu versorgen, also die Leute, die in den Handelsräumen von Banken, Investmenthäusern, Hedgefonds sitzen: Analysten, Investmentbanker, Rechercheure, Manager von Kapitalgesellschaften et cetera. Erst danach kommen Reporter, Zeitungsredakteure, Fernsehsender und Radiostationen.«

Vor allem für die erstgenannten Kunden betreibt man bei Reuters einen gigantischen Aufwand. Allein die schiere Masse dessen, was hier an Nachrichten und Informationen umgesetzt wird, ist beeindruckend. 2700 Journalisten produzieren in weltweit zweihundert Büros in zwanzig Sprachen für Reuters Textnachrichten, Fotos und Filmbeiträge. Das sind pro Tag 7000 Nachrichtengeschichten, zweihundert Videoberichte und 1800 Fotos, Hunderte Hintergrundberichte zu internationalen Unternehmen und vor allem ständig aktualisierte Börsen- und Devisenkurse, die Reuters durch ein ultraschnelles Kabelnetz zuerst in seine drei Hauptsammelstellen in London, New York und Hongkong pumpt und von dort in sein Informationsnetz rund um den Globus. Und dies, ohne dass nur der sprichwörtliche Bruchteil einer Sekunde vergeht. Der Datenfluss wird pro Tag etwa zwei Milliarden Male aktualisiert. Tendenz sprunghaft steigend.

»Wir covern aber nicht alles«, erklärt mir der Nachrichtenmann die Arbeit von Reuters. »Das wäre in dieser so komplexen Welt auch nicht möglich. Aber da wir ein großes Spezialwissen über bestimmte Länder, Märkte und Industrien haben, wissen unsere Leute, welche Storys und Nachrichten sie unbedingt als Erste bekommen müssen. Und zwar die, die für unsere Kunden zählen. Und das sind die, bei denen es um viel Geld geht.«

Eine Milliarde Menschen erreicht Reuters nach eigenen Angaben täglich. Zum einen indirekt über die 1500 Fernsehkanäle, 1700 Printmedien und tausend Abnehmer der Pressefotos, die Reuters beliefert.

Viel bedeutsamer für das Unternehmen sind aber die 500 000

Entscheider in der Finanzwelt, die die Dienste von Reuters abonniert haben. Zum Beispiel in Form des Terminals Reuters 3000 Xtra, der den Zugang zu all diesen Daten bietet und der im Abo knapp 1500 Euro pro Monat kostet. Warum zahlen die Kunden so viel für die Informationen, die Reuters bereitstellt? Weil jede Information Einfluss auf den Wert einer Aktie, eines Rohstoffs oder einer Währung haben könne, erklärt Thompson. Eine wichtige Information vor einem Konkurrenten zu haben, und sei es nur eine Minute oder eine Sekunde vorher, könne für einen Kunden am Ende spielentscheidend sein. Würden Kunden eine Information zu spät bekommen, die wichtig für einen Markt ist, in dem sie Hunderte Millionen Dollar investiert haben, könne das fatale Auswirkungen haben. »Da steht sehr viel Geld auf dem Spiel«, sagt der Journalist und guckt dabei ernst. Mit dem Aufkommen des Computerhandels an den Börsen, wo teilweise blitzschnell auf Informationen reagiert werden müsse, und seit es 24-Stunden-Nachrichtenkanäle und Newsportale im Netz gibt, bewege sich Reuters zwar in einem wachsenden Markt, aber auch in einem, der dem Unternehmen immer mehr abverlangt. Heute würden die Leute erwarten, rund um die Uhr aktuelle Nachrichten und Informationen zu erhalten. »Und das in Echtzeit«, fügt Thompson hinzu. »Und Echtzeit bedeutet im Bruchteil von Sekunden. Nicht in der nächsten Sekunde. Unsere Kunden messen uns in diesen Größenordnungen.«

Thompson führt mich durch den beeindruckenden Newsroom in der Londoner Reuters-Zentrale. Er ist zugleich so etwas wie das Herzstück und das Hirn des Unternehmens. Nur selten wird Firmenfremden ein Blick in diese Nachrichtenzentrale gewährt. Auf einer riesigen Büroetage sitzen hier Hunderte von Journalisten vor jeweils einem oder mehreren Flachbildschirmen, telefonieren, schreiben und bearbeiten Nachrichten und Berichte, nehmen Audio- und Videobeiträge auf oder bearbeiten Fotos, die dann so schnell wie eben möglich ins Reuters-Informationssystem gepumpt werden. Beständiges Gemurmel mischt sich mit dem Klackern Hunderter Computertastaturen und dem Klingeln von zig Telefonen. Die Geräuschkulisse ist beeindruckend. Mich würde dieser Lärm hier verrückt machen. Die Abteilungen sind nach Medium und nach Thema getrennt. Über einer Gruppe von Arbeitsplätzen hängt das Schild »World Desk«, daneben ist das »UK Desk«, und weiter hinten sehe ich das »Financial« und das »Sports Desk«. Mitten im Getümmel der Journalisten kommentiert eine Moderatorin vor einer vollautomatischen Studiokamera das Börsengeschehen des Tages. Dass diese Leute es schaffen, in nur einem großen Raum, eng an eng, so konzentriert zu arbeiten, scheinbar ganz ohne sich gegenseitig zu stören, finde ich faszinierend. Ich könnte das jedenfalls nicht. Wahrscheinlich alles geübte Multitasker oder – wie nannte sie der Zeitforscher Geißler nochmal? – Simultanten ...

Thompson bleibt vor einer Wand mit circa dreißig Monitoren stehen. Auf jedem einzelnen läuft ein anderer Nachrichtenfilm, der just in diesem Moment von einem der Auslandsbüros eingespielt wird.

»Wir sind zwar schnell, aber unsere Konkurrenz schläft natürlich auch nicht. Es ist ein andauernder Kampf sicherzustellen, dass wir die neueste und schnellste Technologie haben, dass wir genug Geld in die richtige Hard- und Software investieren.«

Mit der Konkurrenz meint er vor allem Bloomberg. Das New

Yorker Unternehmen, das vom derzeitigen Bürgermeister der Stadt Michael Bloomberg gegründet wurde, bietet ebenfalls Echtzeitinformationen für die Finanzwelt an. Und das so erfolgreich, dass es Reuters in den vergangenen Jahren schon mehrfach im Umsatz überflügelt hat. Denn Bloomberg bietet den Brokern und Finanzmanagern neben seinen Echtzeitdiensten auch noch einen weltweiten Business-Fernsehkanal. Damit hat man Reuters eine Menge Kunden abgejagt. Doch Reuters tut alles, um in diesem Wettrennen am Ball zu bleiben.

An einem Demonstrationsrechner in einem Kundenpräsentationsraum im zweiten Stock der Reuters-Zentrale erklärt mir Produktmanager Alan Matthews, wie die riesige Reuters-Echtzeitmaschine im Alltag funktioniert und welchen praktischen Nutzen sie für die 500 000 Kunden aus der Finanzwelt hat. Die Reuters-Benutzeroberfläche 3000 Xtra etwa bietet dem Kunden direkten Zugang zu rund 260 Handelsplätzen weltweit. Das macht es dem Investmentbanker in Singapur zum Beispiel möglich, im selben Moment in Frankfurt, London und New York sowie an zig anderen Börsen der Welt zu handeln und auf das dortige Geschehen zu reagieren. Sprich: gleichzeitig in alle Handelsplätze Geld hineinzupumpen oder wieder herausziehen. Innerhalb von Sekunden. Bruchteilen von Sekunden ...

Matthews deutet auf eins von zwei großen Computerdisplays und sagt: »Hier laufen in verschiedenen Fenstern ständig Nachrichten, Börsenkurse, Wechselkurse und Preise für Staatsanleihen aus der ganzen Welt ein. In Echtzeit. Hier links laufen zum Beispiel Börsennotierungen ein, und in der Spalte daneben stehen die jeweiligen Börsenplätze, von denen wir den Kurs bekommen. New York, Hongkong, London. Und jedes Mal, wenn es rot blinkt, also ungefähr jede Sekunde, wird der Kurs aktualisiert. Wir bekommen die Preise live von den Banken und Börsen aus aller Welt, speisen sie in unser System ein und stellen sie dann über dieses System unseren Kunden zur Verfügung. Und all das quasi im gleichen Augenblick. Sodass man überall auf der Welt den gleichen Preis zur gleichen Zeit sehen kann, egal ob man als Händler in New York, London oder Hongkong vor seinem Monitor sitzt.«

Gespannt höre ich den Erklärungen des sympathischen Engländers mit der randlosen Brille zu. Endlich verstehe ich mal, was die Investmentbanker, die man regelmäßig in den Fernsehnachrichten in riesigen Handelsräumen der großen Banken vor zwei, drei, vier oder fünf Computerbildschirmen sitzen sieht, da so treiben. Matthews, kariertes Hemd, freundliches Lächeln, blonde Haare, ist der Typus seriöser und grundehrlicher Buchhalter. Überaus nett, zurückhaltend, aber auch ein bisschen farblos. Einem wie ihm würde ich sofort mein Erspartes anvertrauen. Wenn ich über nennenswertes Erspartes verfügte. Vielleicht ist er mir ja deswegen von der Reuters-Presseabteilung als Gesprächspartner vermittelt worden. Der Präsentationsraum ist einer von vier halb schick, halb funktional eingerichteten Glaskästen, in denen Matthews und seine Kollegen ihren Kunden auf sie zugeschnittene Benutzeroberflächen verkaufen.

Der Produktmanager zeigt auf ein weiteres Fenster am linken Monitor, an dessen oberem Rand alle paar Sekunden eine neue Schlagzeile erscheint, die die ein paar Sekunden älteren Schlagzeilen nach unten verdrängt. In den Stoßzeiten kämen fünfzehn bis achtzehn davon pro Minute rein, sagt Matthews.

»So viele Informationen kann doch kein Mensch aufnehmen. Das liest doch bestimmt überhaupt keiner mehr«, wende ich ein.

Matthews grinst. In seinem Geschäft sage man, Nachrichten bewegen die Märkte! Natürlich könnte kein Händler die alle lesen, geschweige denn beurteilen. Daher würden die wichtigsten News von Reuters-Redakteuren rot markiert. Der Händler fände sie dann sofort und könne in Echtzeit entscheiden, ob er ein Geschäft aus der Nachricht machen könne oder nicht.

Das sei aber noch lange nicht alles. Jetzt kommt Matthews richtig in Fahrt, man merkt ihm den Verkäufer an und durchaus auch ehrlichen Stolz auf das von ihm vertriebene Produkt. Sein System biete nicht nur Kurse und klassische Nachrichten in Echtzeit, sondern auch eine Vielzahl anderer Informationen. So könne man zum Beispiel auch ein Fenster zum Thema »Rohstoffe« oder noch spezieller Öl einstellen. Darin könne man dann etwa die aktuelle Position von Öltankern auf den Weltmeeren verfolgen. Das sei für Spekulanten auf den Rohstoffmärkten eine enorm wichtige Information. Öltanker transportierten so viel Öl, dass es einen großen Einfluss auf den Ölpreis habe, wenn sie zum Beispiel durch schlechtes Wetter oder einen Hurrikan den Hafen nicht in Richtung USA verlassen könnten, wo ja der größte Absatzmarkt für Öl sei. Dann stiegen dort die Preise. Wenn man also früher wisse als andere, ob ein Tanker Verspätung hat, könne sich das finanziell durchaus lohnen.

Ich brauche mal wieder eine Weile, um zu verstehen. Reuters befeuert seine Kunden also im Sekundentakt und ohne Pause mit Informationen, damit die auf irgendwas reagieren können. Als müssten die ständig beschäftigt und bei der Stange gehalten werden. Aber ist diese gewaltige Menge an Daten und Nachrichten überhaupt sinnvoll und nicht ein bisschen übertrieben?

Warum brauchen die Kunden diese Informationen in dieser Taktung, warum jede Sekunde, warum so viele, warum so schnell?

»Weil sie damit Profit machen können, ganz einfach. Sie handeln ja zum Teil mit sehr hohen Summen, Millionen von Dollar. Mit so hohen Beträgen kann man auch viel Geld verdienen, wenn die einzelnen Gewinnspannen klein sind.«

Moment, das geht mir jetzt wieder zu schnell. Ich versuche mir das, was der Reuters-Produktmanager mir da gerade gesagt hat, bildlich vorzustellen. Es reichen also ein paar Cent Gewinn pro Aktie. Man kauft eine Aktie beispielsweise an der Londoner Börse für 23,10 Euro ein, um Bruchteile einer Sekunde später in Frankfurt für 23,13 Euro zu verkaufen. Und weil man das nicht mit einer Aktie tut, sondern vielleicht mit zwei Millionen Aktien oder mit 200 000, kann man damit Geld verdienen.

»Dann muss man aber auch den ganzen Tag handeln und das Geld immer wieder hin und her schieben, um Profite zu machen«, sagt Matthews. »Und diese Profite braucht man auch, um sich so ein Computersystem wie dieses überhaupt leisten zu können. Eine Bank zu betreiben ist heute ein teures Geschäft bei einer solch gigantischen Menge an Daten.«

Paradox. Hört sich ganz so an, als sei hier ein sich selbst antreibendes System entstanden und als sei es der Finanzwelt gelungen, die Welt schneller zu machen. Die Zeit wird einfach in immer kleinere Scheibchen geteilt. Statt einmal am Tag kann das Geld nun Hunderte Male in der Minute hin und her bewegt werden. Und jedes Mal wird Profit generiert. Je schneller sich das Rad drehen lässt, desto mehr Profit springt dabei raus. Das ist das Geheimnis.

»Das ganze Geschäft dreht sich um Geschwindigkeit«, bestätigt Matthews. »Wären die Nachrichten nicht so enorm wichtig für die Händler, würden sie uns ja nicht dafür bezahlen. Wir müssen ihnen also das Gefühl geben, dass wir ihnen die Daten schneller liefern als die Konkurrenz. Immer. Denn die Broker sitzen den ganzen Tag am Bildschirm und verfolgen das Geschäft. Auf dem Heimweg beobachten sie die Preise auf dem BlackBerry – und zu Hause haben sie auch unser System, damit sie informiert sind. Manche der Jungs sind süchtig, ganz klar.«

Ich schaue den Produktmanager ungläubig an. Das sei doch nun wirklich total verrückt.

»Ob's verrückt ist, weiß ich nicht, profitabel ist es allemal«, entgegnet Matthews.

»Die handeln also Tag und Nacht, ohne Pause?«, bohre ich ungläubig weiter.

»Tag und Nacht, ja.«

»Aber ist der Markt nicht irgendwann mal geschlossen?«

Nein, antwortet der Reuters-Mann. In den meisten Märkten könne man »in irgendeiner Form 24/7 handeln«, also 24 Stunden sieben Tage die Woche, weil es da nicht über eine Börse liefe, sondern »über den Ladentisch«, also direkt zwischen den Banken. Und die hätten ja ihre Filialen auf der ganzen Welt. »Sie handeln in London, während der europäische Markt geöffnet ist, in New York, solange dort geöffnet ist, und dann zieht der Markt einfach weiter nach Asien, Japan und Australien. Der Markt folgt der Sonne um die Welt. Ohne Pause.«

Ich komme aus dem Staunen gar nicht mehr heraus, und während ich mich noch über die verrückten Broker und das Wettrennen mit der Sonne wundere, erklärt mir Matthews, dass auch das schon wieder fast Schnee von gestern ist. Denn eigentlich liefe alles schon viel schneller ... Streng genommen ist das

Hirn von Reuters inzwischen nicht mehr der berühmte Newsroom, sondern die gigantische Serverfarm am Rande der Londoner Docklands, das Reuters Data Center. Auf 28 000 Quadratmetern und acht Stockwerken reiht sich hier eine Straße von Servern an die andere. Menschen sucht man vergeblich. Ein paar wenige sitzen im Kontrollraum im fünften Stock herum und kommen nur ab und zu mal vorbei, um einen Rechner auszutauschen oder Kabel umzustecken. Das Data Center beherbergt Tausende und Abertausende Rechner und Server, die so viel Strom verbrauchen wie eine Kleinstadt und so viel Hitze produzieren, dass die Serverfarm direkt an der Themse errichtet werden musste, damit das Wasser des Flusses zur Abkühlung beitragen kann. Das Londoner Data Center ist nur eines von mehreren, die Reuters auf der ganzen Welt betreibt. Alle Daten, die Reuters in sein gigantisches Informationssystem einspeist, laufen über diesen gigantischen Riesencomputer.

Das führt mich zu Scott Kennedy. Er ist bei Reuters verantwortlich für den Bereich Direct Feeds, also für das Tempo der Technik, für die Geschwindigkeit der ganzen Reuters-Informationsmaschine. Kennedy erzählt mir von der rasanten Entwicklung des Geschäfts. »Vor zehn Jahren hat an den Börsen noch der Parketthandel dominiert. Da haben sich die Händler in bunten Jacken gegenseitig die Preise zugeschrien wie damals Michael Douglas in ›Wall Street‹. Das gibt es heute kaum noch. Heute hat der Computer übernommen.« Seitdem gebe es einen gewaltigen Hype um die Geschwindigkeit, alle sprächen nur noch vom »Hochfrequenzhandel«. Für den Menschen und für die Zeit, die er braucht, um eine Information zu lesen, sie in ein Programm einzugeben und dann auf einen Knopf zu drücken, gebe es einfach eine natürliche Geschwindigkeitsgrenze. Bei einer Maschine existiere die nicht – zumindest sei die nicht so schnell erreicht. Die einzige Grenze, die die Maschine kennt, ist die Geschwindigkeit, die die Technologie erlaubt, sagt Kennedy, und man hat nicht den Eindruck, dass er das irgendwie bedauern würde. Stattdessen untermauert er die Trägheit des Menschen gleich mit einem Beispiel. »Das menschliche Auge kann Veränderungen auf dem Bildschirm zum Beispiel erst ab einer Drittelsekunde erkennen. Alles, was schneller ist, erkennt es nicht. Wenn eine Telekom-Aktie aber tausendmal in der Sekunde hin und her gehandelt wird, kann man als Händler rein physisch unmöglich alle Preisänderungen in der Sekunde auf dem Monitor erkennen, geschweige denn erfassen. Man kann aber von jeder profitieren. Also muss das der Computer übernehmen«, sagt Kennedy mit einem grinsenden und leicht schiefen Gesichtsausdruck, den ich nicht so ganz deuten kann. Ist es Unsicherheit? Trauert er den alten Tagen vielleicht doch nach oder freut er sich darüber, dass seine Computer langsam die Macht im Hause übernehmen?

Kennedy, das merkt man, ist sehr darauf bedacht, nichts Falsches zu sagen. Er wägt jeden Satz genau ab. Immer wieder unterbricht er sich nach wenigen Sätzen, um seine Aussage neu und besser zu formulieren. Es sollen möglichst geschliffene Sätze herauskommen, die dann teilweise leider wie offizielle Pressemitteilungen klingen. Es scheint ein sensibles Terrain zu sein, auf dem er sich da bewegt. Spätestens seit der Finanzkrise ist der Computerhandel nämlich manchen Experten nicht mehr geheuer. Vielleicht sitzen deswegen auch gleich zwei aufgeregte Damen aus der Presseabteilung von Reuters mit im Raum, die ihm immer dann Zeichen geben, wenn eine Antwort gut oder misslungen war. Entspannter wird der Gute dadurch sicherlich nicht. Kennedy ist um die fünfzig Jahre alt, trägt einen grauen Anzug, natürlich, hat eine Halbglatze, schielt ein bisschen und könnte seinem Gestus nach ohne weiteres auch den Fiesling in einer US-Serie darstellen.

Die Computersysteme werden also immer wichtiger, der Mensch immer verzichtbarer. So viel habe ich bis hier verstanden, aber was Kennedy mir dann erzählt, verschlägt mir doch ein wenig die Sprache: Über neunzig Prozent ihrer Geschäfte wickeln die führenden Investmentbanken inzwischen im automatischen Computerhandel ab, dem sogenannten Black-Box- oder algorithmischen Handel. Ganz und gar ohne menschlichen Eingriff. Ich schnappe nach Luft. Man habe in den letzten zehn Jahren nach Wegen gesucht, Umsatz und Profit zu steigern, erklärt mir der Cheftechniker von Reuters. Und die Beschleunigung des Handels sei der Schlüssel dazu gewesen.

»Das Tempo hier hat sich in den letzten paar Jahren vertausendfacht! Den Kunden geht es heute um Mikrosekunden. Eine Mikrosekunde, das ist ein Millionstel einer Sekunde. Also eine ziemlich kurze Zeitspanne ...«, sagt Kennedy und lächelt dabei sanft. Ihn scheinen Zahlen wie diese glücklich oder zumindest sehr stolz zu machen. Ich bin, gelinde gesagt, baff. Hat der Mann mit dem Silberblick mir da gerade tatsächlich gesagt, dass über 90 Prozent des weltweiten Handels auf dem Finanzmarkt inzwischen stattfinden, ohne dass irgendeine Form menschlicher Urteilskraft oder Vernunft dazwischengeschaltet ist? Vollautomatisch? 90 Prozent? Heißt das, unsere Wirtschaft und damit ein Stück weit auch unsere Gesellschaft wird inzwischen gänzlich von Computern gesteuert? Mir wird schwindlig.

Durch mehrere doppelte Sicherheitsschleusen, die nur mit Chipkarten zu passieren sind, gelangen wir in den Kontrollraum im fünften Stock des Reuters Data Center. Hier sieht es ein bisschen aus wie in der Kommandozentrale eines Atomkraftwerks, eines Raumfahrtzentrums oder bei James Bond. Solche Räume kenne ich sonst wirklich nur aus Filmen oder aus den Nachrichten. Ein gutes Dutzend Mitarbeiter überwacht hier auf ungefähr zehnmal so vielen Monitoren und Riesendisplays den weltweiten Echtzeit-Datenverkehr der Reuters-Informationsmaschinerie. Und die Männer steuern in diesem bunkerähnlichen Raum ohne Tageslicht den Supercomputer, in dem sie sitzen. Es ist ein beeindruckend surreales Bild.

Und man ist bei Reuters stets bemüht, weitere Bereiche ausfindig zu machen, aus denen man die verbliebenen Reste menschlicher Langsamkeit beseitigen kann. Nicht nur die Verarbeitung von Zahlen und reinen Daten wie Börsen und Wechselkursen, sondern auch die komplexerer Informationen soll in Zukunft weitestgehend automatisiert vonstattengehen. Eine Software scannt inzwischen zum Beispiel die riesige Menge an Ankündigungen und Pressemitteilungen von Firmen und extrahiert daraus die wichtigsten Informationen, die dann automatisch in das Informationssystem eingespeist werden.

»Zum Teil ist da noch ein geringer menschlicher Anteil bei dieser Arbeit notwendig. Bestimmte Nachrichten und Informationen wollen wir in Zukunft aber gern nur noch automatisch verarbeiten. Wir würden diese Vorgänge am liebsten voll automatisieren«, sagt Kennedy. »Deswegen arbeiten wir auch mit künstlicher Intelligenz«, freut er sich. Um die Prozesse weiter zu beschleunigen, arbeite man seit längerem zum Beispiel an *machine-readable news*. Da würden bestimmte Nachrichten und Schlagzeilen von den Redakteuren schon in einer Form verfasst, dass ein Computer sie lesen, verstehen, ohne menschliche Intervention einordnen und in eine bestimmte Handlungsanweisung übersetzen kann. Zum Beispiel ob ein Aktienpaket ge- oder verkauft werden soll. »Solche Produkte bieten wir bereits an, und sie werden in Zukunft eine noch größere Rolle spielen.«

Es beruhigt regelrecht zu hören, dass es bei diesem irren Wettrennen der Computer um Milli- und Mikrosekunden manchmal dann aber doch wieder um ganz triviale Dinge geht wie zum Beispiel Kabellängen und Entfernungen. Denn die zu überbrücken kostet Zeit – auch wenn es inzwischen fast in Lichtgeschwindigkeit geht und die benötigte Zeit kaum messbar ist. Pro Kilometer Datenleitung, erklärt Kennedy, gehe eine hundertstel Millisekunde verloren. Deswegen habe jeder Wettbewerber ein großes Interesse daran, die eigenen Rechner möglichst nah an dem Hauptrechner der jeweiligen Börse zu platzieren. Die führenden Börsen vermieteten daher heute lukrativ Serverraum in der Nähe ihrer Großrechner. Zwischen den Banken und Investmenthäusern gebe es inzwischen regelrechten Streit um jeden Meter Kabellänge, den der eigene Server weiter entfernt zum Großrechner der Börse steht als der des Wettbewerbers.

Damit müssten wir aber doch endgültig an einem Limit angekommen sein. Noch mehr »Echtzeit« kann ich mir jedenfalls nicht vorstellen. Kann es überhaupt noch schneller werden?

»Wir sind noch lange nicht am Ende angekommen. Vielleicht auf einem Plateau. Aber solange die Chiphersteller immer schnellere Computer herstellen und die Wettbewerber immer effizientere Programme entwickeln, hört das Wettrüsten um die höchsten Geschwindigkeiten nicht auf. Der Heilige Gral wäre es, wenn der ganze Markt weltweit auf einem Großrechner liefe, aber davon sind wir noch ein gutes Stück entfernt.«

Der ganze Markt auf einem Computer? Und dann? Mir rauscht der Kopf. Millisekunden, Mikrosekunden, vielleicht demnächst Nanosekunden. Das sind Einheiten, die ich wirklich nicht mehr begreife. Es sind die Einheiten der Maschine, nicht die des lebenden Wesens. Ich komme mir vor wie in einem Science-Fiction-Szenario. Bleibt die Frage, warum wir das machen. Was gewinnen wir, wenn wir eine Milli-, Nano-, Irgendwas-Sekunde schneller sind? Warum produzieren wir so viele Daten, dass wir sie selbst nicht mehr verarbeiten können und unsere Weltwirtschaft, von der ja ein nicht unerheblicher Teil unseres Alltags und unseres Wohlergehens abhängt, stattdessen lieber ganz und gar der Kontrolle des Computers ausliefern?

Eine Stunde später – ich bin immer noch etwas benommen von dem, was ich da gerade gehört habe – sitze ich wieder bei Mark Thompson im Newsroom. Die vielen arbeitenden Menschen, die Hektik des Alltagsgeschäfts, das Klackern der Tastaturen, all das hat auf einmal eine ungemein beruhigende Wirkung auf mich. Wenigstens arbeiten hier noch Menschen. Ist mir lieber, als nur noch Prozessoren surren zu hören. Ob die große Finanzkrise 2008 nicht vielleicht ein Zeichen dafür gewesen sein könnte, dass der Mensch und die Wirtschaft mit dem Tempo des Marktes und der Masse an Informationen schlicht überfordert sei, frage ich Thompson. Er grübelt kurz, rutscht nervös auf seinem Bürostuhl hin und her. Ich merke, ihm passt die Frage nicht. Die Reuters-Pressesprecherin, die auch jetzt wieder bei uns sitzt, bemerkt sein Unbehagen und unterbricht. »Ich mag diese Frage nicht. Du musst sie nicht beantworten.«

Natürlich soll er, denn genau darum geht es hier doch, denke ich insgeheim und verfluche die Pressesprecherin.

Thompson zieht die Brille aus und beißt auf seinen Brillenbügel. Dann antwortet er nach einer Weile doch. »Vielleicht hat der *information overload* auch ein bisschen zur Finanz- und Wirtschaftskrise beigetragen. Vielleicht haben die Leute an der Spitze wichtiger Organisationen, Aufsichtsbehörden und Zentralbanken die Risiken, die sie eingingen, und die Natur der Finanzprodukte und die Gefahr für das Bankensystem und ganze Volkswirtschaften nicht mehr wirklich überblickt. In einem Zeitalter, in dem wir mit mehr Informationen als jemals zuvor umgehen müssen, kann es schon sein, dass die Aufmerksamkeit zu zerstreut war. Aber sollen wir jetzt deshalb die Masse der Informationen reduzieren? Das glaube ich nicht! Ich glaube nicht, dass es eine Lösung ist, die Prozesse wieder zu verlangsamen oder abzubremsen. Nein, im Gegenteil. Wir müssen das technische Rüstzeug dazu bereitstellen, dass die Menschen mit diesen vielen Informationen umgehen und herausfinden können, was für sie wichtig ist. Wir müssen die Informationen intelligent machen, damit sie zu den Menschen kommen, die sie brauchen, zu der Zeit und in der Form, in der die jeweilige Person sie benötigt.«

Also noch mehr Technik statt weniger. Noch schneller statt langsamer. Das »Wettrüsten« wird weitergehen. Eines ist mir spätestens jetzt klar: Die Technik – nicht der Mensch – bestimmt längst das Tempo. Ob nun mit oder ohne Internet, BlackBerry oder iPhone. Da können wir multitasken, soviel wir wollen. Für vieles, was heute möglich ist, sind wir einfach zu langsam und werden daher abgeschafft. Die Welt scheint ohnehin längst auf Autopilot zu laufen.

Ich verabschiede mich von Thompson und gehe zum Aufzug. Irgendwie brauche ich dringend frische Luft, mich zieht es nach draußen. In die echte Welt, in der es noch um Tage und Stunden geht und nicht um Mikro- oder Nanosekunden. Im Aufzug treffe ich noch einmal Alan Matthews, den sympathischen Produktmanager, der mir das Reuters-Informationssystem so anschaulich erklärt hat. Wie er sich die Temposucht des Menschen erkläre, frage ich ihn.

Seine Antwort ist ebenso simpel wie beunruhigend: »Vielleicht ist der Mensch einfach so. Wir entwickeln diese Technologien, und dann wollen wir sie auch nutzen.«

Ich staune. So einfach ist das. Wir nutzen die Technologien, weil sie da sind. – Nur hat anscheinend niemand daran gedacht, Bremsen einzubauen.

■ **Hartmut Rosa:** Ich glaube, die gewaltigen Beschleunigungserfolge, die wir in der modernen Gesellschaft hatten, beruhen auch darauf, dass wir immer gute Bremsen hatten, die in vielen Bereichen langfristige Stabilität ermöglichten. Zum Beispiel bei der Gesetzgebung: Stabile, verlässliche Gesetze erlauben es Unternehmen überhaupt erst, langfristige Investitionen und Innovationen zu planen. Das gilt auch für den Einzelnen. Der wird erst kreativ, wenn er langfristige Entwicklungsmöglichkeiten und Perspektiven hat. Beschleunigungserfolge beruhen auf langfristigen Stabilitätsgarantien. Und die wiederum beruhen auf funktionierenden Bremsmechanismen.

Der Neoliberalismus der letzten Jahrzehnte hat diese Bremsen systematisch beseitigt – und damit jede Sicherheit. Die neoliberale Politik war von Anfang an darauf angelegt, Bremswirkungen im Kapitalverkehr, aber auch im Bildungssystem und auf dem Arbeitsmarkt zu beseitigen. Alles, was bremst, alles, was Flexibilität einschränkt oder eben Kapital-, Waren- und Investitionsströme verlangsamt, musste beseitigt werden. Damit hat man ein System erzeugt, das ohne jede Bremsen fuhr. Und da ist es wie beim Auto: Fährt man mit hoher Geschwindigkeit und ohne Bremsen, rast man früher oder später gegen die Wand.

Was ist da eigentlich passiert? Die Finanzmärkte und ihre Logik haben sich abgelöst von der realen Ökonomie. Denn die lässt sich nicht beliebig beschleunigen. Denn man braucht, um etwas zu produzieren, um wirkliches Wachstum zu erzielen, Zeit. Man kann nicht beliebig schnell produzieren. Man braucht ja allein schon Zeit, um die Fabriken und Industrien zu errichten, in denen produziert werden soll. Und übrigens braucht man auch relativ stabile Verhältnisse. Man muss die Hoffnung haben dürfen, dass das Produkt, das man herstellen will, auch noch nachgefragt wird, wenn die Fabrik Jahre später fertig ist. Realwirtschaftliche Produktion ist also zeitaufwändig.

Und auch der Konsum ist zeitaufwändig. Denn man kann nicht beliebig schnell konsumieren. Egal was ich konsumieren will, wenn es real erzeugte Produkte sind, brauche ich dafür Zeit. Ich brauche Zeit, um ein Buch zu lesen, selbst wenn ich Experte im »Powerreading« bin. Ich brauche Zeit, um eine CD zu hören oder einen Film zu sehen. Das gilt besonders für komplexe Kulturgüter. Wenn Sie sich zum Beispiel einen Flügel kaufen. Wann haben Sie den »konsumiert«? Nicht wenn er im Wohnzimmer steht, sondern erst wenn Sie gelernt haben, ihn zu spielen. Und das ist sehr zeitaufwändig. Was sich beliebig beschleunigen lässt, ist der Kaufakt. Wir können ganz schnell Flügel, CDs und Bücher kaufen, und das tun wir ja auch. Statt dass wir Klavier spielen lernen am Sonntag, gehen wir lieber nochmal shoppen. Die Befriedigung hängt jetzt eigentlich am Kauf, nicht an der Konsumption. In unserer Hetze verwechseln wir diese beiden Dinge allzu gern.

Wie lässt sich das Beschleunigungsspiel trotzdem in Gang halten? Zum einen werfen wir die Güter fast immer weg, bevor sie eigentlich kaputt sind. Ehe sie physisch zerschlissen sind. Karl Marx hat das mal für die Produktion beschrieben und gesagt: Der moralische Verschleiß ist höher als der physische Verschleiß. Er meint damit, dass Maschinen veralten und ausgetauscht werden, bevor sie physisch nicht mehr nutzbar sind. Nur weil sie zu langsam geworden sind. Und so ist es inzwischen auch bei Konsumgütern. Jeder von uns kennt das bei seinem Computer. Und auch bei der Mode sieht man das ganz deutlich: Jedes Jahr, manchmal jeden Monat und teilweise sogar jede Woche kommen neue Kollektionen auf den Markt, die uns dazu bringen sollen, ständig neue Produkte zu kaufen, obwohl die alten noch voll funktionsfähig sind, wir sie nicht verbraucht haben. Das ist die eine Art, das Beschleunigungsspiel weiter in Gang zu halten. Die andere haben die Finanzmärkte entdeckt. Eben Gewinne machen zu können, ohne real zu produzieren.

Sie haben sich zunehmend von der Realwirtschaft gelöst. Es wird nicht mehr in reale Güterproduktion investiert, sondern in teilweise fiktive Finanztitel. Da muss dann auch nichts mehr produziert und konsumiert werden. Der Akt des Kaufens und Verkaufens lässt sich in Sekundenbruchteilen erledigen. Wir haben heute rasend schnelle Finanzmärkte. Aber keine entsprechende Realbeschleunigung des Konsums und der Produktion. Und diese Auseinanderentwicklung musste irgendwann in den Kollaps führen. Den haben wir gerade eben wirtschaftlich überlebt, aber es gibt keine Anzeichen dafür, dass wir etwas daraus gelernt hätten. Und deshalb würde ich sagen, wir steuern geradewegs auf die nächste Beschleunigungskrise zu.

Die Frage nach den Grenzen unserer Beschleunigungsfähigkeit ist nicht leicht zu beantworten. Wir hatten immer wieder das Gefühl, schon an den absoluten Grenzen angekommen zu sein. Bereits vor zweihundert Jahren, als die Eisenbahn kam, gab es sofort Kulturpessimisten und auch Wissenschaftler, die glaubten, dass die äußerste Grenze erreicht sei. Da gab es sogar wissenschaftliche Untersuchungen, die gesagt haben: Der menschliche Körper und das menschliche Gehirn können nicht mehr als ungefähr 30 Kilometer pro Stunde aushalten. Die Menschen damals konnten das auch nachfühlen. Ihnen ist wirklich schlecht geworden, wenn sie aus dem Eisenbahnfenster geguckt haben. Weil sie erst noch auf den Bahndamm geschaut haben, und da wird uns auch heute noch schlecht. Wir haben als Kulturtechnik gelernt, beim Schnellfahren in die Ferne zu gucken, dann ist alles okay. Heute halten wir auch Geschwindigkeiten von 200 oder 300 Kilometer pro Stunde aus.

Wir können auch mehr Informationen verarbeiten als die Generationen vor uns. Und es gibt ganz plausible Untersuchungen, die zeigen, dass Kinder heute viel eher in der Lage sind, mehrere Dinge scheinbar gleichzeitig zu tun, als Ältere. Die Grenzen sind also flexibel, elastisch und lassen sich verschieben. Trotzdem gibt es natürlich absolute Grenzen in unserem Körper. Manche Prozesse im Gehirn gehen einfach nicht schneller, und auch der Körper selbst hat gewisse Biorhythmen, da kann man nicht viel dran drehen. Und an diese Grenzen stoßen wir immer häufiger. Zum Beispiel wenn wir müde oder »gejetlagt« sind.

Aber wir versuchen auf vielfache Weise, diese natürlichen Grenzen weiter zu verschieben. Eines Tages werden wir uns technisch und gentechnisch verändern lassen – und auch verändern wollen. Und ich würde sagen, wir sind schon auf dem besten Weg dahin. Nicht nur im Leistungssportbereich, in dem Sportler mit Doping und anderen Mitteln versuchen, ihre Grenzen zu überschreiten. Schauen Sie sich nur das gesamte Erziehungs- und das Bildungswesen an, wo Eltern alles tun, vom Tag der Geburt an, ihre Kinder wettbewerbsfit zu machen. Ihre größte Angst ist es, dass die Kinder zurückbleiben könnten. Zum Teil beginnen die ja schon vor der Geburt, ihre Kinder zum Beispiel mit Fremdsprachen zu beschallen oder mit Musik oder auf andere Weise fit zu machen.

Und von da ist es auch nur noch ein ganz kleiner Schritt, den wir oft schon überschritten haben, zu sagen: Wir intervenieren auch mit chemischen oder pharmakologischen Substanzen aller Art, um Leistungsfähigkeit und eben auch Geschwindigkeiten zu steigern. Und wenn es die Möglichkeit geben wird – und es gibt überhaupt keinen Grund, daran zu zweifeln, dass es sie geben wird –, uns mit technischen oder gentechnischen Veränderungen oder einer Fusion von Technik und Gentechnik zu verbessern, dann werden wir das tun. Das folgt immer der gleichen Logik. Sobald die Ersten das tun, sind die anderen gezwungen nachzuziehen. Das würde natürlich erst mal niemand zugeben. Wenn man das heute Eltern erzählt, würde man einen Aufschrei hören. Aber ich glaube, die Steigerungslogik wird uns früher oder später dazu zwingen: Die Fusion von Gen- und Computertechnologie in unserem Körper könnte irgendwann der einzige Weg sein, wie wir unsere Körper in Zukunft für die hohen Geschwindigkeiten, die wir sozial erzeugen, fit halten.

Es gibt natürlich auch kollektive Grenzen der Beschleunigung, die man an der ökologischen Krise ganz schön ablesen kann. Auch die ist eine Beschleunigungskrise, weil wir nämlich die Rohstoffe schneller abbauen, als die Natur sie reproduzieren kann, und weil wir mehr Gifte in die Umwelt geben, als diese zu verkraften vermag.

Ich denke auch, dass wir uns da eine Art von sich selbst antreibendem System geschaffen haben. Die technischen Innovationen erlauben es uns eben nicht nur, Prozesse zu beschleunigen, sondern sie treiben auch einen sozialen Wandel an. Die Einführung des Internets hat ja nicht nur Dinge schneller gemacht, sondern auch ganz neue Dinge erzeugt: neue Berufssparten, neue Kommunikationsmuster, neue Hobbys oder Freizeitmöglichkeiten, sogar neue soziale Gruppen erzeugt. Hier haben technische Innovationen, die der Beschleunigung dienen, den sozialen Wandel angetrieben, und der soziale Wandel ist es dann, der Menschen das Gefühl gibt, sie müssen sich der Beschleunigung anpassen, um Schritt zu halten. Dass die Zeit also knapp ist.

Und wenn für die Menschen Zeit knapp ist, dann verlangen sie nach technischer Beschleunigung. Wenn ich das Gefühl habe, mir geht die Zeit aus, ich habe so wahnsinnig viel zu tun, dann will ich, dass der Computer schneller hoch- und schneller runterfährt, dass der Zug schneller unterwegs ist, dass die Kassiererin an der Kasse sich beeilt und so weiter. Und dann frage ich nach technischer Beschleunigung. So haben wir also ein sich selbst antreibendes System geschaffen, einen Zirkel der Beschleunigung, der sich selbst antreibt.

Wachstumsbeschleunigungsgesetze finde ich daher irgendwie toll, weil sie das Dilemma ganz deutlich auf den Punkt bringen. Politiker können eigentlich gar nicht anders. Sie stecken in dieser Hamsterradlogik. Sie glauben, dass diese Gesellschaft sich nicht anders erhalten lässt als durch Wachstum. Also, ohne diese Wachstumsraten oder meinetwegen die Beschleunigung des Wachstums bricht das Wirtschaftssystem zusammen. Und dazu der daran hängende Sozialstaat. Dass man damit das Problem, an dem wir alle leiden, aber nicht löst, sondern noch größer macht, weil man mit dieser Politik die Räder, die Walzen und Spiralen weiter antreibt, ist dabei offensichtlich. Also eigentlich offenbart die Politik auch in solchen Wortungetümen wie dem Wachstumsbeschleunigungsgesetz nur, dass sie ziemlich ohnmächtig und auch ziemlich ratlos ist angesichts dieser Beschleunigungslogik. Deshalb, glaube ich, ist es ganz wichtig, dass wir das als politisches Problem wahrnehmen. Selbst wenn wir im Moment keine guten Antworten darauf haben. Zu sehen, dass diese Beschleunigungslogik uns letzten Endes alle in eine krisenhafte Situation stürzt, wäre schon mal ein wichtiger Fortschritt.

Man kann Bewegung und Beschleunigung nur vor einem stabilen Hintergrund wahrnehmen. Wenn sich aber alles gleichzeitig bewegt und beschleunigt, womöglich noch unkontrolliert, dann kann man keine Bewegung mehr erkennen. Dann habe ich hohe Veränderungsraten ohne jede Entwicklung, ohne Richtung. Dann haben wir rasenden Stillstand. Und ich glaube, dass die Gesellschaft langfristig in einem Zustand des rasenden Stillstands landen wird.

Ich glaube, dass die Beschleunigungslogik in der Kultur dieses Gesellschaftssystems und in ihren Strukturen und Institutionen so tief verankert ist, dass es nicht leicht zu sehen ist, wie wir uns davon jemals verabschieden könnten. Und die Erbarmungslosigkeit dieses Spiels, die Tatsache, dass es keine natürliche Grenze hat, keine Sättigung mehr erreicht, die macht mir ein bisschen Angst und Sorge. Ich denke, das ist so ähnlich wie mit einem Krebsgeschwür – der Krebs hört auch nicht auf zu wuchern, bevor er nicht seinen Wirt erledigt hat.

Die Frage sollte daher nicht sein: Wie viel Geschwindigkeit können wir aushalten? Also, wir können uns eine Welt denken, die einfach ohne Menschen auskommt. In vielen Bereichen ist das übrigens schon so weit gekommen, und da kann man dann Prozesse mit Lichtgeschwindigkeit ablaufen lassen, und alles ist toll. Aber ich finde, das ist die falsche Frage. Die Frage ist nicht, wie viel Geschwindigkeit wir irgendwie erreichen können, die Frage muss lauten: »Wie viel Geschwindigkeit ist gut für ein gutes Leben? Was steigert die Qualität des Lebens?«

TEIL 3

Alternativen zum Hamsterrad

»Bei uns können Sie unanständig reich werden« – Eine Heuschrecke steigt aus

Schöne Bescherung. Da ist scheinbar ein sich selbst antreibendes System entstanden, dessen Treibstoff ständiger Wettbewerb und Profitgier ist. Und Politiker, Wissenschaftler und Ökonomen tun so, als sei die ständige Beschleunigung so etwas wie ein Naturgesetz, zu dem es absolut keine Alternative gäbe. Als ließen sich gesellschaftliche, ökonomische und ökologische Probleme nur durch ein Mehr an Beschleunigung, ein Mehr an Wachstum lösen. Obwohl genau das die Menschen auf Dauer entweder ausbrennt oder überflüssig macht. Und am Ende auch noch den Planeten zerstört. Keine besonders ermutigende Perspektive. Ein minimalinvasiver Kollateralschaden sieht auf jeden Fall anders aus.

Aber wie viel Tempo ist eigentlich gut für uns? Und wie sieht es überhaupt aus, das gute Leben? Nachdem mich die Frage nach den Ursachen der Beschleunigung zu deren Schrittmachern geführt hat und ich erkennen musste, dass von dieser Seite kein Ausweg aus dem sich selbst antreibenden Teufelskreis der Beschleunigung zu erwarten ist, verbinden sich meine Hoffnungen nun vor allem mit den möglichen Alternativen zum Hamsterrad. Auf den nächsten Etappen meiner Suche nach der verlorenen Zeit will ich Menschen treffen, die für sich oder die Gesellschaft eben nach solchen Alternativen zum beschleunigten Leben suchen oder sie vielleicht sogar schon gefunden haben.

So wie Rudolf Wötzel. Rudolf Wötzel hat lange ein Leben auf der Überholspur geführt, war ein Leistungsjunkie und hat rasend schnell Karriere gemacht. Bis er ganz plötzlich auf die Bremse getreten und alles hingeworfen hat. Heute versucht er in den Schweizer Bergen neu anzufangen.

Ich fahre im Nachtzug von Berlin nach Basel. Das habe ich schon seit Jahren nicht mehr gemacht. Ich genieße die Zeit, die ich unterwegs bin, bestelle mir bei der netten Schaffnerin erst einmal ein Bier und glotze einfach aus dem Fenster. Ich wusste gar nicht mehr, wie angenehm diese langsame Art des Reisens sein kann. Abgesehen davon, dass ich mir so die nervigen Kontrollen und die Warterei am Flughafen erspare und der Umwelt ein paar Tonnen CO_2.

Um kurz vor 8.00 Uhr komme ich morgens ausgeruht in Basel an und suche erst mal nach dem Bahnhofsrestaurant, das mir seit Kindertagen in Erinnerung ist. Es war ein schönes und riesengroßes Bahnhofsrestaurant, in dem die Zeit irgendwie stehen geblieben zu sein schien, und es hat sich irgendwie eingebrannt in mein Gedächtnis. Ob es noch da ist? Ich bin erleichtert, als ich sehe, dass es das Restaurant noch gibt. Es musste inzwischen zwar die Hälfte seiner Fläche an einen Supermarkt abgeben, aber die andere Hälfte existiert noch.

Ein älterer Kellner in klassischer Kellnerweste und Schürze, wie man ihn sonst wohl nur noch aus alten Filmen kennt, serviert mir einen Schümlikaffee und ein Croissant. Ich fühle mich gut und – zumindest für kurze Zeit – überhaupt nicht gestresst.

Wieder kommen Kindheitserinnerungen hoch. Ich fahre gern Zug, und ganz besonders mag ich die Schweizer Eisenbahn, was wohl daran liegt, dass mein Vater sie so liebte und regelmäßig mit meinen Brüdern, meiner Mutter und mir Schweizer

Bahnstrecken abfuhr. Es sind schöne Erinnerungen an eine Zeit, in der es irgendwie noch nicht so hektisch zuging wie heute – zumindest in meiner Erinnerung. Zugfahren in der Schweiz, das allein fühlt sich für mich schon an wie der erste Schritt zur Entschleunigung.

Eine gute Stunde und ein Frühstück später geht es von Basel weiter über Chur und von da mit der Rhätischen Bahn nach Klosters im Schweizer Kanton Graubünden. Hier steige ich an einem malerischen kleinen Bahnhof aus Holz aus und rufe Rudolf Wötzel an. Erst jetzt realisiere ich, dass ich fast eine Stunde Verspätung habe. Meine Reise in die entschleunigte Welt geht ja gut los, denke ich. Zum Glück erreiche ich Wötzel noch auf seinem Handy.

»Ich hole Sie gleich ab. Und dann können wir gleich hoch zum Gemsli fahren«, sagt er.

Der Bahnhof von Klosters sieht aus wie aus einer Spielzeugwelt. Hier kann man es aushalten, ist mein erster Gedanke. Es ist Mitte Juni, der Schnee in den Bergen hat gerade angefangen zu tauen. Die Sonne versucht sich vergeblich durch die dicken Regenwolken zu kämpfen. Nach einer halben Stunde fährt Rudolf Wötzel in einem relativ neuen Audi-Kombi vor.

Das Gemsli, von dem Wötzel am Telefon gesprochen hat und zu dem wir jetzt fahren, soll bald sein neuer Lebensmittelpunkt werden. Es ist eine Berghütte für Wanderer und Bergsteiger auf 1650 Metern Höhe, oberhalb von Klosters. Um dort hinzukommen, kurven wir über ziemlich schmale und steile Feldwege und kleine Holzbrücken, dem Lauf des reißenden Gebirgsbachs folgend, den Berg hinauf. Ein ums andere Mal halte ich den Atem an und hoffe, dass wir nicht von den extrem schmalen Wegen abkommen und gleich in der Schlucht liegen. Eine halbe

Stunde später sitze ich Rudi – er hat mir inzwischen das Du angeboten – in der Küche des Gemsli gegenüber. Draußen regnet es nun. Der letzte Schnee ist hier oben erst vor ein paar Tagen getaut. So früh in der Saison verirren sich nur wenige Wanderer hierher. Der Gastraum des Gemsli ist noch leer. Was er hier treibt und wie sein neues Leben aussieht, will ich von Rudi wissen.

»Ich bin quasi gerade in Lehre. Ich schäl Kartoffeln, hacke Holz und gehe überall dort zur Hand, wo ich gebraucht werde. Dabei lerne ich dann hoffentlich mit der Zeit, wie man eine Berghütte betreibt. Das werde ich noch den ganzen Sommer über machen. Und nächstes Jahr will ich die Hütte dann zusammen mit meiner Freundin übernehmen und hier selbst Hüttenwart sein und Gäste empfangen.«

Man sieht, dass Rudi in seinem Leben noch nicht viele Kartoffeln geschält hat. Obwohl er sich sichtlich Mühe gibt, ist er dabei noch ein wenig ungeschickt. Vor mir sitzt ein braungebrannter und gutaussehender Mann, Ende vierzig, dunkle wellige Haare, Typ Schwiegersohn, den man eher für einen Flugkapitän oder Manager hält als für eine Küchenhilfe. Das labbrige graue Sweatshirt will nicht so recht zum Rest der Erscheinung passen.

»Wenn du Glück hast, hast du ein paar Freunde, die dir sagen, wenn du auf dem besten Weg bist, ein Arschloch zu werden. Die hatte ich damals, Gott sei Dank, aber ich habe auch selbst gemerkt, dass ich mich verändert hatte. Durch den steigenden Zeitdruck hat man immer weniger Zeit, auf andere einzugehen. Man konzentriert sich immer mehr auf die eigene Person, und am Ende kreist dann alles nur noch um einen selbst. Und da hab ich es gemerkt. Ich muss raus aus meinem alten Leben.«

Sein altes Leben war sehr leistungsorientiert und spielte sich vor allem in Hotels, Flugzeugen und in den Vorstandsetagen von Banken und großer Unternehmen ab. Rudi hat eine Bilderbuchkarriere hinter sich. Das Abitur schloss er als Jahrgangsbester ab, was ihn aber nicht besonders glücklich machte. Und so blieb es auch im weiteren Verlauf seiner Karriere. Die großen Ziele, die er meist als Bester erreichte, befriedigten ihn nie lange. Neue, größere Ziele mussten her und erreicht werden. Rudi war ein Extremjobber in jeder Hinsicht. Seine Arbeitszeiten waren extrem, aber auch sein Ehrgeiz und seine Ambitionen, »möglichst schnell die nächste Stufe, die nächste Beförderung zu erreichen und am Ende möglichst hoch hinauszukommen«. Schneller, höher, weiter. Das war Rudis Lebensprinzip. Nach dem BWL-Studium in München arbeitete er zuerst bei einer großen amerikanischen Unternehmensberatung. Daneben machte er den MBA an der privaten Elite-Uni INSEAD. »Mit diesem Elitezertifikat und Blankoscheck in der Hand« wechselte er ins Investmentbanking zur Schweizer Bank UBS. Danach war er acht Jahre bei der Deutschen Bank, bevor er in die Führungsetage der US-Investmentbank Lehman Brothers wechselte. Bei all seinen Stationen war er für Unternehmenskäufe zuständig. Im Fachjargon der Finanzwelt: Mergers and Acquisitions.

Rudi war in seinem früheren Leben das, was man eine »Heuschrecke« nennt.

Und er war berufsgemäß ein radikaler Beschleuniger. Als Unternehmensberater und Investmentbanker wurde er von Unternehmenschefs oder deren Besitzern geholt, um im Namen der Effizienzsteigerung Firmen zusammenzuführen, dichtzumachen, zu kaufen oder zu verkaufen. Und um als Externer in aller Radikalität die Maßnahmen durchzusetzen, die sich die internen Manager nicht trauten. Das hieß in der Regel: Abbau von Arbeitsplätzen, Schließung von Werken. Für ihn war das kein Problem, er war danach ja raus aus dem Unternehmen.

Das kommt mir doch irgendwie bekannt vor. Ich muss direkt an mein kurzes Treffen mit Antonella Mei-Pochtler, der Unternehmensberaterin, denken.

Ich fühle mich ein wenig komisch, einem Ex-Investmentbanker, der vor kurzem noch mit Milliarden jongliert hat, beim Kartoffelschälen zuzusehen. Und irgendwie will das Bild immer noch nicht so recht zusammenpassen: Rudolf Wötzel beim Kartoffelschneiden. Sein altes Leben habe sehr lange eine gewisse Strahlkraft auf ihn ausgeübt, sonst hätte er es auch nicht fast zwanzig Jahre lang so gelebt, gibt Rudi zu. Das Gefühl, zur Elite zu gehören und mit relativ jungen Jahren viel gestalten zu können, viel Eigenverantwortung zu haben, keinen langweiligen Job, sondern einen, wo man einflussreiche Menschen kennenlernt, übe auf viele in diesem Beruf eine große Faszination aus. Auch bei ihm sei es so gewesen.

»Vorstandsvorsitzende oder Eigentümer von großen Unternehmen sind schillernde und faszinierende Persönlichkeiten, und diesen Machtmenschen mal persönlich zu begegnen macht Spaß. Man hat einfach das Gefühl dazuzugehören. Tja, und auch das Gefühl, voranzukommen und Karriere zu machen, ist natürlich toll. Die Streicheleinheiten, die man dann bekommt und die man sich gern abholt in Form von Beförderungen, von Titeln, von Boni sowieso«: Das sei schon eine Zeit lang spannend gewesen.

Gemessen an den Erwartungen, die er damals an sein Leben gehabt habe, führte Rudi ein interessantes und schönes Leben, sagt er heute rückblickend. Ein Leben der gehobenen Luxusklasse, in Fünf-Sterne-Hotels. Ihm hat es geschmeichelt, wenn die Stewardess ihn mit Namen begrüßte, und es war damals für ihn und seine Kollegen sehr wichtig, alle Topkarten der wichtigen Airlines zu besitzen, die einem den Zugang zu den exklusiven Lounges der Fluglinien erlaubten.

»Das ist natürlich bescheuert«, gibt er heute zu. »Da kann ich jetzt drüber lachen, aber in dem Moment, wo man ständig gestresst durchs Leben hechelt und sonst keine Streicheleinheiten bekommt, freut man sich, wenn man so eine persönliche Ansprache im Flieger hat und auf den Flughäfen der Welt hofiert wird. Man denkt, man hat es verdient.« Heute sei ihm klar, dass all das Köder seien, an denen man sich leicht festbeißen könne – und verschlucken. »Aber eine sehr lange Zeit hat es sich sehr gut selbst getragen. Das System versucht, dich bei Laune zu halten. Aber je länger ich da drin war, desto mehr hab ich das auch als Kompensation empfunden, für etwas, was mir eigentlich gar nicht am Herzen liegt und was mich nicht glücklich macht«, sagt Rudi.

Rudi war das lange egal. Das »machthungrige Arschloch«, als das er sich beschreibt, nahm trotzdem eine Karrierestufe nach der anderen. Ich sitze immer noch am Küchentisch und beobachte Rudi dabei, wie er der Hüttenwirtin zuarbeitet. Dieser großgewachsene Mann wirkt dabei fast ein wenig verschüchtert, wie ein Jugendlicher bei seinem ersten Schulpraktikum. Ich versuche mir Rudi als Heuschrecke vorzustellen. Erstaunlicherweise ist das gar nicht so schwer. Irgendwie haben die zwanzig Jahre als Investmentbanker schon ihre Spuren hinterlassen. Auch wenn er das gerne wollte: Sein altes Leben lässt sich nicht von einem auf den anderen Tag vollständig abschütteln. Ich kann zwar nicht genau sagen, was es ist, vielleicht seine makellose Erscheinung, über die auch sein graues schlabbriges T-Shirt nicht hinwegtäuschen kann, seine genauso geschliffene wie bedächtige Wortwahl, irgendetwas an Rudi erinnert immer noch an den Investmentbanker, der er mal war.

Ich frage mich, ob er sich wirklich ganz aus seinem alten, vom Leistungsprinzip geprägten Leben verabschiedet hat oder hier nur mit altbekannter Perfektion eine neue Rolle ausfüllt? Die des erfolgreichen Aussteigers. Es scheint ihm zumindest ein ehrliches Bedürfnis zu sein, über seine Wandlung zu sprechen. Er ist überzeugt davon, sie hat viel damit zu tun, dass er plötzlich begonnen hat, Zeit anders wahrzunehmen.

»Ich war irgendwie süchtig nach diesen Taktgebern, die meinen Tag strukturiert haben. Was am Fließband der Montagetakt ist, war bei uns der Takt der eingehenden Nachrichten auf dem BlackBerry, den man nicht mal aus der Hand gelegt hat, wenn man abends mit Kollegen oder der Freundin essen gegangen ist. Immer wieder hat man da draufschauen müssen. Diese ständige Erreichbarkeit, die man von seinen Mitarbeitern einfordert, ist ja auch ein Zeichen der Macht. Wenn man als Manager seinem Team alle fünf Minuten eine E-Mail schickt, weiß man ja, dass auf der anderen Seite ein Mitarbeiter sitzt, der nach drei Minuten entsprechend reagieren muss und dessen Leben auch durch die eingehenden Mails strukturiert wird. Man sitzt da wie ein Zirkusdirektor und kann sein Team fernsteuern. Das hat eine gewisse Faszination der Macht, und die kann süchtig machen. Und es bekommt eine Eigendynamik.«

Als teuer bezahlter Dienstleister war Rudi in seinem alten Leben aber auch selbst immer abhängig vom jeweiligen Auftrag, den er bearbeitete. Er musste sich rund um die Uhr für den entsprechenden Kunden verfügbar halten, auch am Wochenende oder nachts arbeiten. Teilweise bei mehreren parallel laufenden Projekten. Über Jahre. Nach ein paar Jahren merkte er, dass ihm das an die Substanz ging.

»Auch das viele Reisen. Ich war nur noch am Hin-und-her-Jetten. Mein Leben war getaktet durch Zeitvorgaben von Meetings, von Chefs, von Fliegern. Und der Taktgeber war mein BlackBerry. Das Privatleben musste immer zurückstecken. Aber ehrlich gesagt, hat mir das nichts ausgemacht. Einmal saß ich zum Beispiel mal mit meiner damaligen Freundin in einem Restaurant am See beim Abendessen. Da ruft der Chef an und sagt: ›Du, am nächsten Montag geht ein Projekt in Brasilien los, ich brauche dich da für ein Jahr.‹ Ich habe es nicht mal mit der Freundin diskutiert. Es war für mich selbstverständlich, dass ich nach Brasilien gehe, weil es eine Supermöglichkeit für die Karriere war. Die Beziehung ging dann natürlich kaputt.«

Und wenn man selbst so gepolt sei, dann erwarte man das mit der Zeit auch von anderen, sagt Rudi nun doch ein bisschen reumütig. Topmanager und -banker hätten oft Probleme, mit dem »Normalo« umzugehen.

»Wenn der noch bestimmte Ansprüche ans Leben hat, die man selbst längst nicht mehr kennt, zum Beispiel eine Familie zu haben, dann ertappt man sich dabei, diese Leute als Bremsen zu empfinden und sie geringzuschätzen.«

Rudi hat keine Zeit für eine Familie gehabt, und das nagte auch zunehmend an ihm. Was in seinem alten Leben aber nicht etwa dazu geführt hat, dass er Verständnis für Mitarbeiter mit Kindern aufbrachte. Im Gegenteil. »Man denkt, jeder müsse doch so gestrickt sein wie man selbst. Wenn ich bereit bin, rund um die Uhr 24 Stunden zu arbeiten, dann muss das gefälligst der Kunde oder mein Mitarbeiter, oder wer auch immer, auch tun. Und so werden Leute, wie ich einer war, dann auch oft – wie soll ich sagen? – schwierig im Umgang. Vorsichtig formuliert.«

Ich bin erstaunt darüber, dass Rudi heute eine so klare und selbstkritische Sicht auf solche Episoden seiner Vergangenheit hat. Auf der anderen Seite erzählt er diese Geschichten, als seien sie nicht Teil seiner, sondern die einer fremden Biografie.

Er ist inzwischen dazu übergegangen, unter Anleitung der Hüttenwirtin eine Vesperplatte mit Schinken, Käse und Silberzwiebeln anzurichten, die Spezialität des Hauses, das »Gemsli-Plättli«. Er macht das so konzentriert, als würde er gerade die höchstdiffizile feindliche Übernahmestrategie eines DAX-Unternehmens austüfteln. Dinge einfach mal so spontan zu machen scheint ihm noch immer nicht zu liegen. Als er fertig ist, präsentiert er stolz sein Werk und greift unseren Gesprächsfaden wieder auf.

»Man hat ja auch kaum Möglichkeiten, das eigene Tun zu hinterfragen oder von außen mit Kritik konfrontiert zu werden, weil man sich in einer Art Glasglocke bewegt, in der man nur auf seinesgleichen trifft. Auf Banker, hochbezahlte Anwälte, andere hochgezüchtete Spezialisten. Auch das soziale Umfeld passt sich irgendwann an. Man rekrutiert dann seine Freundschaften, seine Bekanntschaften aus diesem Umfeld. Man baut sich eine Parallelwelt auf«, sagt Rudi und klingt dabei irgendwie traurig. Als glaube er, das richtige Leben verpasst zu haben. Irgendwie tut er mir jetzt sogar ein bisschen leid. Denn es klingt wirklich danach, als habe er das tatsächlich und als sei er in den letzten zwanzig Jahren zudem meist verdammt einsam gewesen.

»Es ist eine Parallelwelt, die einem rechtfertigt, warum man das eigentlich alles macht. Zu dieser Parallelwelt gehört die Abschottung, gehört es, in irgendwelchen Vierteln zu wohnen, wo eben auch Gleichgesinnte leben, und dass man nur noch mit dem Taxi oder der Limousine durch die Arbeiterviertel zum Flughafen fährt, man steigt dann nicht mehr aus. Und das ist es, glaube ich: Man steigt nicht mehr aus an anderen Orten, wo man vielleicht nochmal die Normalität vor Augen geführt bekommen würde.«

Ich komme ins Grübeln. Klar, als im weitesten Sinne linksalternativer Filmemacher hatte ich mir das so oder so ähnlich irgendwie immer vorgestellt, ohne diese Welt wirklich zu kennen. Aber gleichzeitig habe ich solchen vermeintlich holzschnittartigen und platten Vorurteilen auch immer misstraut. Doch Rudi bestätigt sie jetzt auf ganzer Linie. Aber an irgendetwas muss doch auch er damals geglaubt haben. Welche Werte hat er damals vertreten? Haben die sich heute verändert?

»Da sprichst du ein Thema an, über das ich inzwischen auch viel nachdenke. Ich würde rückblickend sagen, dass die Eliten, zu denen ich gehörte, völlig wertfrei sind. Der einzige Wert, der verfolgt wird, ist die Maximierung des Eigenwerts.«

Einige Stunden später, Rudi hat inzwischen zwei einkehrenden Wanderern aus dem Rheinland das Essen serviert, die Betten im Gästezimmer bezogen und sich um das Geschirr gekümmert, sitzen wir am offenen Kamin in der Gaststube des Gemsli und haben jeweils einen Krug Bier vor uns. Was Rudi mir am Nachmittag über sein Leben als Banker erzählte, hat mich noch eine ganze Weile beschäftigt. Das Urteil des Exbankers über seine Arbeitswelt und die Kollegen war vernichtend. Dabei waren wir noch nicht einmal beim Höhepunkt seiner Karriere angekommen, seinem Job bei der berüchtigten Investmentbank Lehman Brothers. Wie kam er denn ausgerechnet da noch hin, wenn ohnehin schon Zweifel an ihm nagten?

»Das Geschäft lief damals ab wie bei Söldnern. Die Investmentbanker waren die Söldnerheere und die Banken die Kriegsherren. Und klar, man geht zu dem Kriegsherrn, der am besten bezahlt.« In Rudis Fall hieß das: Er wurde von der Deutschen Bank abgeworben und heuerte bei Lehman Brothers an. Dort ist aus einem diffusen Unwohlsein schließlich ein echter Zweifel an seinem Lebensweg geworden. »Bei Lehman Brothers war die absolute Gier nach Boni, nach Geldanhäufen noch deutlicher. Die Chefs haben erst gar nicht versucht, mir den Job inhaltlich schmackhaft zu machen. Nein. Es ging immer nur darum zu sagen: ›You can become filthy rich‹, also: ›Bei uns können Sie unanständig reich werden.‹ Da sind mir zum ersten Mal deutliche Zweifel gekommen.«

Die Zweifel sind auch im Arbeitsalltag immer größer geworden. Rudi hält kurz inne, um nachzudenken, und muss dann lachen. Ihm sei zunehmend auch bewusst geworden, dass vieles in seinem alten Leben und in seinem Beruf auch Schaumschlägerei und zur Schau gestellter Aktionismus gewesen sei. So habe er jeden Montag zu einem Meeting der europäischen Regionaldirektoren von Lehman Brothers nach London fliegen müssen, bei dem es vor allem darum ging, im Kreis der Kollegen die eigene Leistungsfähigkeit unter Beweis zu stellen. Das geschehe bei Banken in der Regel durch die Anzahl der Kundenkontakte. Also habe jeder Managing Director mit der Anzahl seiner Kundenkontakte geprahlt und eine Liste darüber geführt.

»Dabei war es egal, was sie tatsächlich geschafft haben. Das heißt, wenn der Direktor für Frankreich einen Spezi als Vorstandsvorsitzenden in der Firma XY hatte, dann ruft der den an und fragt: ›Wie geht's den Kindern?‹, und dann ist er sofort eingetragen als wichtiger Kundenkontakt. Und so gab's eine Inflation dieser Kontakte ohne Inhalt. Man flog also jeden Montag nach London, und jeder prahlte quasi mit seinen tollen Kontakten, die oftmals noch nicht einmal echte waren. Und wenn man sich die Substanz angesehen hat, war da nichts Handfestes.«

Das sei exemplarisch für viele Prozesse bei den Banken und Beratungsfirmen. Da würden irgendwelche sinnlosen Leistungsparameter festgelegt, an denen die Leistung der Mitarbeiter gemessen werden soll, die sich natürlich ständig zu steigern hätte.

Im Hier und Jetzt machen Rudi und ich lieber noch ein weiteres Bier auf. Der kontrollierte Rudi ist mittlerweile, für seine Verhältnisse, richtig in Fahrt. Es scheint sich einiges angestaut zu haben. Und jetzt muss es raus. Sein Urteil über das Leben als Banker klingt gleichzeitig so vernichtend und klarsichtig, dass ich mich frage, wie Rudi, dieser nette Typ, der mir gegenübersitzt, so lange in diesem scheinbar so verrotteten Metier mitmachen und mit seinen Zweifeln leben konnte. Und da kommt kurz die leicht schizophrene Seite Rudis zum Vorschein. Denn ein schlechtes Gewissen oder Schuldgefühle plagen ihn deswegen heute nicht mehr, sagt er. Er habe sich ja streng genommen nichts zuschulden kommen lassen. Ich wundere mich ein bisschen über seine Einschätzung. Aber ich muss ja nicht alles verstehen.

Neben inhaltlichen Zweifeln an seinem Job kamen für Rudi auch immer deutlicher persönliche Gründe mit ins Spiel, die mir auch nicht ganz unbekannt vorkommen. Vor allem sein Umgang mit der Zeit habe ihn immer mehr beschäftigt, sagt Rudi. Fremdgesteuert sei er gewesen. Ausführender von Zeitplänen anderer. Er habe sich immer mehr gefühlt wie ein Sklave der Zeit und nicht wie der Gestalter der eigenen Zeit. Und je mehr er in die Zeit hineingepresst habe, desto mehr sei es ihm vorgekommen, als zerrinne sie ihm in den Fingern.

»Und als die Jahre dann so vorbeigetickert sind, dachte ich immer häufiger: ›Moment mal. Die Zeit rauscht vorbei, und was mache ich?‹ Solange ich das Gefühl hatte, Zeit ist unendlich verfügbar, hatte ich auch kein Problem damit, alles auf später zu verschieben. Später im Leben. Aber das Jetzt, die Gegenwart, wird dadurch so unheimlich wertlos. Das habe ich ganz langsam begriffen, und das hat mich frustriert. Und natürlich war da auch das Gefühl, älter zu werden und nicht mehr so leistungsfähig zu sein wie ein Dreißigjähriger.«

Draußen ist es inzwischen dunkel geworden. Es regnet wieder, und es ist kalt. Die Wanderer sind in ihrem Zimmer, und auch bei Rudi und mir macht sich Müdigkeit breit. Es ist eine ehrliche, gesunde Müdigkeit, wie man sie so wohl nur nach einem Tag an der frischen Luft, in den Bergen oder am Meer erfährt. So ganz anders als der Zustand, den Rudi beschreibt, wenn er von den letzten Jahren in seinem Job erzählt. Da hätten Begeisterung und der Adrenalinkick nach einem geglückten Deal rapide nachgelassen, und die negativen Seiten hätten sich immer stärker bemerkbar gemacht. Rudi zählt eine beeindruckende Latte an Krankheiten auf, die er in den letzten drei Jahren seines Berufslebens hatte. Es klingt wie die Krankheitsgeschichte eines alten, sehr gebrechlichen Mannes und will so gar nicht zu diesem kerngesunden Typen passen, den ich vor mir habe: »... einmal im Jahr eine Lungenentzündung, ständig irgendwelche

Erkältungskrankheiten, Immunschwächen, Pfeiffer'sches Drüsenfieber, Borreliose, alles Mögliche. Und psychisch ging's mir auch dreckig. Ich bin oft grundlos aufgewacht, um 3.00 Uhr in der Nacht, zweihundert Puls, und hatte regelrecht Panikattacken. Dann habe ich mich angezogen und bin ums Haus gelaufen, eine halbe Stunde, um wieder runterzukommen. Was aber blieb, war ein Gefühl der Angst, so eine Hilflosigkeit, die kleinsten Dinge, die ich mir für den nächsten Tag vorgenommen hatte, einen Brief schreiben, tanken, Reifen wechseln, erschienen mir plötzlich wie riesige unlösbare Aufgaben. Und damit verbunden natürlich ein unglaublich schlechtes Körpergefühl, also das Gefühl, dass der Körper der Feind ist, weil er nicht mehr mitmacht mit dem, was man von ihm fordert. Auch die Wahrnehmung, die Sinne, sind abgestumpft. Ich kam mir manchmal vor, als würde ich hinter einer Milchglasscheibe sitzen, als wären meine Empfindungen abgestumpft. Und so hat sich das eigentlich in so ein Unwohlsein, eine Art Leidensdruck angestaut. Und irgendwann ist der so stark geworden, dass ich gesagt habe, jetzt muss ich raus.«

Es ist Mitternacht. Ich merke, wie mir, obwohl mir Rudi gerade von den schwierigsten Stunden seines alten Lebens erzählt, langsam die Augen zufallen. Wir sitzen noch ein paar Minuten wortlos vor dem Kamin, leeren unsere Gläser und verabreden uns für den nächsten Tag zu einer gemeinsamen Wanderung. Ich schlafe in dieser Nacht wie ein Baby.

Als ich am nächsten Morgen in den Gastraum komme, bedient Rudi bereits die beiden Wanderer und ein weiteres Pärchen, das von hier zu einer längeren Bergtour aufbrechen will. Es ist ein sonniger Tag. Während ich frühstücke, füllt sich die Gästeterrasse, sodass Rudi nicht sofort mit mir losmarschieren kann. Er muss dem Wirtspaar noch helfen. Von der Bank vor dem Gemsli beobachte ich ihn, wie er die Rivella-Sonnenschirme aufspannt, die Tische abwischt, Aschenbecher daraufstellt und Stühle zurechtrückt. Immer wenn er zwischendurch Zeit hat, setzt er sich kurz zu mir. So erfahre ich häppchenweise vom dramatischen Wendepunkt in Rudis Leben.

»Der Prozess, der zu einer Kündigung führt, ist ja ein sehr langer und quälender. Paradoxerweise hatte ich existenzielle Ängste. ›Wenn ich morgen kündige und keinen Job mehr habe, lande ich unter der Brücke‹, habe ich gedacht. Völlig idiotisch. Ich habe ja ein paar Jahre nicht schlecht verdient und war abgesichert.«

Das glaube ich sofort und frage mich, was er wohl so verdient hat im Jahr.

Rudi war zwar höchst unzufrieden, aber er brauchte noch einen Ruck, etwas, was ihn motivierte. Bei einem Wellness-Wochenende mit seiner damaligen Freundin in den Maritim-Alpen in der Nähe von Nizza kam ihm dann die zündende Idee, die sein Leben völlig umgekrempelt hat.

»Wir haben zu Mittag gegessen und sind dann ein bisschen spazieren gegangen. Und plötzlich hatte ich es fast bildlich vor Augen: Genau hier will ich eines Tages mit meinem Rucksack ankommen und runter zum Meer laufen, nachdem ich die Alpen durchquert habe! Da war Idee geboren: Ich wollte die Alpen durchqueren.«

Und so habe er sich im letzten Jahr seines Jobs täglich eine halbe Stunde damit beschäftigt, Landkarten studiert, einen Plan für die Reise entwickelt, Etappe für Etappe. »Ein bisschen bankermäßig« sei er schon an dieses Vorhaben herangegangen, erinnert sich Rudi heute. Aber so hat sich langsam ein Gegengewicht entwickelt, ein Bild von dem, was er statt seines Jobs tun will.

»Das war sozusagen der Anker, an dem ich mich dann da rausziehen konnte. Ich habe die ganze Reise über Monate minuziös geplant, am Ende wusste ich sogar, dass der Hüttenwart bei Etappe siebzehn ›Toni‹ heißt und sein Schweinebraten sieben Euro kostet. Was soll ich sagen? Da konnte ich nicht aus meiner Haut.«

Eine Vision, einen Alternativplan ... Das leuchtet mir ein. Die braucht es wohl tatsächlich, um aus dem alten Leben aussteigen zu können. Während ich über seine Aussteigerstrategie nachdenke, muss Rudi wieder ran. Er holt Getränkekisten aus dem Schuppen und sortiert sie in die Regale der Vorratskammer neben der Küche des Gemsli. Oben Rivella rot, darunter Rivella blau, dann Cola, darunter das Bier Marke Calanda Bräu und so weiter. Rudi scheint diese eintönige Arbeit richtig Spaß zu machen. Er wirkt ziemlich zufrieden.

Eine Stunde später, nachdem der erste Ansturm von Frühlingsgästen inzwischen das Mittagessen vor sich auf dem Tisch hat und Rudi abkömmlich zu sein scheint, können wir doch noch los. Rudi und ich brechen zu unserer kleinen Wanderung auf. Während ich neben ihm herlaufe, frage ich ihn, wie er letztlich den Absprung geschafft hat und ob es ihm schwergefallen sei.

Ein bisschen nervös sei er schon nach London geflogen, nervöser als sonst, erinnert sich Rudi. Aber er hatte das Kündigungsschreiben ja schon vorbereitet und auch engen Freunden und der Familie von seinem Vorhaben erzählt. Um sicher zu sein, dass er auch nicht rückfällig würde. Gleichzeitig sei er, so paradox das klinge, aber auch relativ entspannt gewesen, »weil der Druck, der sonst von diesen Montagsmeetings ausging, weg war, weil ich schon das Gefühl hatte, ich bin draußen. Ich hatte zwar kalte Handflächen, bevor ich wirklich zum Chef reingegangen bin, aber als das Schreiben auf seinem Tisch lag, gab es ja kein Zurück mehr.« Es sei auch seinem Chef relativ schnell klar gewesen, dass er es ernst meinte und nicht nur um einen besseren Vertrag verhandeln wollte, erzählt Rudi. »Und dann bin ich völlig entspannt durch die Bürotür spaziert. Und mit der Kündigung kam eine unheimliche Erleichterung.«

So leicht soll das gehen? Zwanzig Jahre seines Lebens hinter sich zu lassen? Wir laufen über eine kleine Holzbrücke, die über einen reißenden Gebirgsbach führt. Unter uns stürzt das Schmelzwasser des Frühlings in die Tiefe. Um diese Zeit des Jahres erwacht auf dieser Höhe die Natur aus ihrem Winterschlaf. Überall am Wegesrand blühen Blumen. Leider habe ich den überwiegenden Teil meiner letzten knapp zwanzig Lebensjahre in Großstädten verbracht, sodass ich keine Ahnung habe, was für Blumen es sind. Dafür weiß es Rudi, der Exbanker, was mich ein bisschen verlegen macht: Es sind Alpenrosen und Enziane. Ich spüre, wie mich die Natur, das gewaltige Bergpanorama um mich herum, beruhigt. Eine Weile fehlen uns die Worte, und wir gehen schweigend nebeneinanderher. Dann erzählt mir Rudi, dass er sich noch heute über seine damalige Entschlusskraft wundert. Ihm sei damals keineswegs klar gewesen, ob es ein Ausstieg auf Zeit sein würde oder einer für immer. Nur eines habe er gewusst. Seinen Plan, die Alpen zu durchqueren, den wollte er unbedingt durchziehen! 1800 Kilometer, von Ost nach West, von Salzburg nach Nizza. Allein, zu Fuß und mit dem Rucksack. Hat ihn denn nie der Mut verlassen? Nach zwanzig Jahren in Flugzeugen und Büros ist eine solche Tour ja nicht gerade einfach. Wenn ich ausstiege, würde ich es jedenfalls eher mal mit kleineren Etappen versuchen.

»Ich hatte schon Angst, dass ich das physisch nicht durchhalten würde. Ich bin ein bisschen naiv an die Sache herangegangen: Ich hatte noch fünfzehn Kilo mehr auf den Rippen als jetzt, einen schönen Banker-Bierbauch, hatte nicht viel trainiert, eine nagelneue Ausrüstung, nichts davon eingelaufen. Ich sag dir, die Schuhe haben mich fast umgebracht!«

Rudi ist einfach losmarschiert und wurde gleich von Gewittern und schlechtem Wetter erwischt. Weil er optimal ausgerüstet sein wollte für alles, hatte er viel zu viel Gepäck dabei. Zwei, drei Tage nach dem Aufbruch erlebte er eine kritische Phase, stand kurz vorm Abbruch.

»Aber Gott sei Dank hatte ich mein Vorhaben so großmäulig hinausposaunt, dass es einfach kein Zurück mehr gab«, erinnert sich Rudi lachend. »Ich habe mich dann einfach nochmal ein paar Tage ausgeruht, und dann ging es aber. Allmählich hab ich meinen Rhythmus gefunden und auch meinen Körper viel besser kennengelernt, habe gespürt, was ich ihm täglich zumuten kann, und gelernt, dass der Körper Selbstheilungskräfte hat, wenn man ihm nur die Zeit gibt. Ja, und dann kamen eigentlich nie mehr Zweifel auf an der eigenen Courage.«

Von einem Banker-Bierbauch ist heute jedenfalls nichts mehr zu sehen. Man merkt Rudi an, dass er das Laufen in den Alpen inzwischen gewohnt und ziemlich durchtrainiert ist. Im Gegensatz zu mir. Ich bin zwar sicher zehn Jahre jünger als er, komme aber selbst bei harmlosen Steigungen relativ schnell aus der Puste. Über uns türmen sich mittlerweile dunkle Gewitterwolken auf. Jetzt nicht auch noch Regen, denke ich. Rudi nimmt's gelassen. Auf dem halben Jahr durch die Alpen wird er in das eine oder andere Unwetter geraten sein. Ein halbes Jahr? Drunter ging's wohl nicht? Hätten zwei Wochen nicht auch gereicht? Musste es gleich so eine Mordstour sein?

Das Ganze sei natürlich auch wieder Ausdruck seiner Leistungsbesessenheit gewesen, gibt Rudi unumwunden zu. »Am Anfang wollte ich mir vor allem beweisen, wie viele Gipfel ich besteigen kann. Aber das hat sich während der Reise geändert.« Nach und nach habe er sich von dieser strengen Etappenplanung verabschiedet und auch mal was anderes gemacht: Ruhepausen, kürzere Etappen, nicht mehr nur Gipfelstürmen. Dabei sei es für ihn wichtig gewesen, dass die Strecke nicht zu kurz war und eine gewisse Dauer hatte. Diese Zeit, acht Wochen bestimmt, habe er einfach gebraucht, um von den eingebrannten Denkmustern wegzukommen.

»Bei anderen mag das schneller gehen, aber weil ich ja irgendwie ein Junkie war, hab ich eben länger gebraucht. Je größer die Abhängigkeit von der Droge Erfolg und Karriere, desto länger die Zeit für den Entzug.«

Ob er die Anerkennung und die Bestätigung vermisst habe, die einem ständig durch die Zahl der E-Mails und der Anrufe suggeriert würde? Was ist passiert, als die ausgeblieben sind?

»Nichts. Im Gegenteil. Und bis heute vermisse ich nichts davon, und mein Selbstbewusstsein ist heute größer als damals.«

Wir sind jetzt zwei Stunden unterwegs, und ich bilde mir ein, mich langsam an Rudis schnelles Tempo zu gewöhnen. Wir haben inzwischen die Baumgrenze passiert, setzen uns auf eine Bank am Wegesrand, essen die mitgebrachten Käsebrote und genießen das Alpenpanorama. Rudi gibt den sich vor uns am

Horizont aufschießenden Berggipfeln Namen, die ich, kaum hat er sie ausgesprochen, schon wieder vergessen habe.

Die Regenwolken sind an uns vorbeigezogen, und wir können die Wanderung trockenen Fußes fortsetzen. Ich kann mir nicht richtig vorstellen, wie es sein muss, wirklich ein halbes Jahr auf sich gestellt in der Natur zu verbringen, aber ein bisschen beneide ich Rudi um seine Erfahrung.

Seine große Tour hat ihn schon sehr verändert, erzählt er mir halb nachdenklich, halb stolz. Das Laufen habe ihm eine unheimliche Befriedigung verschafft, und die Rastlosigkeit ist langsam von ihm abgefallen. Er habe sich auch unangenehmen Fragen gestellt und sei nicht vor ihnen davongelaufen wie früher, wo er sich immer hinter den dringenden Aufgaben des Arbeitsalltags verstecken konnte.

»Das hat mir eine innere Ruhe geschenkt, die ich vorher nicht für möglich gehalten habe«, sagt er heute. Das Naturerlebnis sei dabei für ihn besonders wichtig gewesen. Es klinge paradox, aber je wilder und menschenleerer die Natur, desto geborgener habe er sich gefühlt.

Ich frage mich, ob die innere Ruhe, die er beschreibt, wirklich dauerhaft bei ihm eingekehrt ist. Oder ob er, nachdem er sein ganzes Leben dem Leistungsprinzip untergeordnet hat, nicht doch wieder rückfällig wird und sich, sobald sich in seinem neuen Leben die Gelegenheit bietet, doch wieder neue hohe Ziele setzen will. Im Moment jedenfalls strahlt Rudi tatsächlich eine ziemlich große Ruhe aus.

Nach knapp sechs Monaten kommt Rudi am Mittelmeer an. Hinter ihm liegen 120 Etappen, 129 Gipfel, davon 33 Viertausender und 65 Dreitausender, 63 Berghütten und dreizehn Biwaks.

Und die Existenzängste?

»Sind schon lange weg«, sagt er. »Sie waren ja ohnehin total übertrieben.« Ein Großteil seiner Ausgaben sei schlichtweg unnötig und Ausdruck seines alten und falschen Luxuslebens gewesen. Wozu einen Zweitwohnsitz, einen Zweit- oder Drittwagen? Ein Auto reicht doch. »Finanzielle Sicherheit ist doch ohnehin relativ. Ich habe einen nicht unerheblichen Teil meines Vermögens in der Finanzkrise verloren, denn ich hatte, wie es typisch für leitende Angestellte von Banken ist, Aktien meines Arbeitgebers Lehman Brothers besessen ... Tja, und die waren dann mit einem Mal nichts mehr wert.« Aber das sei ihm nicht so wichtig. Ich hab deswegen kein Mitleid mit Rudi. Bei einem Blick auf seine Biografie und seine bisherigen Arbeitgeber bin ich mir sicher, dass er immer noch nicht am Hungertuch nagt und genug beiseitegelegt hat, um davon die nächsten Jahre unbeschwert leben zu können.

Die Reise, sagt er, habe ihm gezeigt, dass er gar nicht viel brauche. Am Anfang habe er zwar noch die ein oder andere Nacht in einem Luxushotel verbracht, um am Ende nur noch bei den Schafhirten zu schlafen und zusammen mit ihnen bei Käse und Brot zu sitzen. »In gleichem Maße, in dem ich immer weniger hatte, ist meine Zufriedenheit gewachsen. Und auch meine Angst, dass ich als Ex-Investmentbanker keinen anderen Job mehr finden würde, war Quatsch. Ich kann doch alles machen. Sogar Hüttenwirt werden«, sagt er grinsend.

Es beginnt zu dämmern. Wir treten den Rückweg an. Schade eigentlich. Je länger ich mit Rudi zusammen bin, desto besser kann ich mir vorstellen, wenn auch nicht ein halbes Jahr, dann doch ein paar Tage oder gar Wochen mit ihm durch die Alpen zu wandern. Aber allein? Ich weiß es nicht. Wahrscheinlich würde es mir anfangs ähnlich ergehen wie ihm. Denn auch ich habe inzwischen einen kleinen Bierbauch. Aber danach?

Hat sich denn auch sein Verhältnis zur Zeit irgendwie verändert? »Würde ich schon sagen. Wenn man sehr effizienz- und produktivitätsorientiert ist, dann klinkt man ja sofort alles aus, was irgendwie jenseits des Weges und nicht zielführend ist. Ein schönes Beispiel ist die Art und Weise zu lesen. Ich musste erst wieder lernen, ein Buch richtig zu lesen. Als Manager ist man ja darauf fokussiert, nur das Wesentliche rauszupflücken. Das nennt man dann *executive reading*, also eine Seite in zehn Sekunden visuell abscannen und dann die drei wichtigen Fakten rausziehen. Dabei bleibt viel auf der Strecke, die Schönheit der Sprache zum Beispiel. Also, ich musste mich erst mal wieder zwingen, Zeile für Zeile in Ruhe zu lesen. Das ist nur ein Beispiel, aber viele Dinge des Erlebens, die ich irgendwie verloren hatte, sind jetzt wieder möglich.«

Im Gemsli angekommen, muss sich Rudi sofort wieder in den Hüttenbetrieb einklinken. Im Sonnenuntergang wischt er, mit einem kleinen Eimer und einem Lappen bewaffnet, die Plastikdecken der Tische vor der Berghütte ab. Seelenruhig. Einen nach dem anderen. Als wäre es eine Zen-Übung. Erst jetzt fällt mir auf, dass ich ihn bisher noch nie mit einem Handy gesehen habe.

Als er an meinen Tisch kommt, frage ich ihn: »Bist du denn jetzt eigentlich glücklich?«

Er zögert kurz. »Ich würde schon sagen, dass ich glücklich bin. Ich habe zumindest meine frühere Rastlosigkeit verloren. Ich bin immer noch nicht angekommen oder der, der ich gern wäre. Doch ich habe den Eindruck, seit meiner Tour hab ich sehr viel gelernt. Bin persönlich gereift.«

Er wünsche sich jetzt Kinder, er wünsche sich Familie, und er wolle sich mit seiner Partnerin etwas aufbauen, was von Dauer ist. Das sei früher nie so gewesen. Mittlerweile sei er aber bereit, hier die oberste Priorität in seinem Leben zu setzen. Er habe jetzt auch nicht mehr das Gefühl, fremdbestimmt zu sein, und ruhe tatsächlich mehr in sich selbst. Er sei nicht mehr so abhängig von der Anerkennung Dritter, sondern spüre deutlicher, was er selbst wolle.

Tatsächlich? Manchmal wirkt das, was Rudi mir da erzählt, ein bisschen zu perfekt, ja, ein wenig einstudiert. Da scheint doch hier und da noch der alte aalglatte Rudolf Wötzel durch, der auch als Aussteiger gefallen, der Beste sein und immer absolut alles richtig machen will. Dabei verlangt das ja niemand von ihm. Zumindest ich nicht. Ich habe einen Mordsrespekt vor seinem Schritt.

»Ich kann mein Leben führen und gestalten, wie ich mir das vorstelle«, sagt Rudi auf dem Weg nach draußen. »Und dadurch habe ich endlich das Gefühl, im Jetzt zu sein, im Jetzt zu leben. Seit ich draußen bin, hab ich nicht mehr das Gefühl, alles auf morgen zu verschieben. Das ist ja, was die Gegenwart so unheimlich abwertet. Die Gegenwart hat eine unheimliche Aufwertung erfahren. Und das macht mich alles zusammen wirklich sehr glücklich. Bewusster und glücklich.«

Wir gehen zusammen zum Massenlager im Nachbarhaus. Rudi muss dort die Betten für eine zehnköpfige Wandergruppe aus Deutschland machen. Auf jedes Bett legt er eine schlichte und sehr kratzig aussehende Wolldecke und ein Kopfkissen. Mir fällt gleich auf, wie akribisch er die Decken faltet.

»Hab ich bei der Bundeswehr gelernt. Das verlernt man nicht mehr«, sagt er lachend.

Ob er nach seinem langen Erkenntnisprozess nicht auch manchmal den Wunsch habe, nicht nur sein Leben, sondern auch die Gesellschaft zu verändern? Eine ziemlich kritische Sicht auf die Verhältnisse habe er ja jetzt schließlich.

Rudi lächelt ein wenig gequält: »Nein. Das bin nicht ich. Für mich ist der Weg, etwas zu ändern, an mir selbst etwas zu ändern. Ich will mir ein Wirkungsumfeld schaffen, das gerade so groß ist, dass ich es noch beeinflussen kann. Und nicht so groß ist, dass ich wieder fremdbestimmt bin vom System. Klar könnte ich auch sagen, ich will das System per se verbessern und Politiker oder Aktivist werden. Aber das ist nicht mein Naturell.«

Nein. Ein Revolutionär ist Rudi sicher nicht. Politisch sein ist nicht sein Ding. Das merkt man. Muss er ja auch nicht. Als Aktivist oder Politiker würde man doch nur frustriert, wenn man die Dinge nicht so verändern könne, wie man wolle, meint er. Ohnehin sieht er zu einer generellen Systemkritik keinen Anlass. Das System sei halt nur aus dem Ruder gelaufen.

»Ich hab mir gesagt, ich mach lieber große Veränderungen in einem kleinen Rahmen, in dem ich die Veränderung unmittelbar spüre und andere auch. Das schafft mir einfach eine größere Befriedigung.«

Rudi, der Exbanker und -Workaholic, hat scheinbar seinen individuellen Weg heraus aus dem Hamsterrad gefunden. Nicht mehr, aber auch nicht weniger. Sein ruhiger Blick, seine gesunde Gesichtsfarbe – er wirkt entspannt. Zumindest in diesem Moment. Vielleicht sollte ich ja auch aussteigen?

Am Abend sitzen wir wieder zusammen vor dem Kamin. Rudi fragt mich über mein Leben aus, und ich erzähle ihm von meinem mir manchmal so stressig erscheinenden Alltag, aber auch von meiner Familie und meinem Sohn Anton, die ich gerade ziemlich vermisse. Er hört mir interessiert zu und wird ein bisschen wehmütig. Es quält ihn, dass er mit fast fünfzig keine Familie und keine Kinder hat. Irgendwie gehört das für ihn eben doch zum perfekten Lebensplan dazu.

Dann erzählt er mir, was er mit dem Gemsli vorhat. Ein bisschen schöner machen wolle er es hier schon, wenn er die Hütte nächstes Jahr übernimmt, die Speisekarte kulinarisch etwas aufpeppen und gemeinsam mit seiner Freundin Coachings und Seminare veranstalten für Firmen und Leute, die Lebenshilfe suchen und ihr Leben verändern wollen. Er habe da schon genaue Pläne – so ganz kann er da eben doch nicht aus seiner Haut.

■ **Hartmut Rosa:** Von Adorno stammt der bekannte und schöne Spruch: Es gibt kein richtiges Leben im Falschen. Und dem hänge ich auch ein bisschen an: Es gibt keine individuelle Lösung für das kollektive Beschleunigungsproblem. Deshalb misstraue ich zutiefst allen Entschleunigungsratgebern, die uns nahelegen wollen, dass wir nur unsere Lebensführung ein bisschen ändern müssen, dass wir nur gelassener werden müssten – oder unser Leben simplifizieren, wie ein Bestseller heißt. Es gibt nicht die einfache Strategie. Was es natürlich schon gibt, sind gewisse Weisen des Umgangs damit. Ich glaube, das Beste, was man tun kann, ist, Distanz gewinnen zu diesem Hamsterrad. Distanz gewinnen zu diesem erbarmungslosen Geschehen. Und dafür haben sich Menschen durchaus wirksame Techniken ausgedacht.

Manche gehen drei Wochen in ein Kloster, um sich auch wirklich abzuschneiden von allen Möglichkeiten, um sich vom Internetzugang oder der ständigen Handykommunikation abzuschneiden. Andere machen Yoga, und wieder andere gehen auf eine einsame Berghütte oder so etwas. Wirksam ist tatsächlich eine ganz bewusste Reduktion von Optionen. Sich also in einen Zustand zu bringen, in dem man gar nicht mehr rennen kann. Deshalb sind wir übrigens ja auch mal in den Urlaub gefahren – weg vom Alltag. Denn im Urlaub können wir ganz viele Dinge, die wir immer tun müssen, nicht mehr tun. Das ist eine Voraussetzung dafür, so etwas wie eine Entschleunigungsinsel, das Leben nochmal aus einer anderen Perspektive zu erleben und zu beobachten.

Man kann auch versuchen – das ist vielleicht ein bisschen künstlich, aber durchaus wirksam –, sich das freiwillig zu schaffen, indem man zum Beispiel an einem Tag in den Terminkalender schreibt: »*Nichts!*«

»Nichts!« bedeutet dann: An dem Tag tue ich nichts. Und »Nichts!« muss dann eben wirklich »Nichts!« bedeuten. Das heißt, man darf den Tag dann nicht heimlich füllen mit »Na ja, da könnte ich mich ja doch noch verabreden oder einen Termin vereinbaren oder so«, sondern man schafft eine Art von Freiraum.

Daran, dass es uns so schwerfällt, das zu tun, sieht man übrigens auch, dass wir uns ganz schön misstrauen. Wir haben Angst davor, uns selbst ausgesetzt zu sein, mit uns selbst zu tun zu haben. Irgendwie haben wir es geschafft, unsere Lebensführung so nach außen zu richten: Wir glauben, dass der Wert der Zeit von außen kommen muss, durch Stimulation, durch Medien, durch Aufgaben, durch Herausforderungen. Dass da auch etwas Wertvolles in uns sein könnte, ist eine Entdeckung, die viele heute gar nicht mehr machen. Aber es ist durchaus wenigstens gelegentlich interessant, das auszuprobieren.

»Computerkabel kannst du lange fressen, davon wirst du nicht satt« – Bei den Bergbauern

Am nächsten Morgen sitze ich wieder im Zug und schaue aus dem Fenster. Es regnet. Meine Begegnung mit Rudi beschäftigt mich schon den ganzen Morgen: Ich wäge das Für und Wider eines Ausstiegs ab. Klar, Rudi konnte auch aussteigen, weil er im Gegensatz zu mir in seinem vorherigen Leben kräftig Boni gesammelt hat. Mitlaufen, um seine Existenz zu sichern, muss er schon lange nicht mehr. Da lässt sich so ein Ausstieg sicher etwas entspannter angehen. Aber trotzdem: Könnte ich mir auch vorstellen auszusteigen? Welche Konsequenzen hätte es für mich und meine Familie? Will ich das überhaupt? Eigentlich bin ich ja ganz zufrieden mit meinem Leben. Ich bin unentschieden und vertage die Antwort auf meine Frage mal wieder.

Die Regentropfen am Waggonfenster bilden im Fahrtwind geheimnisvolle Figuren und verschleiern den Blick nach draußen. Gibt es das gute Leben abseits des Maschinentakts auch, wenn man nicht vorher ausgesorgt hat, und wenn ja, wo findet man es? Als ich mich das zu Hause in Berlin gefragt hatte, war es bestimmt kein Zufall, dass auch ich mir das gute Leben irgendwie sofort in den Bergen vorstellen konnte. Wahrscheinlich ist es ja nur ein Klischee, vielleicht die kindliche Prägung; aber als ich damals in meinem Büro saß und mir vorzustellen versuchte, wie und wo man in Mitteleuropa ein entschleunigtes Leben im Einklang mit der Natur führen könnte, hatte ich sofort ein Bild vor Augen – na klar, als Bergbauer ... in der Schweiz.

Also hab ich von Berlin aus recherchiert und gesucht, was ich mir da so romantisch ausgemalt hatte: einen kleinen bäuerlichen Familienbetrieb in den Schweizer Bergen. Ich war mir nicht sicher, ob es so was überhaupt noch gibt, einen kleinen Bauernhof, kein landwirtschaftlicher Großbetrieb mit Hunderten oder Tausenden von Tieren. Oder war das eher die nostalgische und naive Bioladen-Vorstellung des Großstädters, der schon lange keine wirkliche Verbindung zum Land und zur Natur mehr hat. Und tatsächlich. Ich musste ein paar Wochen herumtelefonieren, bis ich einen solchen Hof gefunden hatte. Hoffe ich zumindest, denn ich bin gerade auf dem Weg dorthin.

Es ist früher Abend, als ich bei Familie Batzli in Därstetten im Kanton Berner Oberland ankomme. Der Hof der Batzlis liegt im Simmental, nur einen Steinwurf von einer vielbefahrenen Straße entfernt, die vom Thuner See zum mondänen Luxus-Skiort Gstaad führt. Das Simmental ist Durchfahrtsland zwischen diesen zwei beliebten Touristenregionen der Schweiz. Tausende Autos und Lkws donnern hier täglich durch. Da die wenigsten Touristen wissen, was sie verpassen, hält kaum jemand.

Fritz Batzli junior, ein großgewachsener, kräftiger Mann Anfang vierzig, und seine Frau Erika begrüßen mich freundlich, aber erst mal zurückhaltend. Obwohl ich schon ein paarmal mit ihnen telefoniert und mein Kommen angekündigt habe, scheint ihnen immer noch nicht so ganz klar, was ich eigentlich genau von ihnen will. Irgendwas mit Zeit und Entschleunigung ... Doch als ich ihnen erkläre, dass ich mich als gehetzter Städter einfach für das Leben auf dem Land und speziell ihr Leben als Bergbauern interessiere und deswegen gern ein paar Tage mit ihnen verbringen würde, scheinen sie sofort zu verstehen und auch ein bisschen Mitleid mit mir zu haben. Beim Abendessen im Garten lerne ich ihre Kinder kennen, den zweijährigen Nico und Celine, neun Monate. Fritz, erzählt er mir, hat den Hof vor einigen Jahren von seinem Vater übernommen, dem alten Fritz, dem Senior. Der und Fritz juniors Mutter Marianne leben auch auf dem Hof, allerdings in der anderen Hälfte des Hauses, helfen der jungen Bauernfamilie aber noch regelmäßig, wenn den beiden zwischen Kindern und der Bewirtschaftung des Hofs die Zeit knapp wird.

Schon nach ein paar Sätzen ist mir klar, dass Fritz' Frau Erika den Ton in der Familie angibt. Im Gegensatz zu ihrem eher wortkarg wirkenden Mann trägt sie ihr Herz auf der Zunge. Erika ist schätzungsweise Ende dreißig, hat braune halblange Haare mit einer blonden Strähne vorn und trägt einen Stecker in der Nase. Sie hat ein sympathisches offenes und natürliches Gesicht. Ihrem hintergründigen Lächeln entnehme ich, dass sie mich nicht so ganz ernst nimmt. Macht nichts.

Zu einem besseren Zeitpunkt hätte ich gar nicht kommen können, sagen beide unisono. Morgen, in Allerherrgottsfrühe, so ab 4.30 Uhr, sei nämlich Alpauftrieb, einer der schönsten und wichtigsten Tage des Jahres, wenn nicht der wichtigste überhaupt. Gegen 3.30 Uhr soll ich abfahrtsbereit an der Haustür warten, dann könnten sie mich mitnehmen auf die Zwischenalp, wo die Kühe momentan grasen würden. Ich verstehe nicht so ganz. Alpauftrieb, Zwischenalp, 3.30 Uhr. Was? O Gott, denke ich spontan und schiele auf meine Uhr. Es ist schon halb zehn. Das heißt ja um 3.00 Uhr wieder aufstehen. Während ich noch überlege, ob ich das wirklich will, ist bereits alles für mich entschieden worden. Also gut. Morgen, 3.30 Uhr an der Haustür. Bei dem Gedanken daran fröstelt's mich.

Um halb vier stehe ich dann tatsächlich an der Haustür der Batzlis. Es ist noch stockdunkel, als sie herauskommen. Kurz darauf fahren wir mit dem Auto über verschlungene Pfade hinauf auf die Zwischenalp auf 1200 Meter Höhe. Hier grasen die siebzehn Kühe und eine Hand voll Ziegen der Batzlis im Frühjahr, bevor es dann heute auf die »richtige« Alp auf 2500 Meter Höhe geht. Bei der Zwischenalp warten schon einige Freunde der Familie im Dunkeln. Sie helfen jedes Jahr beim Auftrieb. »Hoi, hoi – hoi«, höre ich den Junior rufen. Mit einer Taschenlampe bewaffnet und mit lauten Rufen treibt Fritz die Kühe, die schon ein wenig unruhig sind, von der Weide in den Stall der Zwischenalp.

»Die freuen sich schon. Die wissen, was heute kommt. Unsere Kühe haben diesen Jahresrhythmus im Blut«, sagt Erika grinsend auf Schweizerdeutsch, das ich zum Glück ganz gut verstehe. Sonst wäre ich hier aufgeschmissen. »Bevor es losgeht, müssen wir sie noch melken und die schönen Glocken anlegen. Das gehört zum Alpauftrieb dazu, dass wir sie schmücken.«

Erika freut sich sichtlich. Ich bin noch müde und wundere mich, dass die Batzlis und ihre Helfer es nicht sind. Das Melken geht daher im Halbschlaf an mir vorbei.

Danach nehmen Fritz junior, Erika und die anderen den Kühen nacheinander die Halsbänder mit den relativ kleinen Glocken ab und legen ihnen breite, mit Wappen und Ornamenten verzierte Lederhalsbänder mit riesigen Glocken um.

»Die Glocken sind so ein bisschen der Stolz der Bergbauern«, erklärt Erika gut gelaunt. »Die hier haben wir zur Hochzeit bekommen. Die ist besonders schön. Die andere dort hat der Fritz zur Konfirmation bekommen.«

Während ich noch darüber nachdenke, ob ich diese Tradition und die Begeisterung nun seltsam finden und belächeln oder mich wegen dieses Gedankens borniert und arrogant finden soll, scheinen die Kühe längst Bescheid zu wissen und können das Ereignis kaum abwarten: Sie scharren nervös mit den Hufen und versuchen sich loszureißen. Als sie endlich losgemacht werden und das Stalltor geöffnet wird, ertönt ein ohrenbetäubendes Bimmeln der Glocken. Der Zug aus Kühen und Menschen setzt sich in Bewegung. Es ist 5.00 Uhr, und erst jetzt bin ich wach genug, um mitzubekommen, was vor sich geht. Vor uns liegt ein Aufstieg von rund 1300 Höhenmetern. Es ist immer noch dunkel, doch auch von den benachbarten Hängen und Wiesen hören wir Kuhglocken bimmeln. Vor uns haben sich schon zwei andere Familien mit ihren Kühen auf den Weg gemacht.

Die Tiere geben das Tempo vor. Es geht flotter, als ich erwartet habe. Wir marschieren im Laufschritt nebenher. Fritz führt den Trekk an. Was das Besondere am Alpaufzug und am Leben auf der Alp ist, will ich von ihm wissen.

»Das kann ich nicht beschreiben. Das ist ganz speziell. Die Natur, die Höhe, den ganzen Tag an der frischen Luft zu sein. Die Tiere, die Kühe, die Familie, die Natur. Das gehört für mich alles zusammen.«

Fritz ringt um Worte. So eine allgemeine und blöde Frage hat ihm scheinbar schon lange niemand mehr gestellt. Er musste im Gegensatz zum Exbanker Rudi nicht erst aussteigen, um den Rhythmus der Natur wiederzufinden. Der begleitet ihn schon sein ganzes Leben lang. Und etwas, was so selbstverständlich ist, lässt sich eben nur schwer beschreiben.

»Für mich ist das mit das Schönste im Leben als Bauer. Wenn der Frühling und der Sommer wieder kommen und wir die Kühe auf die Alp führen. Da beginnt wieder ein neuer Zeitabschnitt. Dann ist wieder ein langer Winter überstanden, und dieser ganze Rhythmus beginnt von vorn. Es ist jedes Jahr das Gleiche, und es ist jedes Jahr schön. Ich gehe jetzt seit 35 Jahren auf die Alp. Ich werde das immer machen«, schwärmt Fritz, während er die Kühe einen steilen Waldweg hochlotst.

Die Morgendämmerung setzt ein. Ich hätte Glück, dass ich rechtzeitig da sei dieses Jahr, betont er noch einmal, denn man könne nie genau vorhersagen und planen, wann der Alpauftrieb sei. Die Natur und die Witterung gäben die Zeit vor. Der Alpauftrieb sei eben, wenn der Schnee in den Bergen getaut ist. Manchmal sei das eher Mitte, manchmal eher Ende Juni. Dann bringen Fritz und die paar verbliebenen Bergbauern ihre Kühe auf die Alp, wo sie den ganzen Sommer über das saftige Gras fressen können, bevor es im Herbst wieder runtergeht. Zuerst auf die Zwischenalp, dann ins Tal und im Winter in den Stall. Seit Jahrhunderten wird das hier so gemacht, und dieses System hat die typische Landschaft der Schweiz, diese besonders gepflegten grünen Wiesen in den Bergen, erst hervorgebracht.

Fritz läuft immer wieder einzelnen Kühen hinterher, die ausgebrochen sind. Er muss höllisch aufpassen, dass sie nicht seitlich der steilen Serpentinen, die den Berg hochführen, abrutschen und sich etwas brechen. Gegen 7.30 Uhr erreichen wir mit den siebzehn Batzli-Kühen die Baumgrenze und kurz darauf ein Hochplateau, die Rinderalp. Ich bin ziemlich außer Atem und erinnere mich nicht daran, jemals einen Berg in diesem Tempo hochgespurtet zu sein. Für Fritz scheint es nicht besonders schnell gewesen zu sein. Ist das etwa das entschleunigte Leben, das ich suche? Ganz schön anstrengend. Erst jetzt, wo es hell geworden ist, fällt mir auf, dass Fritz und die anderen alle das gleiche Hemd tragen. Hellblau, mit aufgesticktem Bergblumenmuster: »Das ist das Älplerhemd. Das tragen wir immer beim Alpauftrieb.« Wieder so eine Tradition, wie sie die Batzlis lieben.

Um 9.00 Uhr erreichen wir das Ziel: eine Weggabelung auf einem Bergkamm. Von hier geht es zu vier verschiedenen Alphütten, die von vier Bauernfamilien bewirtschaftet werden. Die anderen Familien und ihre etwa fünfzig Kühe warten bereits auf uns. Ich schaue mich in der Runde um und bin sofort begeistert von diesen eindrucksvollen Figuren, die sich da lässig auf ihre zwei Meter hohen Wanderstöcke stützen, Pfeife rauchen und außer Fritz fast alle einen sehr ansehnlichen geschwungenen Schnauzbart tragen. Das sind noch richtig gute Typen, sage ich mir insgeheim und bin bemüht, dass meine Begeisterung nicht unangenehm auffällt und hier als Anbiederung verstanden wird.

Fritz' Mutter Marianne kommt mit einer Schnapsflasche, die reihum geht. Es wird ein tiefer Schluck daraus genommen und jeder Schluck sofort in breitestem Berndütsch kommentiert, einer Form des Schweizerdeutsch, die selbst dem viel in der Eidgenossenschaft herumgekommenen, nicht weit von der schweizerischen Grenze aufgewachsenen Verfasser dieser Zeilen weitgehend unverständlich bleibt. Als ich mit dem Schnaps an der Reihe bin, nehme ich vorsichtshalber nur einen kleinen Schluck, doch der zerreißt mir fast den Rachen. Er haut mich regelrecht aus den Latschen, so scharf und hochprozentig ist der. Vergeblich darum bemüht, mir das nicht anmerken zu lassen, gebe ich die Flasche mit gequältem Gesichtsausdruck weiter. Irgendwie komme ich mir in diesem Moment saudoof und etwas deplatziert vor. Mit meiner Berliner-Filmemacher-Uniform (schwarze dicke Brille, grauer Baumwollpulli mit V-Ausschnitt) fühle ich mich in dieser Runde aus kernigen Berner-Oberland-Bergbauern wie ein Fremdkörper. Ob die Uhren hier wirklich anders ticken?

Kurz darauf, die Flasche ist inzwischen ziemlich leer, steigen wir die letzten fünfhundert Meter in eine hochgelegene kleine Talsenke zur Alphütte der Batzlis hinunter. Die Kühe grasen längst davor. Die Alphütte der Batzlis sieht aus wie aus dem Prospekt des Schweizer Tourismusverbands. Ein wunderschönes, etwa hundert Jahre altes Holzhaus mit einer langen Veranda an der Frontseite und einem Stall an der Rückseite. Tier und Mensch leben hier quasi unter einem Dach.

Drinnen hat Marianne, Fritz' Mutter, bereits Frühstück für alle gemacht. Ich bin ziemlich erschöpft, als wir die gemütliche Stube betreten und uns auf die Bank am Tisch fallen lassen. Aber ich versuche, mir die Erschöpfung nicht anmerken zu lassen. Frisch gebrühter Kaffee dampft in einer Kanne, in einer anderen ist frische Kuhmilch. Daneben steht ein Korb mit frischem Brot und selbstgemachter Käse in allen denkbaren Variationen.

Jetzt endlich sitzen alle zusammen und reden durcheinander. Fritz und Erika, seine Eltern, die kleinen Kinder und die Freunde und Verwandten, die beim Auftrieb geholfen haben. Es geht so laut und herzlich zu, dass es eine Freude ist. Ich gebe Fritz einen kleinen Stoß mit dem Ellbogen in die Seite. Ob er gern Bauer ist, will ich wissen.

»Sehr gern, ja. Und ich bin sehr froh, dass ich eine super Frau habe, die das hier alles auch sehr gern macht. Sie ist voll dabei. Wie der Rest der Familie. Und das ist natürlich sehr schön, das motiviert schon sehr.«

Wirklich? Ich drehe mich zu Erika und schau sie fragend an. »Ja, wirklich. Mein Herz schlägt für die Landwirtschaft, ganz klar. Mit allen Schwierigkeiten. Ich möchte nichts anderes tun.«

Was denn das Tolle daran sei, Bauer zu sein, frage ich die beiden. Es sei kein Tag gleich, antwortet Fritz, man hätte wirklich viel Abwechslung. Man arbeite ja schließlich meist draußen in der Natur und sei einfach von ihr abhängig. »Wenn im Winter nachts um drei ein Kalb auf die Welt kommt, das ist einfach ein schöner Moment. Das kann man nicht beschreiben«

Erika denkt kurz nach, bevor sie antwortet: »Mmh. Du hast trotz allem immer noch so viele Freiheiten. Und auch dieser Zeitdruck. Der ist nicht so extrem wie in vielen anderen Berufen. Man macht sich das manchmal auch ein bisschen selbst.«

Wenn ich mich so umschaue, scheint hier gerade wirklich niemand Zeitdruck zu haben. Stattdessen wird munter drauflosdiskutiert. Leider verstehe ich jetzt nur noch die Hälfte. Es geht irgendwie um Politik und ums Bauernsein.

Ganz unabhängig sei man nun auch wieder nicht, schränkt Fritz die absolute Idylle ein. Mit den Kühen sei man zeitlich ja schon ziemlich gebunden. »Die müssen am Morgen und am Abend gemolken werden. Da kann man nicht einfach mal für einen Kurzurlaub zehn Tage ans Meer fahren. Das geht nicht. Zusammen haben wir, Erika und ich, das Meer jedenfalls noch nie gesehen.« Aber man merkt, dass ihnen das auch nicht allzu viel ausmacht. So sitzen wir noch eine halbe Stunde zusammen. Alle sind froh, dass der Alpauftrieb so gut gelaufen ist, dass sich keine Kuh verletzt hat. Wieder ist eine große Aufgabe geschafft.

Nach einer Stunde ausgelassenem Frühstück geht es zurück an die Arbeit. Den Kühen werden die großen Glocken abgenommen und die kleinen wieder umgehängt, bevor sie in den Stall der Alphütte zum Melken gebracht werden. Heute, am ersten Tag auf der Alphütte, ist ausnahmsweise fast die ganze Familie zum Melken im Stall. Fritz, der Senior und Erika mit ihrem kleinen Sohn und dem Baby auf dem Arm. Im Stall ist es dunkel, und es stinkt nicht schlecht nach Kuhmist.

»Das ist Valentina«, sagt Erika und deutet auf eine braune Kuh, die sich für meine ungeübten Augen nicht wesentlich von den anderen unterscheidet. »Meine Lieblingskuh. Die hat auch vorhin unsere Hochzeitsglocke bekommen. Ist sie nicht schön? Ich mag Kühe wirklich über alles. Die gehören bei uns zur Familie. Es sind einfach tolle Tiere. Findest du nicht?«

Ich weiß nicht so recht, was ich antworten soll. Habe ich mir noch nie Gedanken drüber gemacht. Die stehen halt immer so auf den Weiden herum ...

Die Batzlis, egal ob Enkel oder Großvater, bewegen sich mit beneidenswerter Leichtigkeit zwischen den auf mich riesig wirkenden Tieren hin und her und verschieben sie wie Schachfiguren. Es sieht auf den ersten Blick alles so spielend einfach aus, doch als ich versuche, mir zwischen zwei Kühen Platz zu schaffen, um mich mit Erika zu unterhalten, merke ich, wie störrisch die Biester eigentlich sind. Wieder komme ich mir als weitgereister Stadtmensch in dieser fremden Umgebung ein bisschen unbeholfen und dämlich vor. Erika grinst. Lacht sie mich aus?

Sie sitzt auf ihrem Melkschemel, nimmt etwas Stroh, säubert damit die Zitzen der Kuh, melkt mit der Hand ein wenig vor und stülpt dann den metallenen Melkbecher der Melkmaschine darüber, die dann automatisch weitermelkt.

»Es ist schon schön und nicht selbstverständlich, dass hier drei Generationen miteinander arbeiten und leben können, oder?«, sagt sie strahlend. »Der Alltag ist das nicht. Bei uns Bauern schon, aber nicht überall.«

Ich überlege kurz, wie ich es fände, den ganzen Tag mit der Familie zu arbeiten ... Das klingt alles so perfekt, dass man eigentlich nur misstrauisch werden kann. Wo ist das Haar in der Suppe?

»Wir müssen schon Idealisten sein, dass wir das noch machen«, ruft mir Fritz Batzli senior zu, der zwei Kühe weiter auf seinem Melkschemel sitzt und versucht dabei, das Gebimmel der Kuhglocken zu übertönen. Fritz senior ist ein toll aussehender älterer Mann in einem blau-weiß gestreiften Melkhemd, mit schlohweißem Vollbart und einem verschmitzt-sympathischen Lächeln, der mich an den älteren Dietmar Schönherr erinnert und der so sehr nach Schweizer Bergbauer aussieht, dass er auch einer Fernsehwerbung für Schweizer Käse entsprungen sein könnte. »Hier auf der Alp arbeiten wir sieben Tage in der Woche, da haben wir keinen Sonntag. Da muss man den Beruf lieben, sonst geht's nicht. Nein, wenn man reich werden wollte, dann müsste man sofort aufhören mit diesem Beruf.«

Wegen des Geldes halten die Batzlis also nicht an diesem Leben fest. Das ist schon klar. Aber warum dann? Weil sie den Beruf und das Leben als Bergbauern lieben? Weil sie gern im Rhythmus der Natur leben? Weil sie sich ein Leben als Büroangestellte nicht vorstellen können? Ich bin hin und her gerissen. Kuhglocken und Lieblingskühe sind normalerweise nicht die Dinge, mit denen ich mich beschäftige. Soll ich die Batzlis jetzt für etwas beschränkte Hinterwäldler halten oder, ganz im Gegenteil, für intelligent, rebellisch und progressiv, weil sie ihrem Gefühl folgen und konsequent das machen, was sie für richtig und lebenswert halten? Mein bisher scheinbar gefestigtes Weltbild davon, was konservativ und rückwärtsgewandt ist und was progressiv und seiner Zeit voraus, wird hier auf eine harte Probe gestellt und gerät mächtig ins Wanken. Ich bin verwirrt.

Den Rest des Tages beobachte ich das Treiben der Familie. Ich komme mir vor wie in der Serie »Unsere kleine Farm« oder in einem von Antons Wimmelbüchern, in denen man in riesigen Szenen mit zahlreichen Menschen immer wieder etwas Neues entdecken kann. So wuselig geht es hier zu. Die Kinder melken die Ziegen. Der Großvater schüttet in der Küche der Alphütte Milch in einen großen Kupferkessel, der über einer offenen Feuerstelle hängt, um daraus Käse zu machen. Fritz junior mistet den Stall aus. Und dann putzen alle zusammen die großen Kuhglocken und hängen sie über die Veranda. Die größte nach rechts, daneben die nächstkleinere und so weiter. Siebzehn Stück. Bis alle Glocken wie an einer Perlenkette aufgereiht über der Veranda hängen und mich an ein Glockenspiel erinnern. Damit ist der sommerliche Einzug in die Alphütte abgeschlossen.

Doch nur Fritz senior und seine Frau Marianne verbringen den ganzen Sommer auf der Alp. Der Junior und seine Familie fahren am Abend wieder ins Tal. Es ist eine klare Arbeitsteilung. Während die Großeltern auf der Alphütte die Kühe versorgen, melken und Käse machen, bringen Fritz und Erika den Sommer über unten das Heu für den Winter ein. Der junge Fritz ist so etwas wie der Springer, er pendelt zwischen oben und unten, arbeitet da, wo er gerade gebraucht wird, versorgt seine Eltern mit dem Nötigsten und hilft ihnen immer wieder beim Melken. Klingt ziemlich anstrengend. Da muss der Alltag sicher minutengenau durchgetaktet sein, denke ich. Dabei fällt mir auf, dass Fritz gar keine Uhr am Arm trägt. Warum?

»Seit ich aus der Schule raus bin«, sagt er, »habe ich nie mehr eine Uhr getragen. Das klingt jetzt vielleicht komisch, aber immer wenn ich eine neue Uhr bekommen habe, ging die zwei, drei Tage lang, und dann war sie kaputt. Ich weiß nicht, wieso. Deswegen trage ich jetzt keine mehr. Aber das ist kein Problem. Man hört hier ja auch die Kirchenglocke läuten. Und man hat das auch ein bisschen im Gefühl, wenn man immer draußen ist und schaut, wo die Sonne steht. Auf eine halbe Stunde genau kann man die Uhrzeit da schon schätzen.«

Ein Leben ohne Uhr. Tatsächlich. Ein Leben ohne mechanische oder elektronische Taktgeber. Nur im Rhythmus der Natur? Klingt verlockend. Fast zu schön, um wahr zu sein. Ich sitze auf der Veranda vor der Alphütte und komme, während ich den Batzlis so zuschaue, ganz schön ins Grübeln. Wäre das hier nicht eigentlich das richtige Leben für mich? Weit weg vom Stress und Überangebot der Großstadt, vom Takt der Computer und Maschinen? Andererseits: Auf Dauer kann es hier auf dem Land sicher auch ganz schön eintönig sein. Was gibt es hier schon für Möglichkeiten? Kino, Konzerte, Ausstellungen, wenn man mal ausgehen will? Fehlanzeige. Hier oben gibt's ja noch nicht mal Handyempfang, geschweige denn Internet. Und überhaupt. Was sollte ich hier beruflich machen? Dennoch: So ganz lässt mich diese Idee nicht mehr los.

Egal, im Moment genieße ich es einfach, hier zu sein. Dem alten Fritz beim Käsen zuzuschauen hat etwas Meditatives. Zum ersten Mal auf meiner Reise spüre ich so etwas wie innere Ruhe. Muss an der Bergluft liegen. Vor meinem inneren Auge sehe ich mich schon selbst käsen.

Mit dem Käsen sei das so eine Sache, erzählt mir Fritz senior, während er im riesigen Kupferkessel auf dem Feuer die Milch umrührt. Der brauche vor allem seine Zeit. Für jeden einzelnen Schritt in der Herstellung gebe es die richtige Zeit. Erst muss er langsam hergestellt, dann monatelang jeden Tag gewendet werden und dann lange, lange reifen, sagt er und wird dabei von einem gleißenden Sonnenstrahl beleuchtet, der durch die alten und jetzt beschlagenen Fenster in die dunkle Küche fällt.

Ich sitze schon eine ganze Weile auf einem Küchenstuhl und schaue ihm gedankenverloren und schweigend zu. Mit einem Tuch trennen er und Marianne die geronnene Masse von der Flüssigkeit und geben sie in runde Formen, in denen die Masse zwischen zwei Brettern ausgepresst und immer wieder gewendet wird.

»Es braucht Liebe, und es braucht Gefühl. Und ein bisschen Können«, sagt er und lacht dabei verlegen. »Ich habe das Käsen vor dreißig Jahren gelernt. Und erst mit den Jahren kam die Routine. Am Anfang hab ich noch ein wenig geschlabbert.«

Es ist eine schweißtreibende Arbeit. Eine Form wiegt um die fünfzehn Kilo. So hat man sicher schon vor über hundert Jahren Käse gemacht.

Während Fritz, dieser Prototyp eines kernigen Bergbauern, die Formen in regelmäßigen Abständen mit einem Ruck wendet, erzählt er mir voller Stolz von seinem Alpkäse: »Das ist ein richtiges Naturprodukt. Die Kühe fressen hier ja nur das Gras und die Bergblumen, die bekommen kein Trockenfutter. Wir machen alles von Hand, ohne Maschinen. Und wir geben dem Käse die Zeit, die er braucht, zu reifen. Das ist, was es ausmacht. Deswegen ist unser Alpkäse besser als der schnell produzierte, der industriell hergestellte Käse. Der bekommt Farbstoffe und Chemie zugesetzt, damit er schneller reift. Dann kann man den schon nach zwei oder drei Monaten essen. Unserer reift mindestens ein halbes Jahr. Noch besser schmeckt er, wenn er ein Jahr alt ist.«

Der Käse schmecke bei jeder Alp ein bisschen anders, denn nicht jeder Bauer oder Käser würde ihn gleich machen. Und das sei ja auch das Gute. Wie viel Arbeit denn letztendlich in so einem Käse stecke, will ich von Fritz wissen. Das sei schwirig zu sagen, antwortet er. Darüber habe er sich noch nie Gedanken gemacht, geschweige denn ausgerechnet, wie viel Zeit er aufwende.

»Also, wenn man die Zeit ausrechnet, wäre der Käse sicher auch zu billig. Aber das ist halt so. Was will man machen?«, sagt er seufzend und trägt die drei Laib Käse, die er an diesem Nachmittag gemacht hat, die Treppe herunter und legt sie in die noch leeren Regale. Am Ende des Jahres wird die dunkle und kühle Käsekammer wieder voll sein, Fritz wird wie jedes Jahr circa zweihundert riesige Käseräder à zehn bis dreizehn Kilo mit der Hand gemacht haben.

Zweimal täglich steigt er in die Käsekammer hinab, pflegt und wendet jeden einzelnen Käse. Erst dann sind sie fertig. Wenn die Zeit reif ist, wie der alte Bauer mit dem weißen Bart immer wieder grinsend sagt. Nicht wenn Aldi es will.

Es wird Abend, die Kühe werden noch einmal gemolken, dann geht die Sonne unter. Hier oben fließt die Zeit, sie marschiert nicht im Takt. Irgendwas ist hier anders. Ich bin müde. Alles ist gut.

Als ich am nächsten Morgen bei den Batzlis im Tal aufwache, sind Erika und Fritz schon seit Stunden auf den Beinen. Das Heu muss eingebracht werden. Ihr Arbeitstag beginnt gegen 5.00 Uhr und endet um 20.00 oder 21.00 Uhr. Entschleunigung hatte ich mir anders vorgestellt. Noch etwas müde treffe ich sie an einem extrem steilen Hang direkt an der Durchfahrtstraße. Unter uns donnern Autos, Lkws und, alle halbe Stunde, der Zug nach Gstaad vorbei. Erika und ein befreundetes Pärchen rechen das Heu zusammen, das Fritz vorgestern gemäht hat.

Sobald der kleine Heuwagen voll ist, braust Fritz damit zum Heuschober, um das Heu dort abzuladen und zurückzukommen und wieder neues aufzunehmen. Am Himmel sind dunkle Regenwolken zu sehen. Hinten im Tal baut sich eine Gewitterwand auf. Sie müssen sich beeilen. Es muss jetzt schnell gehen, damit das Heu nicht nass wird und dann auf der Wiese fault. Alle haben hochrote Köpfe. Es ist eine körperlich extrem anstrengende Arbeit, das sieht man. Erika hat eine Plastikflasche mit Wasser am Gürtel hängen. Ich versuche, mich ein bisschen nützlich zu machen, und merke sofort, wie schweißtreibend die Arbeit ist.

Erika grinst: »Körperlich ist das schon hart, oder? Aber das fällt mir manchmal erst auf, wenn fremde Leute hier sind, die etwas tun sollen und das dann nicht schaffen. Dann merk ich erst wieder, dass das hier eigentlich schon massive Arbeit ist. Aber es ist nicht so, dass ich andere beneide und denke, die gehen jetzt baden und müssen nicht heuen. Das würde ich jetzt auch lieber. Das plagt mich nicht so, zum Glück. Das plagt mich überhaupt nicht. Das geht mir echt am Arsch vorbei. Ja! Zum Glück.«

Meine bisherige Vorstellung vom guten und entschleunigten Leben kommt hier gerade mächtig ins Wanken. Komisch, aber die viele Arbeit scheint den Batzlis nicht das Geringste auszumachen. Das gute Leben lässt sich also scheinbar nicht an der Menge der Freizeit und des Urlaubs festmachen. Was aber macht die Batzlis sonst so zufrieden und glücklich mit diesem anstrengenden Leben? Ist es, dass sie selbst über ihre Zeit bestimmen können? Macht vielleicht genau das das gute Leben aus: Herr zu sein über die eigene Zeit?

Aber auch die Batzlis leben nicht auf einer einsamen Insel. Der Wettbewerbsdruck um immer niedrigere Preise ist längst auch bei ihnen angekommen.

Zwei Stunden später, die Gewitterwand ist an uns vorbeigezogen, das Heu ist ein- und in Sicherheit gebracht, mäht der junge Fritz schon wieder den benachbarten, nicht minder steilen Hang. Ich bin überrascht, weil er das ganz allein tut und keine Hilfe hat. Ohne seinen Hightech-Mäher ginge das natürlich nicht, sagt er. Mit dem könne er das Drei- bis Vierfache von früher mähen. Früher, als er noch ein Jugendlicher war, habe man solch eine Maschine nicht gebraucht. Da sei es auch mit Sense oder einem kleinen Mäher gegangen.

Es ist wirklich ein ganz schön modernes Geschoss, das Fritz da fast senkrecht den Hang hinaufführt. Zwischen den beiden Griffen, mit denen er den Mäher vor sich her schiebt, blinken ein Dutzend verschiedene Digitalanzeigen und Knöpfe. Das Ding sieht eher aus wie ein modernes Kleinflugzeug als wie ein Heumäher. Fritz teilt sich die Maschine mit drei anderen Bauern aus der Nachbarschaft. Das sei schon auch ein Problem, sagt er. Immer weniger Bauern müssten immer größere Flächen bewirtschaften. Und das ginge nur mit immer größeren Maschinen.

»Früher, da hatte mein Vater so einen kleinen Mäher, eine viel kleinere Fläche und natürlich auch weniger Tiere. In den achtziger Jahren haben wir den Mist noch mit dem Pferd ausgebracht. Heute fährt man mit dem riesigen Traktor hoch, die Gülle wird rausgespritzt und fertig. Aber damals hat es trotzdem immer irgendwie gereicht. Doch da hat man für den Liter Milch auch noch einen Franken bekommen.«

Und heute? »Um die fünfzig Rappen, knapp die Hälfte. Tendenz sinkend«, antwortet Fritz. Alles andere würde aber ständig teurer, sagt er und rechnet es mir vor: »Früher konnten wir mit dem Erlös eines Liters Milch ein Brot oder ein Bier kaufen. Heute kostet das Brot vier Franken fünfzig und das Bier vier Franken.«

Man müsse deshalb wachsen, mehr Maschinen kaufen und einsetzen, um zu überleben. Die Maschinen wollten aber auch wieder bezahlt sein. Der finanzielle Druck und damit auch der Zeitdruck auf die Bauern steige also. Trotz zeitsparender Maschinen. Ein Teufelskreis.

»Wachse oder weiche, das ist das Prinzip. Aber in den Bergen können wir nicht immer größer werden. Wollen wir auch nicht. Wir können die ganze Arbeit dann gar nicht mehr bewältigen. Wir haben ja noch viel Handarbeit. Irgendwann ist Schluss, wir können nicht mehr, als den ganzen Tag zu arbeiten. Aber so geht es ja nicht nur den Bauern. Wir alle sind aber auch ein bisschen selbst schuld daran. Wir wollen ständig mehr, und das immer billiger.«

Als Fritz fertig ist und den Mäher wieder zum Nachbarhof bringt, setze ich mich zu Erika an den Tisch ihres Gartens. Sie verpackt gerade Ziegenkäse und klebt ein Etikett drauf. Die Kinder spielen auf dem Rasen. Die Batzlis vermarkten ein Teil ihres Käses selbst, in den Läden im Ort und im Nachbardorf. Das bringt mehr ein, als Milch oder Käse an Großmolkereien zu verkaufen. Ob sie manchmal Angst vor der Zukunft habe, frage ich Erika.

»Nein, Angst macht krank, davon bin ich überzeugt; und Angst hab ich nicht, wirklich nicht. Ich denk auch nicht so weit nach vorn. Ich nehm es, wie es kommt. Jeden Tag aufs Neue. Und ich sag immer: Irgendwann sind wir noch froh, wenn wir Essen haben. Computerkabel kannst du lange fressen, davon wirst du nicht satt, oder?«

Besser kann man es nicht sagen. Ich bin begeistert. Auch wenn sie mich, den gestressten Städter, nicht so ernst zu nehmen scheint, liebe ich diese Frau für ihren Kampfgeist.

Am späten Nachmittag fahren Fritz und ich nochmal hoch auf die Alp zu seinen Eltern. Als wir ankommen, ist der Senior wieder beim Melken. Er strahlt über beide Ohren, als er uns sieht. Doch sein Gesicht verfinstert sich im nächsten Moment, als Fritz ihm von der Reparaturrechnung für die Melkmaschine erzählt. Er flucht irgendetwas Unverständliches auf Berndütsch und sagt dann zu mir: »Die Kosten steigen und steigen. Wenn wir nicht vom Staat unterstützt würden, ginge es gar nicht mehr, dann wären wir alle Sozialfälle. Aber die brauchen uns noch als Landschaftsgärtner für den Tourismus. Das ist schade, aber es ist so.«

»Wir sind eine Zwischengröße. Zu groß, um zu sterben, zu klein, um zu überleben«, sagt sein Sohn, als wir abends zusammen auf der Terrasse der Alp sitzen. Aber er sieht es mit Galgenhumor: »Vielleicht geht es uns in zehn, zwanzig Jahren wie den Indianern. Dass wir noch die Friedenspfeife rauchen vor unserem Haus und mit so Leuten wie dir reden. Und vom Staat Geld kriegen, dass wir Essen haben.«

Er lacht. Noch sei es ja nicht so weit. Die Bergbauern seien schließlich Kämpfernaturen, die würden schon nicht so schnell aussterben.

Den Rest des Abends sitzen wir vergnügt und so gar nicht schwermütig vor dem Haus und schauen der Sonne beim Untergehen zu. Zum Abendessen serviert Marianne, kein Witz, Rösti mit Zwiebeln und Käse. Ich komme mir langsam vor wie in einem schlechten Heimatfilm. Aber der Film gefällt mir.

Am nächsten Morgen werde ich mit mehreren Kilo köstlichem Alpkäse eingedeckt und muss den Batzlis versprechen, im nächsten Sommer mit meiner Familie zu Besuch zu kommen. Und das habe ich, an diesem Morgen zumindest, auch wirklich vor. Ich bin gespannt, ob es wieder nur ein guter Vorsatz bleibt.

Die Batzlis, so scheint es mir jedenfalls, haben das gute Leben für sich gefunden: ein Leben im Rhythmus der Natur, und das selbstbestimmt. Dafür kämpfen sie, und darum beneide ich sie.

Aber nun einfach selbst aussteigen und Käse machen? Ich weiß nicht. So ein Rückzug ins Private wäre mir dann doch zu einfach. Schließlich können wir ja jetzt nicht alle den Job hinschmeißen und Käse produzieren. Und außerdem habe ich mich nicht auf den Weg gemacht, um ein Modell für meinen eigenen Ausstieg zu finden. Ich suche eine richtige gesellschaftliche Alternative zu unserem Beschleunigungssystem. Eine Alternative, die das gute Leben ermöglicht und in der der Lebensstil der Batzlis eben kein Auslaufmodell ist.

Die Kühe zumindest hab ich jetzt im Griff.

■ **Hartmut Rosa:** Ich würde sagen, temporärer Verzicht, also die Optionenbeschneidung, ist ja auch eine Voraussetzung dafür, andere Möglichkeiten wirklich ausschöpfen zu können. Wenn ich also permanent versuche, mir nur alle Optionen offenzuhalten, werde ich keine einzige realisieren. Deswegen würde ich hier eigentlich das Gewicht nicht auf den Verzicht legen, sondern auf die Realisierung von Dingen. Und zwar von selbstbestimmten Dingen. Durch Verzicht kann ich andere Dinge richtig erleben.

Ich glaube, Glück erfahren wir nicht in Zuständen, in denen wir völlig fremdbestimmt sind, weil wir atemlos durchs Hamsterrad rennen, zum Beispiel im Job. Aber wir erfahren Glück auch nicht, wenn wir gar nichts tun, in der Wellness-Oase, wo wir uns nur verwöhnen lassen. Sondern wir erfahren Glück in dem, was der ungarisch-amerikanische Psychologe Mihály Csikszentmihályi »Flow« nennt. Das heißt in Zuständen eines selbstbestimmten Tuns und Handelns, das mit einem gewissen Spaß, einem gewissen Reiz verbunden ist, aber auch eine gewisse Bedeutung für uns hat – und wo wir, jedenfalls vorübergehend, das Gefühl haben, dass wir ganz bei uns selbst sind. Wenn wir dieses Gefühl haben, dann haben wir nicht mehr das Gefühl eines Verzichts. Also, diese Idee des Verzichtens um des Verzichten willens, glaube ich, führt noch nicht zum Ziel...

Viele Menschen denken, dass alles ruhig so bleiben könnte, wie es ist, wenn wir nur mehr Zeit hätten, wenn es nicht so hektisch wäre. Aber ich glaube, das geht nicht! Temposteigerung ist nicht etwas, was immer noch dazukommt zu dem bestehenden System, sondern sie ist ein integraler Teil des bestehenden Systems, insbesondere des ökonomischen. Wir können die Welt demnach nicht so lassen, wie sie ist, nur anhalten im Tempo. Entweder wir lassen die ökonomischen Strukturen, die politischen

Strukturen, die gesellschaftliche und kulturelle Verfassung so, wie sie sind. Dann müssen wir immer schneller werden, bis wir gegen eine Wand fahren. Oder wir suchen uns ein ganz neues System.

Als Einzelner kann ich zwar aus einem riesigen kollektiven Hamsterrad herausspringen, aber ich kann es nicht anhalten. Ich kann nur herausfallen oder herausspringen, mit ziemlich hohen Kosten für den Einzelnen und seine Familie oder für die Leute, für die er zu sorgen hat, oder im Spiel bleiben. Also, das mit dem Anhalten ist leider nicht so leicht.

Wettlauf gegen die Zeit –
Beim Radikalentschleuniger
Douglas Tompkins

Wo sind sie also, die wirklichen Alternativen zu unserem Beschleunigungs- und Wachstumssystem? Irgendwo muss es sie doch geben? Seit ich von den Batzlis zurück bin, schwirrt mir diese Frage noch drängender im Kopf herum. »Es gibt kein richtiges Leben im Falschen«, an diesen einfachen und ziemlich radikalen Satz Adornos hat mich der Beschleunigungsforscher Hartmut Rosa ja neulich auch im Zusammenhang mit dem gesellschaftlichen Leiden an der Beschleunigung erinnert. Es nutzt also nichts oder zumindest nicht viel: Wenn wir als Einzelne aussteigen oder uns in irgendwelche gemütlichen und langsameren Nischen zurückziehen, werden wir dieses sich selbst antreibende System der permanenten Beschleunigung nicht los.

Nein. Wir brauchen ein neues System oder zumindest ein Modell, bei dem unsere Lebensqualität, unser Wohlbefinden nicht von Beschleunigung und Wachstum abhängen. Aber befriedigende Alternativen sind derzeit kaum in Sicht. Es gibt zwar etliche engagierte kleine Graswurzelgruppen, die jeweils auf ihre Weise an Alternativen experimentieren. Aber eine Alternative, die auch das Zeug dazu hätte, eine kritische Masse zu überzeugen oder zumindest eine kritische Größe zu erreichen, habe ich bisher nicht gefunden.

Doch dann, eines Morgens bei der Recherche in meinem Büro, als ich gerade überhaupt nicht damit rechne, stoße ich ausgerechnet im Netz, das ich ja sonst so gern verfluche, auf einen Artikel über ein ziemlich radikales Entschleunigungsprojekt in Südamerika. Ich werde sofort neugierig und besorge mir alle Artikel, die ich dazu bekommen kann, um mehr darüber herauszufinden. Ich verschlinge sie förmlich. Klingt genau wie das, wonach ich suche. Und es klingt vor allem ziemlich radikal. Sehr gut, denke ich und beschließe sofort, nicht nur Artikel darüber zu lesen. Um wirklich beurteilen zu können, was da vor sich geht, will ich selbst hinfahren und mir das anschauen.

Ein paar Wochen später sitze ich tatsächlich im Flugzeug. Ich bin auf dem Weg in den Süden Chiles – 42 Grad und zwanzig Minuten südlicher Breite – ans Ende der Welt, in die Wildnis Patagoniens. Dort arbeitet der Amerikaner Douglas Tompkins an einem Entschleunigungsprojekt in wirklich großem Stil. Doch es ist gar nicht so leicht, zu ihm zu kommen. Tompkins lebt weit weg von der nächsten Siedlung, auf einem Einsiedlerhof in einem Fjord an der Küste Patagoniens. 1200 Kilometer südlich von Chiles Hauptstadt Santiago. Weiter südlich geht es kaum. Von Puerto Montt, einer kleinen Stadt im Süden Chiles, circa zwanzig Flugstunden von Berlin entfernt, dauert die Reise zu ihm noch einmal zehn Stunden. Zuerst mit dem Bus und einer Fähre an der wunderschönen und menschenleeren Küste Südchiles entlang ins kleine Fischerdörfchen Hornopirén.

Von hier aus geht es erst mal nicht weiter. Denn wie ich von einem Fischer erfahre, der gerade am Hafen von Hornopirén sein Boot festmacht, führt keine Straße, kein Pfad, nur der Weg übers Wasser zu dem einsamen Fjord, wo Tompkins lebt. Das hatte ich zwar geahnt, nicht aber, dass es auch keine öffentliche Bootsverbindung dorthin gibt. So stehe ich da, ein bisschen wie bestellt und nicht abgeholt, am Pier von Hornopirén, etwa 35 reine Reisestunden von zu Hause entfernt, und weiß erst mal nicht weiter.

Bis ein anderer Fischer nach einer Weile Erbarmen mit mir zu haben scheint und mir erklärt, dass am Nachmittag wohl ein Motorboot käme, das Material und ein paar Leute zum Fiordo Renihué bringen soll, wo Tompkins lebt.

Zwei Stunden später sitze ich tatsächlich mit drei weiteren Passagieren in diesem Boot und brause in der sengenden Sonne die Pazifikküste hinunter, vorbei am Regenwald Patagoniens, an Fjorden mit glasklarem Wasser und schneebedeckten Gipfeln im Hintergrund. Neben uns tauchen immer wieder Delphine auf und hüpfen aus dem Wasser, und auf der Fahrt passieren wir mehrere Seehundbänke. Hier lässt es sich aushalten.

Am Abend erreichen wir erschöpft Fiordo Renihué. Es ist schon Ebbe, sodass ich den letzten Kilometer bis zu Tompkins' Holzhaus mit hochgekrempelter Hose durch Matsch und Muscheln waten muss. Der erwartet mich schon grinsend vor seinem Haus und begrüßt mich: »Hi, I'm Doug.« Wie er dasteht, weißes Haar, die Hände in den Hosentaschen, brauner Lammfellpulli, weiße Schirmmütze, erinnert er mich sofort an den alten und knurrigen Clint Eastwood. Sein Haus ist fast zugewachsen und umgeben von mannshohen Farnen, Wiesen, Beeten und viel Wald. Ich hätte Glück, dass nur meine Füße nass geworden sind, sagt er. Nach Monaten, in denen es hier im patagonischen Winter fast nur geregnet hat, sei heute der erste sonnige Frühlingstag. Er zeigt mir meinen Schlafplatz in der Hütte für die Waldarbeiter und lädt mich zum Abendessen in sein Haus ein.

Als ich Tompkins vor ein paar Wochen kontaktiert und erzählt hatte, dass ich mich mit der Beschleunigung beschäftigen und ihn deswegen gern besuchen würde, war er begeistert. Be- und Entschleunigung: sein Lebensthema, seitdem er vor über zwanzig Jahren sein neues Leben angefangen hat. Das richtige Leben, wie er sagt. In seinem ersten Leben, dem falschen, war Douglas Tompkins selbst Beschleuniger und ein äußerst erfolgreicher Unternehmer. Vor Jahrzehnten hatte er in Kalifornien zwei Firmen gegründet, mit denen er ziemlich viel Geld verdiente: die Ausrüstungsfirma »The North Face« und die Modefirma »Esprit«. Anfang der achtziger Jahre war Tompkins Herr über Tausende Filialen in zig Ländern und Teil des globalen Jetsets. Doch dann begann er immer mehr am Sinn seines Tuns zu zweifeln.

Wir sitzen am Esstisch seines Holzhauses in Renihué und essen Spaghetti. Tompkins trinkt heißes Wasser. Früher habe er ziemlich viel Kaffee getrunken, bis ihm ein Arzt mal geraten hat, darauf zu verzichten. Seitdem heißes Wasser. Im Kamin lodert ein Feuer, auf dem Tisch stehen Kerzen. Auf Tompkins' Hof gibt es nur ein paar Stunden am Tag Strom, wenn der Dieselgenerator läuft.

»Damals habe ich erkannt, dass ich Teil des Problems war, nicht Teil der Lösung. Mir wurde klar, dass wir Produkte mit einer extrem kurzen Lebensdauer produzieren. Nicht, dass sie physisch kaputtgehen würden, aber alles war so angelegt, dass sie schnell aus der Mode kommen und das Bedürfnis wecken, wieder neue und mehr davon zu kaufen.«

Jedes Jahr eine neue Frühlings-, Sommer-, Herbst- und Winterkollektion. Das sei so irrsinnig und fresse so unglaublich viele Ressourcen. Auch wenn es im Vergleich zu heute, wo die Kollektionen noch viel häufiger wechselten und die Kleiderberge noch viel größer seien, damals fast harmlos gewesen wäre. Ihm sei klar geworden, dass er so nicht weitermachen wollte und konnte. Deswegen hat er seine Anteile verkauft. Seine damalige Frau, die die andere Hälfte von Esprit besaß, verstand die Zweifel ihres Mannes nicht. Sie ließen sich scheiden, er flog nach Patagonien, das er von früheren Reisen kannte, und kaufte einem Europäer, der nie dort gelebt hatte, eine Schaffarm und die Wälder drum herum ab. Für 700 000 Dollar. 17 000 Hektar. Fiordo Renihué. Er zog in das alte windschiefe Farmhaus, hatte kein Telefon und keinen Strom. Aber dafür ein neues Leben.

Bedacht auf jede Kleinigkeit, hat Tompkins das Haus in den nächsten Jahren umgebaut, seine Kunst, die er als Industrieller gesammelt hatte, verkauft. Und wenn ein Nachbar sein Land aufgeben oder veräußern wollte, kaufte er es ihm für einen fairen Preis ab. So kam im Laufe der letzten zwanzig Jahre ein riesiges Gebiet zusammen. Er engagierte Bauern und Schafhirten aus der Gegend und ließ sie auf den erworbenen Grundstücken Zäune und Hütten abbauen und stattdessen Bienen und Baumsetzlinge züchten, Beeren und Obstbäume pflanzen. Was treibt ihn an?

»Die Qualität des Lebens auf der Überholspur ist nicht gut«, sagt er am Ende unseres ersten gemeinsamen Abends. »Dieser Hightech- und Hochgeschwindigkeitslebensstil ist eine Sackgasse und führt zum Totalschaden. Wir müssen die Notbremse ziehen und endlich langsamer leben. Wir müssen wieder eine Balance mit der Natur finden. Und das versuchen wir hier.«

Eine kurze Grundsatzrede, dann verabschiedet er sich ins Bett. Das scheint typisch für Tompkins. Er weiß, wie man die Spannung hoch hält. Nach diesem Abend bin ich noch neugieriger auf diesen Mann und sein Projekt.

Am nächsten Morgen in aller Frühe warte ich vor seinem Haus auf Tompkins. Wir sind zu einem Ausflug verabredet. Er kommt aus dem Haus und geht im Laufschritt über die Graspiste zu einem großen Holzschuppen, der aussieht wie eine verwitterte Garage und sich als Hangar seines kleinen zweisitzigen Flugzeugs erweist. Wortlos läuft er einmal um die Maschine herum, prüft den Ölstand und bittet mich, schon mal hineinzuklettern. Ich folge seiner Anweisung vorsichtig und voller Respekt vor dem, was kommt. Ich bin ein bisschen nervös, weil ich noch nie mit so einem kleinen Ding geflogen bin. Doch die Nervosität verflüchtigt sich im nächsten Moment und weicht einem anderen Gefühl. Jetzt bin ich aufgeregt wie ein kleiner Junge auf Abenteuerurlaub. Dann setzt sich Tompkins ans Steuer, legt Gurt und Kopfhörer an, reicht mir den zweiten Kopfhörer, prüft die Geräte und den Funk und startet den Propeller.

Die Maschine, ein Buschflugzeug Typ Christen Husky, rollt langsam aus dem Hangar ans eine Ende der Graspiste. Tompkins gibt Gas, die Husky setzt sich in Bewegung und holpert immer schneller über die Piste, bis Tompkins sie hochzieht und nach ein paar Momenten nach links abdreht über den Fjord. Rechts ein Berg mit Urwald, links ein Berg mit Urwald. Es ist ganz schön wackelig, der Wind spielt mit dem kleinen Flugzeug, in dem wir sitzen. Tompkins freut sich. Er lächelt zufrieden. So fliegen wir erst mal ein paar Minuten wortlos über eine Traumlandschaft, die mir den Atem raubt. Bis zum Horizont keine Straßen, keine Fabriken, keine Stadt. Stattdessen Fjorde, baumbewachsene Hügel, schneebedeckte Berggipfel, kleine Seen und Vulkane. Von hier bis zum Horizont gehört alles Land Tompkins und seiner zweiten Frau bzw. ihren Stiftungen. Warum das alles?

»Ich will das Land nicht für mich«, stellt Tompkins über das Bordmikro klar. »Wozu sollte ein Mensch so viel Land besitzen?« Nein, er will es der Beschleunigung entziehen und der Natur zurückgeben. In den letzten zwanzig Jahren hat er es Stück für Stück zusammengekauft und zu einem riesigen Naturschutzgebiet zusammengefügt.

Er hat sich auf einen Wettlauf gegen die Zeit eingelassen: Unberührtes Land kauft Tompkins, um es dem gierigen Griff der Industrie zu entziehen und vor Abholzung, Überweidung, Monokulturen, Bebauung oder Ausbeutung zu schützen. Bereits zerstörtes Land lässt er in mühsamer Kleinarbeit wieder renaturieren und in den Urzustand bringen. Auf diese Weise ist unter anderem der Pumalinpark entstanden, über den wir seit fast zwanzig Minuten fliegen, das größte private Naturschutzgebiet der Erde: 290 000 Hektar groß, siebzehn Berge, 23 Flüsse, zwei Vulkane, 260 verschiedene Baum- und Pflanzenarten darauf, 42 Arten von Säugetieren, 71 Vogelarten. Demnächst will er den Park dem chilenischen Staat als Nationalpark übergeben. Unter einer Bedingung: dass das Gebiet als Park geschützt bleibt. Ein riesiges Gebiet, so groß wie das Saarland, wird dann für immer entschleunigt sein.

Zweimal ist ihm ein solcher Coup schon gelungen. Zwei andere Nationalparks sind auf diese Weise entstanden, gewaltige Landstriche hat er so schon dem Raubbau des Wachstums und der Beschleunigung entzogen. 2004 überschrieb Tompkins Argentinien ein Gebiet von 62 000 Hektar am Atlantik mit Seeelefanten, Seelöwen und Pinguinkolonien darauf. 2005 übergab er 87 000 Hektar Urwald an die Republik Chile. Teil des Deals war, dass der Staat noch einmal die doppelte Fläche dazugeben musste, ein riesiges Militärgelände. Das Ganze wurde zum Parque Nacional Corcovado. Vielleicht gelinge das diesmal wieder, sagt Tompkins und grinst dabei schlitzohrig.

Nach ein paar Minuten, wir fliegen gerade an einem schneebedeckten Berggipfel vorbei, klappt Tompkins das Seitenfenster nach oben. Er klemmt das Steuer zwischen die Knie, nimmt seine Spiegelreflexkamera hoch und beginnt, Fotos aus dem Seitenfenster der Husky zu schießen. Zuerst macht mich das ziemlich nervös, denn Tompkins fliegt gerade freihändig. Doch dann ist es mir egal. Immerhin ist dieser Mann fast doppelt so alt geworden wie du, sage ich mir zur Beruhigung. Er scheint zu wissen, was er tut. Der Wind bläst mir in dieser luftigen Höhe voll ins Gesicht. Fühlt sich gut an.

Nach einer guten halben Stunde Flug setzt er die Husky auf einer Graspiste auf. An dieser Stelle soll der neue Parkeingang gebaut werden, nachdem der alte bei einem Vulkanausbruch 2008 zerstört wurde. Drei Holzhäuser auf einer kleinen Lichtung: ein Büro, ein Café und ein Besucherzentrum, direkt an der Straße nach Chaitén, dem nächstgelegenen Ort. Wir gehen zu der kleinen Baustelle, wo Tompkins freudig von ein paar Arbeitern begrüßt wird. Sie scheinen es zu mögen, wenn der »Alte« ab und zu vorbeischaut und nach dem Rechten sieht. Am Rande der Baustelle stehen zwei große Bagger. Marke Caterpillar. Ist der Park dann fertig, wenn der neue Eingang gebaut ist?

»Fast, zu 98 Prozent. Zumindest, was den Zukauf von Land angeht«, sagt Tompkins. Seine Außengrenzen habe er jetzt, und deshalb könne er dem chilenischen Staat bald übergeben werden. »Dann haben wir unseren Teil der Geschichte erledigt. Zwanzig Jahre hat es gedauert, länger als erwartet. Aber wenn man das Glück hat, in seinem Leben einen Nationalpark schaffen zu können, sollte man sich nicht beschweren. Dann ist man doch ein Glückspilz, oder?«

Tompkins schnappt sich die Baupläne, die auf der Erde liegen, stellt sich zu den Arbeitern und unterhält sich in fließendem Spanisch mit ihnen. Dann greift er sich ein Maßband und fängt an, Bleistift im Mund, das Grundstück noch einmal zu vermessen. Einen Großteil der Bauten im Pumalinpark hat er selbst geplant. »Wir versuchen hier so wenig ›unnachhaltig‹ wie möglich zu bauen«, formuliert es Tompkins mit Absicht etwas kompliziert. Man sei sicher noch weit entfernt davon, wirklich biologisch nachhaltig zu sein, aber er und seine Leute gäben sich große Mühe, dem so nahe wie möglich zu kommen. Es würden nur Baustoffe von hier verwendet, Steine aus den Flüssen, Holz aus der Region. »Und auch bei der Innenausstattung achten wir darauf, Möbel zu nehmen, die hier gemacht werden oder von hiesigen Flohmärkten stammen. Wir sind Lokalisten und keine Globalisierer«, sagt Tompkins und freut sich wieder über diesen Satz. Es ist einer dieser schneidigen Tompkins-Sätze, die wie Kampagnenslogans klingen. Man merkt ihm an, dass er in den letzten zwanzig Jahren schon einige Interviews gegeben hat und zu einem geübten Aktivisten geworden ist.

Ich zeige auf die beiden massiven Bagger, die keine fünfzig Meter von uns entfernt stehen und die ansonsten perfekte Naturharmonie doch ein wenig ankratzen. Wie passen die denn ins Bild der nachhaltigen Entschleunigung? Braucht man die, um das Land zu entschleunigen?

»Das ist natürlich ein Widerspruch. Und das ist uns auch klar. Wir leben in einem bestimmten System, aber wir arbeiten am Übergang zu einem anderen, hoffentlich besseren. Ganz klar: Wir wollen eine Zukunft, die ohne solche Maschinen auskommt. Irgendwann werden wir sagen können: Tschüs, Caterpillar! Die Leute von Caterpillar sind sicher alle nett, wollen nur das Beste und arbeiten hart. Aber ihre Maschinen zerstören die Erde. Nicht nur weil sie ihr gigantische Narben zufügen, indem sie die Erde umgraben. Allein um diese Dinger herzustellen, wird die Umwelt in kaum fassbarem Maße zerstört. Kannst du dir vorstellen, was man alles braucht, um so ein Ding herzustellen? Nur um diesen einen Bagger zu produzieren? Seinen ökologischen Fußabdruck? Oder diese kleine Kamera hier.« Tompkins fischt eine kleine Digitalkamera aus seiner Hosentasche und hält sie mir vor die Nase. »Dafür brauchst du den ganzen technoindustriellen Komplex. Den ganzen Enchilada. Nur um eins dieser verdammten Dinger zu machen. Zerstört die Welt! Ich habe eine! Ich hoffe, dass wir es irgendwann schaffen, ohne auszukommen. Was sollen wir sonst tun? Das ist das Problem ...«

Er unterbricht seinen feurigen Monolog und fährt dann grinsend fort: »Bis dahin bauen wir hier ein kleines Parkbüro, damit Leute kommen, sich die Natur ansehen und merken, wie schön sie ist. Dann werden hoffentlich mehr Parks eröffnet, und es wird mehr Natur geschützt, und es wird mehr intakte Natur und Artenvielfalt geben. Damit die Erde wieder in Balance kommt. Das ist die Logik dahinter. Gröbstens vereinfacht, natürlich.«

Nun muss er selbst lachen. Tompkins nimmt seine Mission sehr ernst, das ist deutlich, aber sich selbst eben nicht so sehr.

Es macht ihn mir sehr sympathisch, dass er über sich und die kleinen Unschärfen und Widersprüche seiner Argumentation lachen kann. Ich hatte ein bisschen befürchtet, hier einen sauertöpfischen Prediger zu treffen. Einige der Artikel, die ich über ihn und sein Projekt gelesen hatte, hatten den Eindruck erweckt oder ihn gar so beschrieben: als verbitterten US-Millionär und Möchtegern-Weltverbesserer mit undurchsichtigen Absichten, der Land sammelt, wie andere Luxusyachten oder Aktien. Ob ihn die Journalisten je selbst getroffen haben? Denn der Douglas Tompkins, den ich hier kennenlerne, ist alles andere als das. Der nimmt auch Rückschläge einigermaßen gelassen.

Wir sitzen inzwischen in einem kleinen Transporter mit Ladefläche, den Tompkins sich von seinen Arbeitern ausgeborgt hat. Klar, ist ja letztlich wahrscheinlich sowieso seiner, denke ich mir. Er sitzt am Steuer, ich auf dem Beifahrersitz. Wir sind unterwegs zum alten Besucherzentrum und Parkbüro, das zehn Kilometer vom neuen Parkeingang in der nahe gelegenen Kleinstadt Chaitén steht. Besser gesagt: stand. Denn im Jahr 2008 ist Mitten im Pumalinpark ein Vulkan ausgebrochen und hat nicht nur große Teile des Urwalds im Park zerstört, sondern auch Chaitén unter einer Asche- und Schlammlawine begraben.

»Es war kein Vulkanausbruch mit Lavaströmen und so, sondern einer, bei dem explosionsartig Gestein meilenweit in die Luft geschossen und die Umgebung mit Ascheregen und -lawinen bedeckt wurde. Ziemlich gefährlich. Es ist zwar niemand getötet worden, aber die Experten rechnen jederzeit mit weiteren Ausbrüchen. Es gibt immer noch keine Entwarnung. Die Regierung hat Chaitén aufgegeben, die Menschen sind nicht zurückgekehrt. Es ist jetzt eine Geisterstadt.«

Und tatsächlich. Der Ort sieht aus wie nach einem Atomkrieg. Alles ist bedeckt mit einer zentimeterdicken weißgrauen Ascheschicht. Straßen, Brücken, Häuser und Autos, zerstört und fortgerissen von der Aschelawine, teilweise eingestürzt.

Die Sonne taucht den Ort in gleißendes Licht. Das verleiht ihm einen surrealen Endzeitcharme. Während ich mit Tompkins durch die Stadt gehe, muss ich mir immer wieder in Erinnerung rufen, dass nicht der Mensch diesen Ort so zugerichtet hat, sondern die Natur. Mutter Natur, für die Douglas Tompkins alles tut, hat ihrem Retter einen Strich durch die Rechnung gemacht. Das ist die bittere Ironie.

Doch irgendwie hat der Anblick des zerstörten Ortes auch etwas Magisches. Er ist auf ganz eigenartige Weise wunderschön. Kann mir auch nicht so ganz erklären, wieso. Alles ist weiß. Alles seltsam friedlich und still.

Tompkins läuft in sich gekehrt fünfzig Meter vor mir durch die zerstörte Stadt. Ob er immer noch geschockt ist? Oder ähnlich beeindruckt von diesem Bild wie ich? Er bleibt alle paar Meter stehen und macht mit seiner Spiegelreflexkamera Fotos. Dann sagt er plötzlich: »Was für ein Chaos. Wir haben hier alles verloren. Wir hatten hier ein Besucherzentrum, eine Pension, einen Laden und unsere Büros. Das ist jetzt alles kaputt. Hat uns Jahre zurückgeworfen. Bis die Natur sich erholen wird, wird es hundert und mehr Jahre dauern. Das war unser Ground Zero hier.«

Stimmt, denke ich sofort. Zumindest optisch und atmosphärisch passt dieser Vergleich. Diese tödliche, in einem Schleier aus Staub und Asche getauchte Stille erinnert tatsächlich ein wenig an die Bilder der zerstörten Zwillingstürme am 11. September 2001.

»Das konnten wir wirklich nicht gebrauchen. Wie alle hier. Zur falschen Zeit am falschen Ort. Aber was soll man machen? Manchmal hat man eben Glück, manchmal Pech. Diesmal hatten wir Pech.«

Wenn Tompkins von »wir« redet, meint er dabei meist sich und seine zweite Frau Kris. Beide kennen sich seit über vierzig Jahren, lange bevor er sein neues Leben begonnen hat. Und beide blicken auf eine ähnliche Lebensgeschichte zurück. Kristine McDivitt war Geschäftsführerin und Mitbesitzerin der Outdoor-Ausrüstungsfirma Patagonia Incorporated. Nachdem sie und Douglas Tompkis 1994 geheiratet hatten, gab Kris ihre Stelle auf und folgte ihrem Mann in die chilenische Wildnis. Ein paar Jahre später verkaufte auch sie ihre Anteile an Patagonia und gründete eine eigene Stiftung. Seitdem verfolgen sie ihre Mission gemeinsam auf beiden Seiten der Anden. In Chile und in Argentinien kaufen sie Land, um es zu entschleunigen und vor dem gierigen Fraß von Mensch und Industrie zu schützen. Inzwischen haben sie fast eine Million Hektar zusammen. Verteilt auf zwölf Projekte in Chile und Argentinien. Die Tompkins gehören mittlerweile zu den größten privaten Grundbesitzern der Erde. Manche sagen, sie sind die größten.

Wir müssen weiter. Tompkins hat noch viel vor mit mir.

Kurz darauf sitzen wir wieder in der Husky und fliegen entlang der Küste in Richtung Süden. Ich beobachte den 67-Jährigen von hinten. Dieser Mann mit seiner abgewetzten Mütze und dem selbstgestrickten Schafswollpulli soll also einer der größten Landbesitzer der Welt sein? Er sieht eher aus wie ein patagonischer Schafhirte oder zumindest wie Clint Eastwood in der Rolle eines patagonischen Schafhirten.

Plötzlich und ohne Ankündigung dreht Tompkins die Maschine scharf zur Seite und beginnt laut zu fluchen. Er fliegt eine Kurve und zieht die Husky dann nach unten.

»Schon wieder so eine gottverdammte Lachsfarm. Die kenne

ich noch nicht«, entfährt es ihm; und er gibt sich keine Mühe, seine Wut darüber zu verbergen.

Auf den ersten Blick sind nur ein paar runde Fischkäfige und ein paar metallene Stege dazwischen zu sehen. Halb so schlimm, denke ich insgeheim. Fällt eigentlich kaum auf in dieser fantastischen Landschaft. Übertreibt er da jetzt nicht ein bisschen? Doch Tompkins ist kaum zu beruhigen.

»Damit pflastern sie seit Jahren die ganze Küste zu. Industrielle Massentierhaltung ist das. Beschleunigung in Reinform. Meistens sind es europäische Firmen, die hier das tun, was sie zu Hause nicht dürfen.«

Und dann macht er eine Rechnung auf, die mich seinen Zorn verstehen lässt. In Chile würde pro Jahr etwa die gleiche Menge Lachs produziert wie in Norwegen, aber die hundertsiebzigfache Menge Antibiotika verfüttert. Dazu kämen Farbstoffe, Fungizide, Hormone. Tompkins ist stinksauer und dreht noch eine Runde über die Lachsfarm, um ein paar Beweisfotos zu schießen.

»Wusstest du, dass eine einzige Lachsfarm so viel Scheiße produziert wie eine Stadt mit 65 000 Einwohnern? Und die ganze Scheiße fließt ins Meer«, schreit Tompkins ins Mikrofon seines Headsets, so laut, dass mir die Ohren im Kopfhörer wehtun. Der Lachs gehöre eigentlich gar nicht hierher. Er sei ein Raubfisch und eingeschleppt worden. Jetzt fresse er die Küsten und Flüsse leer. Auf den ersten Blick sei es für ein ungeübtes Auge nicht gleich zu erkennen. Die Natur sehe hier zwar unberührt aus, würde aber längst auch schon verseucht.

Dann sagt Tompkins eine halbe Stunde nichts mehr. Er muss wohl erst mal den Schock verdauen, dass das System, vor dem er geflohen ist, vor dem er dieses Land schützen will, das System, das er bekämpft, dieses irrwitzige industrielle Wachstums- und Beschleunigungssystem, seinem Projekt wieder ein Stückchen näher gekommen ist. Er schaut grimmig und schweigt.

Douglas Tompkins' Entschleunigungsprogramm beschränkt sich nicht nur auf die Rettung und Entschleunigung riesiger Landstriche und die Gründung von Nationalparks. Ihn interessiert auch, wie der Mensch die Umwelt nutzen kann, ohne sie zu zerstören, ohne auf Wachstum und Beschleunigung zu setzen, also. Auf seinem Land unterhält er zahlreiche kleine Farmen, auf denen seine Leute – Landwirte, Biologen, Schäfer und viele Freiwillige – ausprobieren, wie man Landwirtschaft betreiben kann, die wirklich biologisch nachhaltig ist.

Nach einer guten halben Stunde, die wir im Zweisitzer durch Wolkenfetzen geschaukelt und durch den Pumalinpark geflogen sind, landen wir auf einer Hochebene, umrahmt von steinernen und schneebedeckten Berggipfeln. Am Rande der Ebene ein Holzhaus, davor ein paar Äcker, von Holzzäunen abgegrenzt. Weiter rechts eine Scheune und ein Stall. Tompkins springt aus dem Flugzeug. Seine Laune scheint sich etwas aufzuhellen, als er auf die Äcker zeigt.

»Das ist unsere langsamste Farm. Wir versuchen hier ganz ohne Maschinen oder Traktoren auszukommen. Wir haben nur Pferde, die ziehen. Wir wollen hier testen, ob und wie es ohne Maschinen geht.«

Man wolle so wenig wie möglich von außen hier hineinbringen und herausfinden, ob sich die Farm aus sich selbst heraus entwickeln und, wenn ja, wie viele Menschen sie versorgen könne. Vor einigen Jahren habe man hier eine tote Landschaft vorgefunden. Das Land sei zuerst brandgerodet worden, und dann sei dreißig Jahre industrielle Landwirtschaft darauf betrieben worden. Bis es total verbraucht gewesen und die Erosion so stark gewesen sei, dass man es aufgegeben hat.

»Als wir kamen, mussten wir erst mal die Trümmer beseitigen«, sagt Tompkins. »Das Land war tot, und wir mussten es renaturieren.

Um drei Dinge geht es uns hier. Wir wollen lernen, wie man kaputtes Land wieder heilt, wie man es wieder nutzen kann, wie man wirklich nachhaltige Landwirtschaft betreiben kann. Ohne Maschinen und ohne Kunstdünger. Nur mit dem, was wir hier vorfinden. Wie vor 150 Jahren.«

Der Verwalter der *slow farm*, wie Tompkins das kleine Anwesen hier liebevoll nennt, kommt aus dem Haus gelaufen. Ein junger chilenischer Biologe mit halblangen braunen Haaren und Hut. Er führt Tompkins über die Farm und berichtet von den Renaturierungsfortschritten. Mit viel Mühe und allerlei organischem Material, das man auf die ausgewaschenen Böden gebracht hätte, sei es tatsächlich gelungen, Teile des Bodens wieder fruchtbar zu machen, berichtet er seinem Chef stolz. Aber es sei viel mühsamer und dauere länger als erwartet. Tompkins scheint es geahnt zu haben. Man braucht für so was schon viel Geduld, Douglas Tompkins, oder?

»Zeit. Es braucht Zeit. Unser wiederkehrendes Thema: Langsamkeit«, sagt er und geht mit seinem Farmverwalter den Waldweg hinunter. Zum Glück: Er grinst wieder. Mit schier unerschöpflicher Geduld folgt er über zwei Stunden dem Redeschwall des Farmverwalters, der hier die meiste Zeit des Jahres allein mit zwei Helfern verbringt und es offensichtlich genießt, mal mit jemand anderem sprechen zu können. Die nächste Siedlung ist eine Tagesreise entfernt – auf dem Pferd.

Dann wendet sich Tompkins plötzlich zu mir: »Hier waren eine Rinderzucht und eine Milchproduktion. Hat nicht lange gehalten. Eine Generation, dann war hier alles hinüber. Was für gigantische Kosten ... Würde man die wahren Kosten hochrechnen. Der Käse hätte tausend Dollar pro Kilo gekostet. Das wäre die wirkliche Bilanz gewesen. Wenn man die Kosten nicht externalisiert hätte. Aber wie immer wurden die Kosten auf uns alle abgewälzt. Die industrielle Landwirtschaft macht genau das in großem Stil. Auf dem ganzen Planeten. Die Kosten werden in die Zukunft verschoben. Das sind die Kosten des ständigen Wachstums. Aber irgendjemand wird den Preis dafür zahlen müssen«, sagt der Eastwood-Doppelgänger.

Im Hintergrund führt ein junger Farmarbeiter mit buntem Baumwollponcho und breitkrempigem Hut ein Pferd übers Feld zum Stall, ein anderer schiebt eine Schubkarre vor sich her. In gemächlichem Tempo. Es ist das Tempo der *slow farm*. Welchen Grund gäbe es auch, sich hier oben zu beeilen?

Wir aber, Tompkins und ich, beeilen uns, seitdem ich hier bin, ständig. Warum nur? Wir sind schon wieder in der Luft und fliegen an einem schneebedeckten und dampfenden Vulkan vorbei. Wieder ist das Seitenfenster der Husky geöffnet. Und wieder fliegt Tompkins scheinbar freihändig und macht Fotos. Der letzte Ausbruch des Vulkans Chaitén, der erste seit über 7000 Jahren, wie manche behaupten, hat ihn misstrauisch gemacht und vielleicht auch ein bisschen ängstlich.

Wie kommt jemand wie Douglas Tompkins dazu, eine so radikale Wendung in seinem Leben zu vollziehen? Er sei nie angepasst gewesen, sagt er. Der Sohn eines Kunsthändlers und einer Innenarchitektin begann mit zwölf zu klettern. Mit siebzehn brach er die Schule ab und wollte nur noch klettern, Kajak und Ski fahren. Das machte er auch so gut, dass er 1960 beinah in die Ski-Olympiamannschaft der USA aufgenommen worden wäre. Anfang der sechziger lernte er seine erste Frau Suzie kennen und zog nach Kalifornien. Die beiden Hippies bekamen zwei Töchter, gründeten eine Kletterschule, dann zuerst eine Firma für Bergsteigerausrüstung, The North Face, und schließlich die Modefirma Esprit. In den darauf folgenden Jahren jettete er um die Erde, baute ein Modeimperium auf und umgab sich mit so illustren Freunden wie Luciano Benetton, Steve Jobs, Ted Turner und Francis Ford Coppola, um nur einige zu nennen. Doch glücklich war er vor allem, wenn er regelmäßig einmal im Jahr für ein paar Wochen in die Wildnis ging. Zum Klettern, Kajakfahren, Skifahren. Chile, Russland, Sambia. Das machte ihn stutzig. Er begann nachzudenken.

Eine kleine Ewigkeit später landen wir bei einer weiteren Farm im Pumalinpark. Sie liegt am gleichen Fjord, an dem auch Tompkins' Haus ist, auf dem gegenüberliegenden Ufer. Fünfzehn Minuten Fahrt mit dem Boot. Auch dieses Tal sei bei seiner Ankunft vor zwanzig Jahren ziemlich tot gewesen. Hier könne man aber besichtigen, wie es aussehe, wenn die mühsame Renaturierung glückt.

»Eine sehr schöne und befriedigende Arbeit, aber auch sehr teuer. Doch wenn es gelingt, ist es das Schönste, was es gibt. Toller als alles, was wir sonst machen. Du kommst an einen total kaputten Ort und erweckst ihn wieder zum Leben. Da kann man nur innehalten und zu sich sagen: Mann, ist das schön. Das macht mich unheimlich glücklich.«

Tompkins' Leute arbeiten hier an einem wahrhaft großen

Projekt mit dem Namen »Allerce 3.000«. Sie wollen den Regenwald zurückbringen. Tompkins führt mich durch eine Baumschule mit Tausenden kleinen Setzlingen.

»Wir züchten hier Bäume, vor allem die Allerce, auch ›Patagonische Zypresse‹ genannt, die hier in den Urwäldern vorkommt. Diese Minisetzlinge, die hier gerade mal zwei bis drei Zentimeter groß sind, werden erst in tausend Jahren ausgewachsen und ein wunderschöner Wald sein. Erst wachsen sie zweihundert Jahre in die Höhe, fünfzig Meter hoch. Dann werden sie nur noch dichter und breiter. Und dann genießen sie ein paar tausend Jahre lang ihr Leben.«

Er lacht und breitet die Arme aus, als ob er es sich in einem Liegestuhl gemütlich machen wollte.

»Diese Bäume können viertausend Jahre alt werden.«

Das sind die Zeitspannen, in denen Douglas Tompkins denkt. Er scheint nicht mehr damit zu rechnen, das Ergebnis seiner Projekte selbst noch zu erleben. Um mir auszumalen, wie lange viertausend Jahre sind, rechne ich zurück. Im Vergleich dazu ist unser eigenes Leben ein schlechter Scherz. Vollkommen unerheblich.

Wir schlendern weiter an den Beeten mit den Minibäumchen vorbei. Achtzehn verschiedene Baumsorten werden hier herangezogen. Alles Ursorten von hier und alle sehr schwer zu züchten. Und sie wachsen sehr langsam. Deshalb hätten seine Vorgänger in der Gegend sowie überall auf der Welt in den sechziger, siebziger und achtziger Jahren die natürlichen Prozesse beschleunigen wollen und sie durch schneller wachsende Sorten ersetzt. Eben nach den Regeln der industriellen Landwirtschaft.

»Man hat neue Sorten eingeschleppt, sie in Reih und Glied angepflanzt wie Soldaten. So wie wir das hier in der Baumschule machen«, regt sich Tompkins auf und deutet auf die unzähligen Reihen kleiner Baumsetzlinge. »Nur dass unsere kleinen Soldaten bald in einem schönen Wald wild durcheinander mit vielen anderen Pflanzen stehen werden.« Soldaten zu produzieren, Monokulturen in Reih und Glied, das sei das Ergebnis menschlicher Cleverness. Damit die Maschinen besser arbeiten könnten. »Maschinen lieben gerade Linien. Denn dann geht es schnell. Und man kann schnelles Geld verdienen. Es geht immer nur darum: schnell Geld zu verdienen. Wir versuchen hier das Gegenteil. Wir lassen uns von der Weisheit der Natur leiten, nicht von menschlicher Cleverness und der Maschine. Wir bekämpfen diese Logik. Wir sind Subversive. Wir wollen langsam sein.«

»Also, langsam kommen Sie mir nicht gerade vor, Douglas Tompkins.«

Er grinst. Und antwortet: »Na ja, ich beschleunige eben die Entschleunigung.«

Es ist wieder einer dieser Momente, in denen Douglas Tompkins weiß, dass er noch nicht alle Widersprüche seines Lebens auflösen konnte. Aber wer bin ich, dass ich jemanden dafür kritisieren oder verurteilen wollte? Mein eigenes Leben ist voller Widersprüche. Mich beeindruckt dieses verrückte und radikale Entschleunigungsprojekt trotz allem. Obwohl ich natürlich weiß, dass ich mir diese Art der Entschleunigung nie leisten könnte. Aber was soll's? Für den weltweit operierenden Kapitalisten und Textilunternehmer Douglas Tompkins war es ein ziemlich radikaler Schritt. Er hätte genauso gut Aktien oder Luxusjachten sammeln können. Aber das hat er eben nicht. Vielleicht kommt es ja genau darauf an: dass jeder seinen eigenen Weg findet.

Um politisch etwas zu bewegen, müsse man nicht viel Geld haben, darauf besteht Tompkins. Wie viele erfolgreiche Umweltaktivisten oder politische Aktivisten seien denn schon reich gewesen? Und umgekehrt: Wie viele reiche Menschen hätten es denn schon geschafft, die Welt positiv zu verändern? Eben. Martin Luther King, Gandhi, Buddha, die seien alle arm gewesen. Einige Hügel weiter lebe ein Mann, den er bewundere wie kaum einen zweiten. Materiell gesehen sei der sehr arm, aber in den letzten vier Jahrzehnten habe er spirituell und moralisch Gewaltiges zur Verbesserung seiner Umgebung beigetragen. Sein eigenes Wohlergehen und sein eigener materieller Reichtum seien ihm dabei zweitrangig gewesen. Mit den Mitteln, die er hat, tut er, was er kann. Er sollte den Nobelpreis bekommen. Er geht seinen eigenen Weg.

Dem Weg, den Tompkins selbst gewählt hat, kann nicht jeder etwas abgewinnen. Wer so viel hat, wer so viel bewegt, hat auch viele Feinde. Tompkins' Gegner sehen in ihm einen gefährlichen Radikalen. Ist er das?

»Die Welt ist voll von Radikalen. Von Fortschrittsfanatikern und Entwicklern.« So sieht es Tompkins. »Aus unserer Sicht sind *das* die Radikalen. Und die kritisieren uns natürlich, weil sie kein Interesse daran haben, dass Dinge langsamer gehen und nicht mehr wachsen. Sie vertreten eine extreme und radikale Wachstumsideologie. Geschwindigkeit, Effizienz und Wachstum sind die Säulen dieser Ideologie. Umweltschutz und wirkliche Nachhaltigkeit bremsen dieses Wachstum, stoppen es vielleicht sogar. Aber wir müssen dieses Wachstums- und Beschleunigungsmonster bekämpfen.«

Und diese Radikalen haben sich in den letzten Jahren so einiges einfallen lassen, um Tompkins, den reichen Gringo, zu diskreditieren. Dass er den amerikanischen Bison auf dem Gebiet züchten wolle, war noch das harmloseste Gerücht, das verbreitet wurde. Andere behaupteten, er wolle einen Tunnel unter den Anden graben lassen und einen zweiten jüdischen Staat auf seinem Land errichten. Er kaufe die Berge auf, um ein Monopol auf Granit aufzubauen. Er sei von der CIA geschickt, wahlweise, um die Frischwasservorräte Chiles zu horten, Atommüll zu vergraben, Gold zu suchen oder Mafiageld zu waschen. Tompkins sei eine Gefahr für die nationale Sicherheit, warnte zum Beispiel der Chef des Verbandes der chilenischen Lachszüchter. Von links erkannte man in Tompkins' Projekt Yankee-Imperialismus, der Rechten war er suspekt, weil er besitzt, aber das Land nicht nutzt. Dass er es wirklich ernst meinen könnte mit Umweltschutz und Entschleunigung, scheint jenseits der Vorstellungskraft der meisten seiner Kritiker zu liegen.

»Da wurden Dinge behauptet, die man sich in den wildesten Träumen nicht ausmalen würde. Aber das sind ein paar Leute, nicht viele. Hier in Chile haben die meisten Menschen zum Glück genug Verstand. Man muss diese Typen, die diesen Unsinn verbreiten, einfach als das behandeln, was sie sind: Idioten. Sie verarschen die Leute. Aber letztlich helfen sie uns damit nur. Denn wenn die Menschen herausfinden, dass sie belogen und betrogen wurden, stehen sie danach umso fester auf unserer Seite. Eigentlich müssten wir diesen Verrückten dankbar dafür sein.« Ursprünglich sei es ihm ja nur um Umweltschutz gegangen, aber durch all die kruden Anschuldigungen sei er inzwischen auch in die politische Debatte gezogen worden, welchen Entwicklungsweg Chile gehen sollte, ein Schwellenland am Scheideweg zwischen brutalem Wachstum und nachhaltiger Entwicklung.

»Inzwischen können wir mit den Leuten auch darüber reden, wie ein gutes und würdevolles Leben aussehen könnte, eine gerechte Gesellschaft, die den Planeten mit anderen Lebewesen teilt. Viele haben erkannt, dass das gegenwärtige Entwicklungsmodell falsch ist und dass wir unsere Lebensweise und unsere Gesellschaft ändern müssen. Die Globalisierung, die uns von den Konzernen und ihren Handlangern in den Regierungen als das Allheilmittel verkauft wurde, hat sich als totaler Fehlschlag erwiesen. Sie hat das Gegenteil dessen gebracht, was versprochen wurde. Und das beginnen auch die Leute hier zu begreifen.«

Nicht aber die Industriellen und Politiker Chiles. Gegen die muss Tompkins weiter kämpfen. Eine Straße, deren Bau einst vom Diktator Pinochet befohlen wurde, wollen die durch den Urwald des Pumalinparks fortführen. Hundert Meter breit soll die Schneise in den Wald geschlagen werden. Der Industrialisierung Patagoniens soll sie dienen. Das hieße mehr Lachsfarmen, Sojafelder, Bergwerke und Rohstoffabbau. Und Staudämme. Die sind schon in Planung. Sie sollen sechstausend Hektar Wald und Wiesen überfluten und den Strom über die längste Hochspannungsleitung der Welt, 2200 Kilometer, in die Hauptstadt Santiago transportieren. Und zwölf Naturreservate auf dem Weg zerschneiden und verschandeln. Der Mensch macht sich die Erde zum Untertan. Wachstum. Beschleunigung. Zerstörung: das alte Lied. Und der Albtraum von Douglas Tompkins. Für den Kampf dagegen gibt er alles.

Dass er dafür selbst ziemlich beschleunigt leben muss, nimmt er in Kauf. Da draußen steht Ihr Flugzeug, neben Ihnen ein Funkgerät, ein Satellitentelefon und vor Ihnen ein Laptop, Mr Tompkins?

»Falls es einen besseren Weg gibt, würde ich ihn gern kennen, denn ich will nicht mein ganzes Leben in diesem Tempo verbringen.«

Es ist Abend. Wir sind im Büro des Tompkins-Hauses. Draußen hat es angefangen zu regnen. Irgendwo bellt ein Hund. Die Schafe, die ein paar hundert Meter von hier weiden, hört man bis hierher. Aus dem großen Fenster hat man einen schönen Ausblick in den Garten, hier mitten im Nirgendwo von Patagonien, Hunderte Kilometer entfernt von der nächsten Stadt und am Fuße des Vulkans, der jederzeit hochgehen kann.

»Ich wünsche mir schon manchmal, langsamer zu leben. Aber dann würde ich mich schlecht fühlen. Weil ich ja weiß, dass ich die Dinge schneller oder weiter bewegen kann, wenn ich diese modernen Werkzeuge nutze. Ich vergleiche das manchmal mit einem Krankenwagenfahrer. Der fährt auch schnell, um den Patienten schnellstmöglich ins Krankenhaus zu bringen. Feuer mit Feuer bekämpfen? Ja, so könnte man es sagen. Ich weiß nicht, wie ich es besser erklären kann, und ich weiß auch nicht, ob es richtig ist.«

Dann sieht er zum Fenster. Eine blühende Fuchsie dahinter, fast so hoch wie das Haus.

Eins sei ihm ganz klar. Die ganze Beschleunigung sei natürlich nur durch diese Mega-Technologien möglich. Das sei der Kern des Problems. Er tippt mit dem Finger auf den Bildschirm seines ziemlich neuen silbernen Apple-Notebooks: »Hier. Der Computer. Eine Massenvernichtungswaffe. Er zerstört die Umwelt in gigantischem Ausmaß. Er beschleunigt die Wirtschaft. Die ist allein in den letzten 25 Jahren um fünfhundert Prozent gewachsen. Ein unglaubliches Wachstum. Und mit welchen

Konsequenzen? Immer weniger Fische im Meer. Die Erde ist ausgelaugt. Der Wald verschwindet, Wasser ist knapp und verseucht. Das Klima hat sich verändert. Diese fünf Sachen hätten wir nie hinbekommen, zumindest nicht so schnell und in diesem Ausmaß, wenn wir dieses Ding nicht hätten.«

Ich schlucke. Hier schließt sich der Kreis. Weil ich angefangen habe, darüber nachzudenken, warum dieses Gerät immer größere Teile meines Tages aufgefressen hat, sitze ich ja jetzt hier. Grob vereinfacht. Mein Hirn rattert. Ich bin müde. Gern würde ich heute Abend noch erschöpfend ergründen, wie all das zusammenhängt. Aber mein Kopf ist ja eben kein Computer. Ich habe Hunger.

Beim Abendessen erzählt mir Tompkins mit blitzenden Augen davon, wie er vor einem Jahr sechs Wochen lang als Maat auf einem Schiff der radikalen Umweltschutzorganisation Sea Shepherd mitgefahren ist, das versucht hat, japanische Walfänger zu stoppen. Zusammen mit vierzig anderen Aktivisten verschiedensten Alters, aus allen sozialen Milieus, aus aller Welt. Es sei eine der schönsten Erfahrungen seines Lebens gewesen.

Was treibt ihn an? »Wie jeder andere wollen meine Frau und ich natürlich etwas Sinnvolles tun. Nichts Triviales, Oberflächliches oder Blödsinniges. Es wäre schön, wenn unsere Arbeit dazu beitrüge, dass eine Bewegung entsteht, die in zwanzig Jahren nicht mehr aufzuhalten ist. Eine Entschleunigungsbewegung oder so was. Ich würde natürlich gern noch zwanzig oder dreißig Jahre leben, um das mitzubekommen. Das wäre eine Befriedigung. Zu sehen, dass wir auf dem richtigen Weg sind. Zu sehen – bevor ich aus den Latschen kippe –: Das ist nicht aufzuhalten. Das wäre toll.«

Tompkins' Worte klingen mir noch in den Ohren, als ich am nächsten Morgen wieder im Boot Richtung Hornopirén sitze und auf die Heckwellen starre. Ich hätte gut und gern noch ein paar Wochen länger bleiben können. Aber meine Familie und mein Leben in der beschleunigten Großstadt warten. Schon wieder bin ich am Grübeln. Ist Tompkins' radikale Entschleunigungsmission vielleicht wirklich der einzige Weg, um den Planeten und uns Menschen wieder auf eine gesunde Geschwindigkeit herunterzufahren? – Das Ergebnis kann sich jedenfalls sehen lassen. Aber gibt es denn wirklich nirgendwo eine Idee, wie man das Tempo des Lebens für Mensch und Umwelt verträglich gestalten kann, ohne dabei gleich die ganze Welt auf Tompkins'sche Art stillzulegen? Oder gibt es das gute Leben, das ich suche, vielleicht gar nicht?

■ **Hartmut Rosa:** Es ist mir völlig schleierhaft, warum wir denken, es könnte nicht anders sein. Es gab in der Geschichte der Welt, in der Geschichte der Menschheit unendlich viele Variationen an kulturellen Möglichkeiten, an Ideen, Gesellschaft zu gestalten. Und immer war die Wirtschaft *ein* Faktor unter vielen eines gesellschaftlichen Arrangements. Daneben spielten religiöse Ideen eine Rolle, politische Ideen, ständische Prinzipien und Tradition. Und darin war die Wirtschaft eingebettet. Und dass wir sagen, unser modernes, westliches kapitalistisches System oder von mir aus auch liberal-kapitalistisch ist so vollkommen, dass wir uns keine Alternative mehr vorstellen können, ist etwas ganz Rätselhaftes.

Ich glaube, man kann und sollte die Perspektive wechseln. Ich beschäftige mich ganz gern mit Astronomie und gucke in die Sterne und die Tiefe des Weltalls, und da wird einem klar, dass das Problem, das wir jetzt im 21. Jahrhundert haben, mit einem Wirtschaftssystem, das gerade mal zweihundert Jahre alt ist, nicht das Ende des Universums bedeuten wird, auch nicht das Ende der Welt oder der Menschheit. Es werden sich andere Ideen entwickeln. Wenn man einen langen, historischen Blick anlegt, dann denke ich, dass irgendwann, wenn nicht uns westlichen abendländischen Menschen, dann anderen eine Lösung einfallen wird, die vielleicht so aussieht, dass sie das Gute unserer Gesellschaft, die ganzen Fortschritte und Leistungsfähigkeit übernehmen und trotzdem dem Hamsterrad irgendwie zu entkommen vermögen.

Ein Land sucht nach dem richtigen Tempo – Das Bruttonationalglück in Bhutan

Ich habe die Hoffnung aber nicht ganz aufgegeben, doch noch irgendwo ein Modell für das gute Leben zu finden. Deswegen sitze ich ein paar Wochen später schon wieder im Flugzeug. Diesmal bin ich unterwegs in ein winziges Land, das abgeschieden im Himalaja liegt. Eingeklemmt zwischen den mächtigen Nachbarn China und Indien: Bhutan.

Wenig ist bekannt über Bhutan, denn das Land war bis vor einigen Jahrzehnten noch vollkommen isoliert von der Außenwelt. Jahrhundertelang war es nur zu Fuß oder auf dem Rücken eines Maultiers zu erreichen, die Zeit scheint hier stillgestanden zu haben. Erst Mitte der achtziger Jahre wurde der erste und bislang einzige Flughafen in Bhutan eröffnet. Heute kann man zwar viermal pro Woche von Neu-Delhi aus nach Bhutan fliegen, doch in gewisser Hinsicht ist die Reise nach Bhutan immer noch ein beschwerliches Abenteuer. Der Landeanflug auf den Flughafen von Bhutan, so ist zu lesen, gilt unter Piloten als einer der schwierigsten und gefährlichsten der Welt. Denn er kann nicht mit Autopilot geflogen werden. So müssen sogar die Piloten ausländischer Staatsgäste erst mehrmals gemeinsam mit heimischen Piloten den Landeanflug geübt haben, bevor sie selbst ihr Staatsoberhaupt einfliegen dürfen.

Und wenn der Wind durch das Hochgebirgstal fegt, in dem der Flughafen liegt, dann ruht der Flugbetrieb komplett. Im Moment wäre es mir lieber, all diese Informationen nicht zu kennen. Ich sitze jedenfalls mit einer gehörigen Portion Respekt im Flugzeug Richtung Bhutan. Doch der Blick aus dem Bordfenster entschädigt mich dafür. Wir fliegen über einer watteweichen geschlossenen Wolkendecke. Auf den Tragflächen des kleinen Airbus spiegelt sich die Nachmittagssonne. In der Ferne sind einige der schneebedeckten Achttausender des Himalaja zu sehen, darunter der Mount Everest und der Lhotse.

Nach knapp zweieinhalb Stunden Flug teilt der Pilot über den Bordlautsprecher mit, dass nun der Landeanflug beginne. Es könne etwas wackelig werden und man solle sich bitte dringend gut festhalten und vergewissern, dass man angeschnallt ist. Außer mir scheint die Durchsage des Piloten niemanden besonders zu interessieren. Im Flugzeug sitzen fast nur Bhutaner. Die haben den Anflug offenbar schon häufiger hinter sich gebracht.

Sobald wir durch die Wolkendecke tauchen, geht es los. Mir wird schnell klar, was den Anflug so abenteuerlich macht. Der Flughafen liegt in einem engen Hochgebirgstal auf 2200 Meter Höhe, das von steilen bewaldeten Hängen und Felswänden umgeben ist. Durch die muss der Pilot das Flugzeug wie durch einen Slalomkurs steuern, bevor er landen kann. Er legt die Maschine mal nach links in die Kurve, sodass der rechte Flügel fast senkrecht in die Höhe zeigt, um sie einen Moment später komplett in die andere Richtung zu ziehen und eine scharfe Rechtskurve zu fliegen. Dabei düsen wir so nah an Felswänden, Bäumen und auf Hügeln gelegenen Klöstern vorbei, dass man den Eindruck hat, man könnte sie mit der Hand berühren oder zumindest mit dem Flügel.

Ein paar Minuten später landet die Maschine sicher, und ich bin einigermaßen erleichtert, dass ich festen Boden unter den

Füßen habe. Der Flughafen Bhutans in Paro besteht aus zwei Häusern im traditionellen Baustil Bhutans. Eine Art pagodenartige Fachwerkarchitektur aus Holz und weiß gekalkten Steinen.

Ach ja. Warum ich überhaupt hierhergekommen bin? Bhutan hat in den letzten Jahren international Aufmerksamkeit erregt, weil es der einzige Staat der Welt ist, der das Glück seiner Bewohner per Verfassung über das wirtschaftliche Wachstum stellt. In Bhutan hat der König das Bruttonationalglück zum Staatsziel erkoren. Bruttonational ... *was*? Als ich dieses Wort zum ersten Mal hörte, habe ich es für einen schlechten Scherz gehalten. Es klang irgendwie zu sehr nach nordkoreanischer Jubelpropaganda oder zumindest nach einem hohlen Werbeslogan. Doch je mehr ich darüber las, desto mehr begann ich, mich ernsthaft für diese Idee zu interessieren.

»Druk Yul«, »Land des mächtigen Donnerdrachens«, nennen die Bhutaner ihr Land, und der Donnerdrachen ziert auch die Staatsflagge. Bhutan reicht von den subtropischen Niederungen der Ganges-Ausläufer bis hinauf auf 7500 Meter in die eisigen Höhen des Himalajas und wurde daher und aufgrund seiner Grenze zu Tibet einst von den Indern »Bhotanta« getauft, »das Ende Tibets«.

Das abgeschiedene Land ist in etwa so groß wie die Schweiz, und zu meiner Überraschung erinnert mich auch die Landschaft auf der zweistündigen Fahrt vom Flughafen in die Hauptstadt Thimphu spontan an die Eidgenossenschaft. Dabei hatte ich eigentlich überall hochalpines Terrain und schneebedeckte Bergketten erwartet, wie es sich für das »Ende Tibets« gehört. Es ist Frühjahr in Bhutan. Die Regenzeit ist gerade vorbei. Die Wiesen stehen in sattem Grün. Viele Berge, noch mehr Bäume. Tiefe Täler, reißende Flüsse. Wunderschöne Natur. Wenige Autos auf der Straße. Ein paar Kleinbusse, ein paar Lastwagen und Jeeps. Ansonsten Fußgänger, Pferdefuhrwerke und Ochsenkarren.

700 000 Menschen leben in Bhutan, so viele wie in Frankfurt am Main. Mir fällt auf, dass nirgendwo Müll am Straßenrand liegt. Kurz vor Thimphu wird die Zufahrtsstraße plötzlich breiter, vierspurig. Der Autoverkehr wird für bhutanische Verhältnisse etwas dichter, bleibt im Vergleich zu anderen asiatischen oder westlichen Städten aber immer noch ausgesprochen harmlos. Rechts und links der Straße stehen auf einmal neuere und größere Häuser mit sechs oder sieben Stockwerken statt mit zwei oder drei. Auch wenn er bei einem siebenstöckigen Haus etwas komisch aussieht, scheint man dem traditionellen Baustil unbedingt treu bleiben zu wollen. Sonst kann ich nicht mehr viel erkennen. Es wird langsam dunkel.

In Bhutan gibt es sogar einen Minister für Bruttonationalglück, und mit dem bin ich am nächsten Morgen verabredet. Sein Büro ist im Dzong von Thimphu, einer imposanten Mischung aus riesigem buddhistischem Kloster, Trutzburg, Regierungs- und Amtssitz des Königs oder des Lokalparlaments. Ein Dzong sieht aus wie ein traditionelles tibetisches Kloster, nur viel größer. Der Dzong von Thimphu liegt am Ausgang des Thimphu-Tals inmitten von Reisterrassen, umgeben von bewaldeten Bergen. Er liegt in der Sonne. Der Himmel ist blau, keine Wolke am Himmel. Doch das kann sich in dieser Jahreszeit schnell ändern. Die Nachhuten des Monsuns sind noch nicht ausgestanden.

Als ich vor dem imposanten Dzong von Thimphu stehe, bin ich ziemlich beeindruckt von seiner Größe und Schönheit. Aber ich frage mich auch sofort, wie ich hier das Büro des Ministers finden soll. Dieser Palast hat sicher tausend Räume. Doch immerhin scheint dieses riesige Gebäude nur einen einzigen Eingang für Gäste zu haben. Ich trete eine imposante Holztreppe hinauf, werde von den Palastwachen argwöhnisch gemustert und dann streng kontrolliert. Tuscheln. Strenge Blicke. Aufregung. Ich verstehe leider nicht, was los ist, denn die Herren sprechen Dzongkha. Dann sagt einer etwas auf Englisch zu mir: »Sie können hier leider nicht rein!« Warum? Die Palastwache windet sich ein bisschen und gibt mir dann diskret, aber mit deutlichem Missfallen zu verstehen, dass sie meine legere Kleidung – ich trage eine Jeans und ein langärmliges Hemd – für unangemessen hält. Der König sei heute schließlich im Dzong. Es ist mir sehr unangenehm, ich schaue ein bisschen verlegen an mir herunter und gebe zu verstehen, dass ich ein paar tausend Kilometer gereist wäre und jetzt gleich eine Verabredung mit dem Minister für Bruttonationalglück hätte. Der Minister wird gerufen. Mein erster offizieller Termin in Bhutan droht zu einem peinlichen Desaster zu werden. Ich komme mir vor wie ein rotgesichtiger, grölender Fußballfan in einer Kathedrale oder wie der sprichwörtliche Elefant im Porzellanladen. Das nennt man *culture clash*. Bravo. Toll gemacht, Herr Opitz.

Doch dann kommt der Minister, grinst verständnisvoll, diskutiert mit den Palastwachen und verspricht ihnen, mich auf Umwegen in sein Büro zu bringen. Die haben Angst, der König könne mich in diesem Aufzug, den ich eigentlich gar nicht so furchtbar unangemessen finde, im Dzong erblicken. Ich bin erleichtert, als die Wachen mir dennoch erlauben, mit dem Minister zu seinem Büro zu gehen.

Der Dzong von Thimphu ist ein eindrucksvoller Bau. Um verschiedene großzügige Innenhöfe sind mehrere große Gebäude gruppiert, darunter ein Kloster, ein Wohngebäude für die buddhistischen Mönche sowie der Sitz der Regierung und der des Königs. Auf den Höfen wandeln Mönche und Regierungsbeamte gemessenen Schrittes zwischen den Gebäuden hin und her. Niemand scheint es hier besonders eilig zu haben. Es fällt auf, dass alle Männer, außer den Mönchen, das traditionelle Gewand Gho tragen, einen knielangen Mantel, der ein bisschen an einen Bademantel erinnert und der ähnlich wie ein Schottenrock zu nacktem Bein und Kniestrümpfen getragen wird. Der Gho ist wie das weibliche Pendant, die Kira, ein langer Rock mit bunter kurzer Jacke seit dem 17. Jahrhundert offizielles Kleidungsstück und war bis vor einigen Jahren in Bhutan sogar vorgeschrieben.

In seinem Büro angekommen, bietet mir der Minister, Karma Tshiteem, auf den Schrecken erst mal einen Tee und dann einen Platz auf seiner massiven Gästesitzgruppe an, in der ich sofort versinke. Nicht nur aus Scham. Sein Büro ist mit einer orangefarbenen Stofftapete mit vielen Ornamenten ausgekleidet und hat keine Fenster. Der Minister gießt mir den Tee ein, dann kommen wir zum Grund meines Besuchs. Was bedeutet Bruttonationalglück, Herr Minister?

»Bruttonationalglück ist eine Entwicklungsphilosophie, in der wir Zeit als Leben sehen und nicht als Geld«, antwortet Karma Tshiteem. »Ich glaube, das unterscheidet diese Philosophie und unser Land von den meisten anderen Entwicklungsideen. Da steht immer das Wachstum an erster Stelle. Natürlich sind uns in Bhutan Bruttosozialprodukt und Einkommen wichtig. Aber eben auch andere Dinge. Genügend Zeit mit Freunden oder der Familie zum Beispiel.«

Der Minister für Bruttonationalglück ist ein sympathisch

dreinblickender Mann. Muss er ja auch irgendwie bei solch einem Job, denke ich mir. Immerhin ist er für nichts weniger zuständig als das Glück der Menschen seines Landes. Eine ziemlich hohe Verantwortung, wenn man es genau nimmt. Er trägt sie scheinbar mit Gelassenheit. Tshiteem ist Ende vierzig, relativ groß und trägt einen gelb-roten Gho, an dessen Revers ein Button des Königs angesteckt ist. Wenn hohes Bruttosozialprodukt und Wachstum die alles dominierenden Ziele seien, sagt der Minister, dann führe das zu der Hetze, die man heute in den Ballungsräumen der Welt beobachten könne, wo das Leben so unbeschreiblich schnell geworden sei, dass Menschen immer länger und härter arbeiten müssten, krank und unglücklich würden. Das sei klar ein Ergebnis der einseitigen Fixierung auf das Wirtschaftswachstum, die alle anderen Aspekte des Lebens ausblendet. In Bhutan habe man sich für einen anderen Weg entschieden. Das habe sicher auch mit der besonderen Geschichte des Landes zu tun.

Bis Anfang der sechziger Jahre war das buddhistische Königreich völlig isoliert von der Außenwelt. Die Moderne hatte hier nicht stattgefunden. Es gab weder Autos noch Straßen. »Wenn meine Eltern von einem Ende des Landes zum anderen hätten reisen wollen, hätte es einen Monat gedauert, und sie hätten nur zu Fuß gehen können«, sagt der Minister. Bhutan hatte keine Währung und bis 1968 keine Bank. Die bedächtige und sehr langsame Öffnung des Landes wurde vom 1972 als Teenager zum vierten Drachenkönig gekrönten Thronfolger Jigme Singye Wangchuck eingeleitet. 1974 durften die ersten Touristen Bhutan besuchen, 1983 wurde der bislang einzige Flughafen in Betrieb genommen, 1999 wurde in Bhutan, als letztem Land der Erde, das Fernsehen eingeführt, 2004 der Mobilfunk.

»In den letzten vier Dekaden, in meiner Lebenszeit, hat sich das Dasein hier gewaltig verändert. Heute können Sie an einem Tag von einem Ende Bhutans zum anderen fahren. Meine Eltern haben als Erwachsene das erste Mal ein Auto gesehen; und als ich aus der Schule kam und ihnen erzählte, dass ein Mann auf dem Mond gelandet sei, haben sie es mir nicht geglaubt. Die Generation meiner Eltern hat gewaltige Veränderungen gesehen. Von nichts, nicht einem Kilometer Straße im ganzen Land, bis heute, wo man mit dem Flugzeug um die Welt düsen kann, wo man durch das Kabelfernsehen in jede Ecke der Welt vordringen kann, wo man im Internet Computerspiele mit Leuten auf fünf Kontinenten gleichzeitig spielen kann. Hier in Bhutan war und ist das Leben noch immer einfach langsamer«, sagt Karma Tshiteem, und ich glaube es ihm sofort. Wo sonst würde sich ein leibhaftiger Minister so lange Zeit nehmen, um mit mir über die Welt zu philosophieren?

Für Aufmerksamkeit sorgte Bhutan aber vor allem durch ein Interview, das der König 1986 der *Financial Times* gab. Die Zeitung hatte kritisiert, dass das wirtschaftliche Wachstum in Bhutan nicht schnell genug ginge. Darauf antwortete der König selbstbewusst, dass für die Regierung Bhutans bei jedem Entwicklungsschritt und bei jeder politischen Entscheidung das Wohl und das Glück der Menschen in Bhutan oberste Priorität hätten. Danach würde sich die Politik in Bhutan ausrichten, nicht nach dem Wirtschaftswachstum. Der Begriff *Gross National Happiness* war geboren. Im Jahr 2006 übergab der vierte König die Amtsgeschäfte an seinen Sohn, den fünften König. 2008 wurde die Demokratie in Bhutan eingeführt, Parlamentswahlen wurden abgehalten. Der fünfte König ist nur noch repräsentatives Staatsoberhaupt Bhutans. Doch wenn es nach ihm geht, soll das Land weiter am Bruttonationalglück festhalten. Und das will auch die demokratisch gewählte Regierung.

»Beim Bruttonationalglück geht es darum, der Entwicklung des Landes die Richtung, die Inhalte und das Tempo zu geben, die die Bhutanern für richtig halten.« Der Minister hat eine angenehme und ruhige Art zu sprechen, in fließendem Englisch. Man merkt ihm an, dass er schon viel herumgekommen ist in der Welt und dass er weiß, wovon er spricht. »Wenn Sie heute durch Bhutan reisen«, gibt er mir mit auf den Weg, »werden Sie sehen, dass das Leben hier, vor allem in den Dörfern, viel langsamer ist als anderswo. Und ich glaube, unter anderem deswegen sind die Leute hier auch glücklich.«

Man scheint es hier wirklich ernst zu meinen mit dem Glück als Ziel der Politik. Das klingt ja alles schon mal sehr gut, aber funktioniert Bruttonationalglück denn auch im Alltag des Landes? Und wenn ja, wie? So nett ich den Glücksminister finde: Offizielle machen mich immer misstrauisch. Selbst in Bhutan.

Kurz darauf, sitze ich wieder im Taxi, einem wirklich kleinen Daihatsu-Minibus, und fahre vom wunderschönen Dzong von Thimphu aus in die Berge aufs Land. Mein Fahrer Kinley ist Mitte zwanzig, hat halblange Haare, einen Mittelscheitel, einen Ohrring und trägt wie alle Taxifahrer, Beamte und Angestellte den bademantelähnlichen Gho. Nach ein paar Sätzen weiß ich, dass Kinley ein großer Fußballfan ist. Sein Herz schlägt speziell für die europäische Champions League, und da für Manchester United. Also eigentlich alles ganz normal in Bhutan, wie überall sonst.

Was er vom Bruttonationalglück halte und ob er selbst sich als glücklich bezeichnen würde, will ich von ihm wissen.

Natürlich würde er, wie jeder andere, gern mehr Geld verdienen, antwortet Kinley mit einem breiten Grinsen, aber dieses Bruttonationalglück, das sei schon eine gute Sache. Vor allem sei es gut, dass der Schulbesuch und die Gesundheitsversorgung für alle umsonst seien. Dann sitzen wir wieder eine Weile schweigend nebeneinander. Kinley stellt das Radio lauter. Es läuft Musik, die aus einem Bollywoodfilm stammen könnte. Die ideale Untermalung für unsere Tour durchs Land. Ich schaue aus dem Fenster auf Reisterrassen, Gebirgsbäche, Gebetsfahnen, Rhododendren und viel Wald. Dann plärrt plötzlich ein Jingle aus dem Radio, das klingt wie von einem US-Radiosender. Radio Valley 99,9 FM. Der erste private Radiosender Bhutans und, wie ich kurze Zeit später erfahre, Kinleys Lieblingssender. Die Moderatoren, einer stellt sich als Supe vor, der andere trägt den fabelhaften Namen Johnny Bravo, kündigen ihre Nachmittagsshow an: Kuzuzangpo Scoop – der Blick auf Bhutan. Und tatsächlich: Heute soll es ums Bruttonationalglück gehen.

»Das Konzept, über das alle reden«, kündigt Johnny Bravo, der Mann aus dem Radio, an, »hier und im Ausland. Und das sich verkauft wie warme Semmeln. Darüber wollen wir mit euch reden. Heute und in den nächsten Tagen. Wenn ihr Fragen oder eine Meinung dazu habt, liebe Hörer, unsere Telefonleitungen sind täglich zwischen 15.00 und 17.30 Uhr freigeschaltet. Ihr kennt unsere Nummer: 199.«

Was für ein genialer Zufall: Ich bin begeistert und kann mein Glück kaum fassen: Vielleicht erfahre ich ja ausgerechnet aus dem ersten Privatradio Bhutans ungefiltert, was der gemeine Bhutaner tatsächlich vom Bruttonationalglück hält.

Unser Daihatsu müht sich eine kleine Bergstraße hoch. Ein

paar Minuten später sind wir von einem beeindruckend dichten grünen Ahorn- und Eichenwald umgeben, der gelegentlich von einer Lichtung mit einer nicht minder beeindruckenden Ansammlung von Rhododendren, Magnolien, Orchideen, Lorbeeren, Kobralilien und allerlei anderen wunderschönen Pflanzen unterbrochen wird. Mir fällt auf, wie unberührt die Natur hier ist. Das sei auch Teil des Bruttonationalglücks, erklärt mir Kinley, mein Guide und Fahrer. Die Umwelt sei per Verfassung geschützt. Sechzig Prozent des Landes sollen für immer bewaldet, weitere zwanzig Prozent Nationalpark sein. Und so kommt es, dass man in der Wildnis Bhutans auch noch Tierarten findet, die man längst ausgestorben glaubte, wie Schneeleoparden, kleine Pandas und Königstiger. Ein bisschen kommt man sich hier vor wie in Shangri-La, dem sagenumwobenen und fiktiven Ort im Himalaja. Meine Gedanken schweifen ab, als ich aus dem Autofenster schaue.

Der leicht penetrante Jingle von Radio Valley reißt mich wieder aus meinen Träumen. Die Call-in-Sendung über das Bruttonationalglück beginnt.

»Johnny, kennst du eigentlich Bhutans Platz in der Rangliste der glücklichsten Länder, dem sogenannten Happy-Planet-Index?«, fragt Supe, der Moderator, seinen Kollegen.

»Nein, schieß los«, antwortet der.

»Beim Durchschnittseinkommen liegt Bhutan weit hinten auf Platz 137 mit 1996 US-Dollar pro Jahr. In der Entwicklungsrangliste, dem Human Development Index (HDI), belegt Bhutan nur Platz 135. Aber jetzt kommt es ... Bei der Rangliste der Länder mit den glücklichsten Bürgern sind wir auf Platz dreizehn.«

»Dreizehn? Wirklich? Das heißt ja, Bhutan ist das einzige arme Land unter den fünfzehn glücklichsten Länder der Erde?«, fragt Johnny Bravo ungläubig.

»Genau das heißt es!«, antwortet Supe.

Arm und glücklich, wie geht das zusammen? Während ich darüber nachdenke, fällt mir eine Studie ein, auf die ich während meiner Recherchen gestoßen bin. Der US-Ökonom Richard Easterlin konnte nachweisen, dass mit steigendem Einkommen nicht das subjektive Glücksgefühl der Menschen steigt. Das mag ja noch stimmen. Aber kann es tatsächlich sein, dass eines der ärmsten Länder der Welt, in dem es an vielem fehlt, mit die glücklichsten Einwohner hat? Wie ist das möglich? Oder andersherum: Wenn es tatsächlich zutrifft, dann müsste man in Bhutan ja fast so etwas wie die Glücksformel gefunden haben.

Johnny Bravo begrüßt den ersten Anrufer. »Wir haben einen ersten Hörer, der anruft. Hallo, wer ist in der Leitung?«

»Jigme«, antwortet der Hörer.

»Hallo, Jigme. Hast du eine Frage oder eine Meinung zum Bruttonationalglück?«

»Ja, hab ich. Wie lässt sich Glück überhaupt messen?«, fragt der Anrufer.

Hmm, gute Frage, denke ich. Genau, das würde ich auch gern wissen.

»Genau. Wie misst man Glück?«, meint Johnny Bravo. »Diese Frage verfolgt mich auch irgendwie. Immer wenn ich im Ausland bin, fragen die Leute mich das Gleiche: Ah, du bist aus Bhutan, tolles Land, oh, Bruttonationalglück: fantastische Idee. Aber wie messt ihr das?«

Wir fahren über eine Passstraße, inzwischen sind wir wieder über den Wolken angekommen. Mit großen Mühen erklimmt unser kleiner Taxibus den Dochula-Pass auf knapp 2300 Meter

Höhe. Bei gutem Wetter kann man von dieser Höhe aus viele Kilometer weit ins Bergmassiv des Himalajas sehen, erklärt mir Kinley, der Taxifahrer. Es ist gutes Wetter. Ein solcher Anblick ist wohl gemeint, wenn man vom »Dach der Welt« spricht. Ein Traum für Alpinisten. Auch wenn der Hochalpinismus in Bhutan verboten ist. Man hat aus den Müllbergen in anderen Himalajagegenden gelernt, den die Bergsteigerexpeditionen dort jedes Jahr zurücklassen. Der Gangkhar Puensum in Bhutan ist mit 7541 Metern der höchste unbestiegene Gipfel der Welt.

Oben auf dem Dochula-Pass stehen 108 Chörten, kleine gemauerte Schreine für Gebetsrollen zur Verehrung Buddhas. Daneben flattert ein Meer von Gebetsfahnen im Wind. Der Buddhismus ist tief verwurzelt in Bhutan, seit Shabdrung Ngawang Namgyal, ein Abt aus einem buddhistischen Kloster in Tibet, mehrere kleine Fürstentümer vereinigte und Bhutan gründete. Und zur Verteidigung des Landes und des Glaubens die ersten Dzongs bauen ließ. Spirituelle und materielle Welt fließen in Bhutan ineinander. Es gibt Zehntausende Mönche, zweitausend Klöster, 25 Dzongs, einen in jeder Region, überall Chörten, Gebetsmühlen und Gebetsfahnen. Der tantrische Mahayana-Buddhismus ist Staatsreligion.

Das Ziel unserer Fahrt liegt im nächsten Tal und ist der Dzong von Punakha, der laut Kinley der schönste Bhutans ist. Er liegt direkt am Zusammenfluss der Gebirgsflüsse Pho Chhu, dem männlichen Fluss, und Mo Chhu, dem weiblichen Fluss. Im Dzong von Punakha wachen die Mönche seit mehr als dreihundert Jahren über die sterblichen Überreste des Staatsgründers Shabdrung Ngawang Namgyal. Bis 1955 war hier auch die Winterhauptstadt Bhutans, und heute noch ist es die Winterresidenz des zentralen Mönchskonvents, der über die spirituellen Geschicke des Landes entscheidet. Der Punakha-Dzong ist also einer der bedeutendsten Orte des Landes. Doch deswegen zieht es mich nicht dorthin. Ich treffe mich dort mit Dasho Karma Ura, dem wichtigsten Intellektuellen Bhutans, im buddhistischen wie im westlichen Sinne. Dasho Karma Ura hat in Oxford studiert und ist einer der ganz wenigen Bhutaner mit einem Doktortitel. Er leitet das Zentrum für Bhutanstudien und versucht seit Jahrzehnten im Auftrag der Regierung zu ergründen, was die Bhutaner eigentlich glücklich macht. Und zu messen, ob sie überhaupt glücklich sind, und wenn ja, warum. Was ist das Geheimnis des Glücks in Bhutan?

Kann eine Regierung die Menschen etwa glücklich machen, ihnen Glück liefern?

»Natürlich nicht! Glück ist ja keine Substanz wie Marihuana, die man an die Leute verteilen kann«, antwortet der Gelehrte. »Das wäre auch ein menschenverachtender Ansatz, denn damit würde man Menschen ja als Glücksmaschinen betrachten, die man an der kurzen Leine halten könnte. Aber das ist nicht die Idee des Bruttonationalglücks. Glück ist, wenn die Menschen die Möglichkeit haben, ihr Potenzial voll zu entfalten. Dafür die Voraussetzungen zu schaffen ist das Ziel des Bruttonationalglücks.« Die allermeisten Regierungen ließen sich jedoch nicht von solch einem Ziel oder von den Bedürfnissen ihrer Bürger leiten, sondern verfolgten andere Interessen. Die des Big Business, der Wirtschaft, des Handels, der Kommerzialisierung, der Privatisierung.

Dasho Karma Ura lebt und arbeitet mit seinem Forschungsinstitut eigentlich in Thimphu, doch er hat sich gerade für einige Tage ins Kloster im Dzong von Punakha zurückgezogen, um zu meditieren und nachzudenken. Er sitzt mir in einem kleinen Raum gegenüber und gießt Jasmintee auf. Hinter ihm ein Bild des Königs, der ihm vor einigen Jahren wegen seiner Verdienste um die Erforschung des Glücks den Ehrentitel des Dasho verliehen hat, so etwas Ähnliches wie einen Adelstitel. Ura trägt einen Gho und eine Brille mit einem dünnen schwarzen Rand.

Wie erklärt er sich das Wunder, dass die Bhutaner scheinbar trotz Armut relativ glücklich sind?

»Es gibt andere soziale, wirtschaftliche, ökologische und kulturelle Aspekte, die den Mangel an Geld wettmachen. Das ist das wichtigste Ergebnis unserer Forschungen.« Wenn andere Gesellschaftsstrukturen funktionierten, sei Geld nicht so wichtig. Klar! Für die Grundvoraussetzungen wie Nahrung, Wohnraum, Kleidung, Bildung und Gesundheit müsse gesorgt sein. Keine Frage. Aber ob man sich diese Dinge leisten kann oder nicht, komme darauf an, wie die Gesellschaft organisiert sei. »In unserem Land sind Gesundheit und Bildung zum Beispiel kostenlos, weil unsere Bürger das so wünschen. Sie wollen, dass ihre Steuern dafür verwendet werden, und daher gibt Bhutan ein Viertel der Einkünfte dafür aus.«

Und auch die Lebensumstände in Bhutan trügen sicher dazu bei, dass die Menschen relativ zufrieden seien. »Die meisten Menschen leben hier noch auf dem Land, nah an der Natur, innerhalb einer Dorfgemeinschaft, die Leute haben viel Zeit für sich«, erklärt Ura. Die Großfamilie sei noch relativ intakt, sodass man sich auch keine Gedanken darüber machen müsse, wie es einem im Alter ergehen wird. Eine wichtige Rolle spiele sicher auch die Spiritualität. Die sei sehr stark. Das unterscheide Bhutan von anderen Ländern. Vielleicht seien die Menschen deswegen relativ zufrieden.

Bruttonationalglück sei ein Wortspiel und ein Gegenentwurf zum Bruttosozialprodukt, fährt der Dasho fort und kommt mir dabei vor wie eine Mischung aus buddhistischem Mönch und britischem Politikprofessor. Wir blicken doch auf ein Jahrhundert zurück, sagt er, in dem Wachstum und Bruttosozialprodukt ein Fetisch gewesen seien, ein Jahrhundert des Neoliberalismus, des freien Marktes, der Globalisierung, der Verstädterung, der Umweltverschmutzung und der Kriege.

Die Idee des Bruttonationalglücks spiele im Namen zwar auf den Begriff »Bruttosozialprodukt« an, sei aber ein Gegenkonzept dazu. »Vielleicht ein Mittelweg zwischen Kapitalismus und Kommunismus, ein Mittelweg, bei dem es eben nicht nur um materielle Dinge wie einen hohen Lebensstandard und Wachstum geht, sondern auch um nichtmaterielle und soziale Werte wie Beziehungen, Familie, Vertrauen, gegenseitige Unterstützung.«

Jeder wisse doch inzwischen, dass das Bruttosozialprodukt nichts über das Wohlbefinden oder die Lebensqualität der Menschen in einem Land aussage. Im Gegenteil: Das Bruttosozialprodukt sei ein extrem irreführendes, ja, perverses Maß. Denn Wirtschaft könne und würde ja auch durchaus auf schmutzige Weise wachsen, indem Menschen und Umwelt ausgebeutet werden. Das Bruttosozialprodukt steige zum Beispiel, wenn für die Produktion von Gütern Wälder abgeholzt und die Umwelt verseucht würde, nicht aber, wenn die Umwelt geschützt und die Ressourcen gespart würden.

»Ein Beispiel: Wenn die Bewohner eines Dorfes Wasser aus einer nahe gelegenen Quelle trinken, steigt das Bruttosozialprodukt nicht, wohl aber, wenn die Quelle verseucht wird und die Dorfbevölkerung jetzt Wasser aus Flaschen kaufen muss. Dann steigt es. Das Bruttosozialprodukt misst jedoch nicht, wie das Wirtschaftswachstum zustande kommt. Umweltverschmutzung trägt also zum Bruttosozialprodukt bei, Autounfälle und Staus auch. Jede Art von Freizeit, in der Menschen nicht zur Produktion oder zum Konsum beitragen, ist hingegen eine Wachstumsbremse. Oder ein noch extremeres Beispiel. Eine selbstgenügsame Person, die Monate nur in Bhutan meditiert, keine Möbel hat, kaum etwas besitzt und einen sehr geringen ökologischen Fußabdruck hinterlässt, verhält sich vorbildlich, was die Zukunft der Erde angeht, nicht aber, was das Bruttosozialprodukt betrifft. Denn sie produziert und konsumiert ja nichts. Jeder weiß also, dass das Bruttosozialprodukt ein irreführendes Maß ist, das Problem ist nur, dass wir uns alle die letzten fünfzig Jahre voll und ganz an diesem Maß orientiert haben. Deswegen ist es jetzt so schwierig zuzugeben, dass es falsch war, und davon loszukommen.«

Mein Blick wandert im Raum umher und streift lose Papierstapel, einen Haufen englischer Zeitungen und Bücher. Ich wundere mich. Wie kommt es, frage ich den Dasho, dass ausgerechnet hier, in einem kleinen abgelegenen Land mitten im Himalaja, an einer veritablen Alternative zu unserem knapp zweihundert Jahre alten System des Wachstum und der Beschleunigung gebastelt wird? Dasho Karma Ura zwirbelt sich an seinem Schnurrbart, dann streicht er sich über die Halbglatze, als müsse er noch einmal über die richtige Antwort nachdenken. Die Idee sei eigentlich schon immer da gewesen, sie sei im Buddhismus enthalten, sagt der Wissenschaftler. Denn im Buddhismus ginge es ja darum, Glück zu schenken oder zumindest die Bedingungen für Glück.

Dann gehen wir zusammen über den Hof aus dem Kloster zu einem kleinen Restaurant am Rande der Straße, wo er für uns beide Chili mit Yakkäse und Reis bestellt. Es ist ziemlich scharf und schmeckt köstlich. Mir fällt die Frage des Anrufers bei Radio Valley wieder ein, die Johnny Bravo, der Moderator, ihm auch nicht beantworten konnte. Wie lässt sich Glück messen? Zählt man etwa, wie oft Menschen lachen?

Dasho Karma Ura und sein Zentrum versuchen genau das seit 1999 im Auftrag der Regierung, das Glück der Bhutaner zu erforschen und herauszufinden, was die Bürger des Landes glücklich macht. Dafür sind Ura und seine Mitarbeiter durchs Land gezogen und haben Tausende Einwohner Bhutans befragt. Dabei gehen sie streng wissenschaftlich vor. 290 Fragen bilden die Grundlage einer detaillierten Erhebung, mit der die Gemütslage des Volkes permanent erhoben wird. Mitarbeiter des Centre for Bhutan Studies gehen damit von Haus zu Haus. Antworten zu bekommen sei gar nicht so einfach, sagt Ura, denn die Bhutaner seien ein eher zurückhaltendes und schüchternes Volk.

Die zusammengetragenen Ergebnisse werden akribisch ausgewertet und sollen als konkrete Empfehlungen in die Politik einfließen. Und die Regierung will die Politik danach ausrichten. Jede Gesetzesänderung oder öffentliche Investition muss sich daran messen lassen, ob sie tatsächlich dem Allgemeinwohl dient. Die Regierung richtet sich nach den Wünschen der Bürger. Eigentlich ja ganz selbstverständlich, aber doch auch irgendwie revolutionär, finde ich.

Ura und seine Leute haben 72 Faktoren auf neun Ebenen ausmachen können, die für die Bhutaner zum Glücklichsein gehören. Sie sind jetzt zu offiziellen Zielen des Bruttonationalglücks und damit zur Politik des Landes geworden. Was ist den Menschen in Bhutan also wichtig für ihr Glück?

Wenig überraschend, sind das natürlich Lebensstandard, Bildung, Gesundheit, gute Regierungsführung und der Schutz der Umwelt. Doch daneben gehören dazu auch das psychologische Wohl des Einzelnen, seine Verwurzelung in der Gemeinschaft und die Kultur des Landes. Besonders wichtig sei den Bhutanern aber die Zeit, über die sie frei verfügen können, erklärt Dasho Karma Ura, der Glücksforscher.

Wir laufen am Ufer des Flusses Pho Chhu entlang, wo gerade ein Turnier im Bogenschießen stattfindet. Yangphel, das Bogenschießen, ist der Nationalsport Bhutans. Ura und ich setzen uns auf eine Bank und sehen dem Treiben eine Weile zu. Ich gebe mir alle Mühe, die Spielregeln zu verstehen. Beim bhutanischen Bogenschießen treten jeweils zwei Teams gegeneinander an, die versuchen, eine Zielscheibe in circa 150 Meter Entfernung zu treffen. Zwischen den Runden bilden die Schützen einen Kreis, motivieren sich mit einem rituellen Tanz, zu dem sie singen und am Ende so etwas wie einen Schlachtruf ausstoßen, den ich natürlich nicht verstehe. Das Ganze hat etwas von einer Folkloreveranstaltung. Der Wettkampfort ist geschmückt. Die Schützen tragen alle das traditionelle Gewand Gho. Im krassen Kontrast dazu stehen die topmodernen Sportbögen aus Kunststoff, die so aussehen, als würden sie locker den Ansprüchen jedes olympischen Wettkampfs genügen.

Am Wochenende finden überall in Bhutan solche Turniere statt. Die Bogenturniere sind ein wichtiges kulturelles und soziales Ereignis für jedes Dorf. Hier tauscht man sich aus, und hier feiert man nach einem Turnier zusammen. Auch die Pflege solcher Traditionen ist ein wichtiger Teil des Bruttonationalglücks, erklärt mir Dasho Karma Ura.

Der wichtigste Aspekt des Bruttonationalglücks, fährt er mit seinen Erläuterungen über das Glück fort, sei aber die Zeit. Die Natur basiere auf einem Zirkel von 24 Stunden. Nicht einer Woche, einem Monat, einem Jahr, sondern 24 Stunden. Und in modernen hochtechnologisierten Gesellschaften gebe es längst eine Zeitkrise. Die Menschen hätten keine Zeit mehr: »Sie rasen und denken nicht mehr nach, warum sie eigentlich tun, was sie tun. Der Einzelne und die Gesellschaft als Ganzes. Für die einen schrumpft die Freizeit immer weiter zusammen, die anderen haben zu viel davon und keine Arbeit. Die Gesellschaft ist gespalten. Es gibt die Arbeitslosen und die, die sich selbst ausbrennen. Zwischen denen müsste doch eine Brücke gebaut werden. Die, die zu viel arbeiten, müssen Arbeit abgeben. Zum Bruttonationalglück gehört, dass der Tag ausgeglichen ist, dass er grob in drei gleiche Teile geteilt sein sollte: acht Stunden arbeiten, acht Stunden frei verfügbare Zeit und acht Stunden schlafen. Eine solche Aufteilung trägt definitiv zum Glück und Wohlbefinden der Menschen bei.«

Nach einem langen Spaziergang entlang des Flusses sind wir wieder am Dzong angekommen. Es hat geregnet. Langsam verziehen sich die Wolken. Es ist kühler geworden. Nebelschwaden und Wölkchen wabern um die grünen Berghänge. Es liegt eine mystische Stimmung über dem Punakha-Tal. Zum Abschied gibt mir der Glücksforscher noch einen Satz mit auf den Weg, der mich noch sehr beschäftigen wird.

»Wir, Sie und ich, haben die Freiheit, zumindest den Weg in Richtung Glück einzuschlagen. Wie? Ein Weg zum Glück ist, die Kontrolle über die eigene Zeit zurückzugewinnen und die Dinge zu machen, die einem wichtig sind.«

Am nächsten Morgen fahren wir weiter übers Land. Eine Stunde von Punakha entfernt halten wir an einem kleinen Gemüsestand am Straßenrand, an dem ein paar Bauersfrauen Reis, Mais, Kohl, Kartoffeln, Chili und Rettich in kleinen Körben verkaufen. Ihre Kinder spielen in den Pfützen neben dem Stand. Auf der anderen Straßenseite wechselt ein Mann einen Reifen an seinem Taxi. Neben dem Stand führt ein sandiger Pfad hinunter zum Fluss und zu einem kleinen Dorf. In dem Dorf lebt ein Cousin meines Fahrers Kinley mit seiner Familie. Er ist, wie alle hier, Bauer. Kinley möchte schnell bei der Familie des Cousins vorbeischauen. Ich begleite ihn. Das Dorf besteht aus einer Gruppe von traditionellen bhutanischen Bauernhäusern, die mit buddhistischen Ornamenten verziert sind, unter anderem mit gewaltigen Penissen. Sie sollen, erklärt mir Kinley, an den verrückten Heiligen Lama Drukpa Kunley erinnern und Unglück vertreiben. Der verrückte Lama liebte den Alkohol und die Frauen und erschlug der Legende nach mit seinem erigierten Penis einen Dämon. Eine super Geschichte, finde ich.

Drei ziemlich dürre Kühe spazieren auf den matschigen Pfaden zwischen den Häusern hin und her. Vor den Häusern werden Chilischoten auf Tüchern in der Sonne getrocknet. Das Dorf ist umgeben von Reisfeldern in voller Blüte. Die Ernte steht kurz bevor. Namgay, der Cousin Kinleys, ist etwas schüchtern. Es kommt wohl eher selten vor, dass Kinley Besuch von weit weg mitbringt. Außerdem spricht er kein Englisch, nur Dzongkha. Doch nach ein paar Minuten verliert er seine Scheu und beginnt sich dafür zu interessieren, was mich von so weit weg ausgerechnet in sein Dorf verschlagen hat. Kinley erklärt es ihm und übersetzt zwischen uns.

Von Bruttonationalglück, sagt Namgay, habe er schon mal

gehört, er könne aber nicht so genau erklären, was es ist. Er sei ja den ganzen Tag auf dem Feld. Für Politik bliebe da keine Zeit. Ob sich das Leben in den letzten Jahren denn irgendwie verändert habe?

Ja, sehr, antwortet Kinleys Cousin. Das Leben auf dem Land sei in den letzten Jahren schon einfacher geworden, vor allem seit die Regierung die Straße gebaut und die Probleme mit der Wasserversorgung gelöst habe. Man habe jetzt sauberes Wasser zu trinken und könne die Felder leichter bewässern. Und seit letztem Jahr gebe es ja sogar die Hängebrücken über den Fluss. Das erspare den Dorfbewohnern einen zweistündigen Umweg zu ihren Feldern.

Ob er und seine Familie denn glücklich seien oder ob sie noch große Probleme hätten, frage ich Namgay.

Er muss kurz überlegen. Er steht vor einer riesigen Gebetsmühle und trägt ein orangefarbenes T-Shirt mit einem VW-Hippiebus darauf. Wenn er spricht, sieht man seine vor lauter Betelnusskauen rot gewordenen Zähne. »Uns geht es schon gut«, antwortet der. »Natürlich haben wir noch Probleme. Vor allem das Klima und das Wetter sind in den letzten zehn Jahren unberechenbar geworden. Im Sommer trocknet die Sonne unsere Felder aus, in der Regenzeit fällt zu viel Regen. Man kann auch nicht mehr eindeutig sagen, wann die Regenzeit anfängt und wann sie aufhört. Das hat sich verändert. Aber im Vergleich zu früher haben wir weniger Probleme. Wir können jetzt sogar ins Krankenhaus, wenn uns was fehlt, und es gibt auch eine medizinische Versorgung für die Tiere.«

Als wir wieder im Auto sitzen, rückt Kinley die Ausführungen seines Cousins ins rechte Licht. Von den Lebensumständen seines Cousins könnten viele Bhutaner in entlegeneren Gebieten nur träumen. Bhutan sei ja trotz Bruttonationalglücks immer noch ein sehr armes Land mit einigen Problemen. Viele Dörfer seien zum Beispiel nur schwer und auf unbefestigten Wegen zu erreichen. Sie hätten weder Strom noch eine Wasserversorgung. Die nächsten Schulen und Krankenstationen seien oft mehrere Stunden entfernt. Und manche Bürger fühlten sich durch die Politik der Regierung auch bevormundet. Sie wollten selbst entscheiden, was gut für sie ist. Sie wollten sich nicht vorschreiben lassen, die Kultur zu bewahren oder wann sie den Gho zu tragen haben. Doch die meisten Leute in Bhutan befürworteten das Bruttonationalglück und hätten schon das Gefühl, dass es langsam, aber stetig vorangehe, dass die Regierung bemüht sei, das Leben zu verbessern.

Wenig später sind wir auf dem Rückweg in die Hauptstadt Thimphu. Das Autoradio dröhnt. Kinley und ich unterhalten uns über Fußball, da melden sich die inzwischen vertrauten Stimmen von Johnny Bravo und Supe wieder. Es geht erneut oder immer noch um das Bruttonationalglück. Alle zwei Jahre, berichtet Johnny Bravo, träfen sich inzwischen Wissenschaftler aus aller Herren Länder zu internationalen Konferenzen, um über das Bruttonationalglück zu diskutieren. Viele von denen verträten die Meinung, das ehemals rückständige Bhutan sei in Wahrheit inzwischen seiner Zeit voraus. Die wirtschaftliche Entwicklung eines Landes mit einer ganzheitlichen Philosophie zu verbinden sei revolutionär und eine ernsthafte Alternative zum Wachstums- und Beschleunigungswahn der Industriestaaten.

Wieder ruft ein Hörer an und fragt die Moderatoren, ob Bhutan damit nicht auch eine ziemlich hohe Verantwortung trage.

Johnny Bravo gibt ihm recht: »Ich hab den Eindruck, dass Bhutan oder das Bruttonationalglück die letzte Hoffnung für viele Länder ist, vor allem für die reichen. Die haben doch alles schon versucht. Wachstum, Entwicklung, technischen Fortschritt ... ja, sie sind sogar auf dem Mond gewesen. Aber sie sind nicht glücklich!«

Wir sind in Thimphu angekommen, der Hauptstadt Bhutans. 2600 Meter hoch, 70 000 Einwohner, keine Ampel. Thimphu sei die am schnellsten wachsende Hauptstadt der Welt, behaupten sie hier. Allem Bruttonationalglück und aller Entschleunigung zum Trotz: Man merkt an diesem Ort, dass Bhutan jeden Tag ein Stückchen moderner wird – und damit auch normaler. In Thimphu gibt es inzwischen 20 000 Autos, die die wenigen Straßen verstopfen. Die Moderne mag hier zwar spät angekommen sein, dafür aber mit aller Macht!

Es ist Abend geworden, ich schlendere die Hauptstraße Thimphus entlang, vorbei an Läden, die Fernsehgeräte, DVD-Player, Kühlschränke und Handys verkaufen. Oder Jeans, Turnschuhe und Highheels. Es fällt mir gleich auf, dass hier zumindest nach der Arbeit tatsächlich viele junge Leute anscheinend lieber Jeans und Turnschuhe tragen statt Gho und Kira. Neben dem Internetcafé »Digital Shangri La« zeigt das Kino von Thimphu Produktionen aus Bollywood. Mit dem Fortschritt haben sich auch die Lebensgewohnheiten und die Wünsche vieler Menschen in Bhutan geändert. Auch davon hatte mir Dasho Karma Ura, der Intellektuelle und Glücksforscher, gestern erzählt. Ein bisschen Wehmut lag da in seiner Stimme. Als fürchte er um das Besondere der Kultur und des Lebensstils der Bhutaner. Immer mehr von denen zieht es nämlich in die Stadt, weil sie hier mehr verdienen können. Jeder Dritte hat inzwischen ein Handy, selbst buddhistische Mönche wollen nicht mehr ohne sein. Kann das Konzept des Drachenkönigs in einem modernen Bhutan heute überhaupt noch funktionieren?

»Ja, ich würde sagen, es funktioniert ganz gut«, sagt Gopilal Acharya. Er ist Journalist und Chefredakteur der kritischen *Bhutan Times*. Ich sitze ihm am nächsten Morgen in seiner Redaktion gegenüber. »Es ist ja eigentlich unsere Aufgabe zu kritisieren, und das tun wir auch gern und häufig, aber insgesamt kann man schon sagen, dass die Menschen im Mittelpunkt der Politik des Landes stehen. Es geht um ihr Wohl.«

Die *Bhutan Times* wurde 2006 als erste private Zeitung und als Konkurrenz zur bis dahin einzigen staatlichen Zeitung des Landes gegründet. Die *Bhutan Times* hat sich auf die Fahnen geschrieben, die Politik und das Geschehen im Land distanziert und kritisch zu verfolgen.

Das Bruttonationalglück könne man ja oft auf ganz konkrete Dinge herunterbrechen, die die Menschen zufrieden machten, erklärt der smarte Chefredakteur. Ob sie Zugang zu Gesundheitsversorgung, zu Nahrung und Trinkwasser, zu Recht und Bildung hätten zum Beispiel. Und die Regierung sei bemüht, diese Dinge zu ermöglichen. So sei sie zum Beispiel bestrebt, Jobs für Arbeitslose zu schaffen, Landlosen Land zu geben oder Bauern umzusiedeln, die auf ihrem Land kein Trinkwasser haben. Doch auch die Bürger leisteten ihren Beitrag zum Bruttonationalglück. Die meisten seien sich des Schatzes ihrer Kultur bewusst und bemüht, ihre Traditionen zu pflegen oder die Umwelt zu schützen.

»Aber es geht ja nicht nur um diese konkreten Dinge. Bruttonationalglück ist ja vor allem ein Leitprinzip, ein langfristiges

Ziel, das die Bhutaner gemeinsam verfolgen. Vielleicht werden wir nie alle Glücksbedingungen erreichen. Aber je mehr Menschen zufrieden und glücklich mit ihrem Leben sind, desto näher kommen wir dem Ziel«, erklärt der Journalist.

Gopilal Acharya ist erst seit kurzem Chefredakteur. Ein junger Mann, Mitte dreißig, randlose Brille, Haare adrett gescheitelt, der schon seiner äußerlichen Erscheinung nach zwei Welten in sich vereinigt. Würde er einen Anzug tragen, könnte man ihn sich ohne Weiteres als Jungmanager eines internationalen Unternehmens vorstellen. Aber er trägt den traditionellen Gho.

Es werde spannend zu sehen, sagt er, wie sich die Politik in der neuen Demokratie weiterentwickle. »Wir hatten in den letzten hundert Jahren einfach ziemliches Glück mit unseren Regierungen. Mal sehen, ob jetzt, wo wir die Demokratie haben, bei den verschiedenen Parteien immer noch das Wohl der Leute im Mittelpunkt der Politik stehen wird.«

In der Redaktion der *Bhutan Times*, im zweiten Stock eines alten Hauses im Zentrum von Thimphu, herrscht wuselige Betriebsamkeit. Etwa zehn Männer und Frauen teilen sich fünf Computer. Ein alter Ventilator surrt, der Wind zerrt an den Papierstapeln auf den Tischen. Es ist auffällig, wie jung die Journalisten sind: Kaum einer ist über vierzig.

»Seitdem wir uns der Welt gegenüber geöffnet haben«, sagt der Chefredakteur, »besonders seitdem hier 1999 Fernsehen und Internet eingeführt wurden, sickern immer mehr westliche Einflüsse ins Land. Und die prägen natürlich vor allem die jungen Leute.« Die seien hier, zumindest in Thimphu, inzwischen nicht anders als sonst irgendwo auf der Welt. Sie hörten Hip-Hop und sähen sich Hollywoodfilme an. Und auch die Globalisierung sei nicht spurlos an Bhutan vorbeigegangen, man habe die Wirtschaft weiter liberalisiert, die Märkte für ausländischen Investoren geöffnet, und viel mehr Kontakt zu den Nachbarn. »Die große Herausforderung für die Philosophie des Bruttonationalglücks ist es, dass wir uns in dieser sich so rasant verändernden Welt das Besondere an Bhutan bewahren.«

»Und was ist Glück für Sie, Herr Chefredakteur?«

»Lesen, gutes Essen ... Und Rauchen. Rauchen macht mich sehr glücklich. Und Schreiben. Diese Dinge machen mich glücklich.«

Als ich aus der Redaktion heraustrete, ist es schon Nachmittag. Die Autos wälzen sich durch die Hauptstraße Thimphus. Die Schüler, Jungen im Gho, Mädchen in der Kira, kommen in Gruppen aus der Schule. Plötzlich habe ich eine Idee. Eigentlich würde ich vor meiner Abreise gern noch die beiden Radiomoderatoren, Johnny Bravo und Supe, kennenlernen. Ich bitte Kinley, den Taxifahrer, mich zu Radio Valley 99,9 FM zu fahren. Er ist begeistert, denn auch er würde sie gern kennenlernen. Denn sie sind kleine Berühmtheiten hier.

Radio Valley besteht aus einer kleinen umfunktionierten Wohnung am Stadtrand von Thimphu. Drei kleine Räume. Regieraum, Studio und ein dritter Raum. Der scheint eine Mischung aus Redaktion, Aufenthaltsraum für Moderatoren und Techniker sowie Treffpunkt für Freunde und Mitarbeiter zu sein. An der Wand des Studios die Drachenflagge Bhutans, im Aufenthaltsraum ein Bild des jungen Königs und eins von Bob Marley. Mit einem dicken Joint im Mund. Als ich reinkomme, moderieren Johnny Bravo und Supe gerade den letzten Teil der Sendereihe über das Bruttonationalglück. Kurz darauf ist Werbepause.

Die Moderatoren kommen aus dem Studio. Ich stelle mich

vor. Johnny Bravo ist großgewachsen, sieht sehr sympathisch aus, und sein breites Lächeln betont seine ohnehin schon massiven Wangenknochen: »Hallo, ich bin Johnny Bravo, aber eigentlich heiße ich Tenzin Jamtsho.« Sein Counterpart, Supe, ist klein, muskulös, hat einen Ziegenbart und trägt im Gegensatz zu Johnny Bravo, der einen karierten Gho anhat, Jeans und Turnschuhe und ist auch sonst bemüht, locker rüberzukommen. »Hi, ich bin Supe«, sagt er in einem leicht antrainiert wirkenden amerikanischem Akzent, »mein richtiger Name ist Kunga Dorji.«

Sie seien, so erklären sie beide, nur Teilzeitmoderatoren. Johnny Bravo ist eigentlich Ingenieur, und Supe schlägt sich als Journalist, Autor und Musiker in einer Rockband durch. Beide moderieren nur zum Spaß bei Radio Valley. Sie sind Mitte dreißig und fast so etwas wie Stars in Thimphu. »Johnny gilt als der Bhutaner mit der sexysten Stimme«, sagt Supe lachend.

Was sie selbst vom Bruttonationalglück halten, will ich von ihnen wissen.

Es sei eben eine sehr spezielle und sehr bhutanische Philosophie, sagt Bravo, der gutaussehende Radiomoderator. »Und wenn man sich so umschaut, wenn man durch die Straßen geht, würde ich schon sagen, dass man es irgendwie in den Gesichtern der Leute hier sehen kann, dass sie zufrieden sind. Wäre doch toll, wenn wir das mit dem Rest der Welt teilen könnten.«

Andererseits müsse man auch aufpassen, wirft sein Kollege Supe ein, dass man das Bruttonationalglück nicht überbewerte. Es würde inzwischen zu viel darüber geredet und zu wenig getan und darüber nachgedacht, was es eigentlich bedeutet und wie man es weiterentwickeln könnte. Dabei würde der kleinste Akt ja schon dazu beitragen. Seinen Nachbarn zu helfen, sich gesellschaftlich zu engagieren zum Beispiel.

Dann müssen die beiden wieder ins Studio, die Werbepause ist vorbei, die Sendung geht weiter. Ich schaue ihnen vom Regieraum durch die Scheibe zu. Supe, Kopfhörer auf dem Kopf, beugt sich vor zum Mikrofon, zählt rückwärts von fünf bis null und spricht dann zu seinen Zuhörern in Thimphu und anderswo in Bhutan.

»Wir versuchen zu begreifen, was Bruttonationalglück ist und wie es funktioniert. Aber wie gehen wir mit den Alltagsproblemen unseres Landes um? Ein großer Teil der Bevölkerung ist noch ziemlich jung und arbeitslos! Wie gehen wir mit der Landflucht der Bauern um? Wie passt das zum Bruttonationalglück? Wie kann man glücklich sein, wenn man pleite ist? Wenn du keinen Job hast und kein Geld? Auch diese Fragen muss das Bruttonationalglück beantworten.«

Ich lehne mich zurück, höre zu und denke über das nach, was ich in den letzten Tagen über Bhutan, das Bruttonationalglück und die Zeit erfahren habe. Auch wenn hier allen bewusst ist, dass noch nicht alles perfekt läuft. Ich finde es fantastisch, dass dieses kleine Land und seine Bürger trotz allem versuchen, einen anderen Weg zu gehen. Denn allein der Versuch ist schon mehr, als der Rest der Welt zu bieten hat. Vielleicht sollten wir uns das auch endlich mal trauen.

Die Sendung geht zu Ende. Johnny Bravo ergreift das Wort: »Nicht alles ist perfekt hier. Bhutan ist nicht perfekt, die Welt ist nicht perfekt. Unsere Politiker sind nicht perfekt. Wir sind nicht perfekt – beileibe nicht! Aber was ist Glück? Irgendwie doch etwas Perfektes. Und es liegt an uns, es auf eine sinnvolle Weise zu suchen. Dabei wünsche ich unserer Regierung und den Wissenschaftlern viel Glück. Und viel Glück auch dem Rest der Welt dabei, sich einen eigenen Reim auf das Bruttonationalglück zu machen. Und mir selbst viel Glück. Jeder hat das Recht, danach zu suchen. Dafür alles Gute. Ich hoffe, die Sendung hat euch gefallen. Das war Kuzuzangpo Scoop mit Soup auf Radio Valley 99,9 FM. Es ist 18.35 Uhr ...«

■ **Hartmut Rosa:** Das Erstaunlichste unserer modernen Gesellschaft ist, dass es uns viel leichter fällt, uns das Ende der Welt auszumalen als eine Alternative zu unserem herrschenden ökonomischen, politischen und kulturellen System.

Beim Ende der Welt sind wir sehr varianten- und einfallsreich. Also, das können wir uns als nuklearen Holocaust, Ökokatastrophe oder durch irgendwelche Virenepidemien vorstellen. Kein Problem. Das haben wir uns schon in Hunderten Filmen ausgemalt. Aber warum sind wir bei den Alternativen so fantasie- und utopielos geworden?

Ich glaube, dass uns wahrscheinlich nichts einfallen wird, solange wir uns in diesem Hamsterrad befinden, weil wir völlig damit beschäftigt sind, unsere gesamten Energien dafür gebunden sind, die Wachstumsbeschleunigung voranzutreiben, also das Rad am Laufen zu halten. Deswegen müssen wir die Alternative im Moment vielleicht gar nicht mal kennen. Vielleicht sollten wir das System erst einmal anhalten, damit wir überhaupt über Alternativen nachdenken können.

Und es ist ja auch nicht so, dass es keine Alternativideen gäbe. Es gibt durchaus alternative Wirtschaftsmodelle, verschiedene Vorstellungen von Neuordnungen der Gesellschaft, aber es gibt momentan scheinbar keine, die uns kollektiv zu packen vermag und einer Mehrheit auch plausibel vorkommt.

Vielleicht liegt unser Problem darin, dass wir zu schnell eine

Antwort wollen. Aber unser Problem ist gar nicht so sehr, dass wir keine Antworten mehr haben. Unser Problem liegt darin, dass wir die richtigen und wichtigen Fragen gar nicht mehr stellen. Und wenn eine Gesellschaft, wenn Menschen keine wirklichen Fragen mehr haben, die sie antreiben und bewegen und befeuern, dann sind sie in der Krise.

Und ich glaube, das ist die Krise der modernen Gesellschaft. Ich glaube, Menschen brauchen, um ein gutes Leben zu führen, Fragen, an denen sie sich abringen können. Fragen wie »Gibt es Gott wirklich?« oder »Was will Gott von uns?«. Wenn man religiös ist. Aber man muss nicht religiös sein. Man kann sich auch fragen, ob der Sozialismus das beste System ist? Ob es okay ist, seinem Staat zu dienen? Oder so etwas. Wirklich bewegende Fragen. Wir haben diese Fragen im Moment verloren, und ich habe die Hoffnung, den Wunsch, dass wir sie wiederfinden. Und dass wir kollektiv darüber nachdenken, was ein gutes Leben ist. Wann unser Leben gelingt, wann wir individuell und in Gemeinschaft das Gefühl haben, dass das Leben wirklich gelingt.

Ich glaube, wir haben einen großen Fehler gemacht in der modernen Gesellschaft, indem wir sagten, was ein gutes Leben ist, sei Privatsache. Das müsse jeder für sich selbst wissen. Damit haben wir es aufgegeben, kollektiv, gemeinschaftlich, auch politisch darüber nachzudenken, was denn eigentlich die Gesellschaft gut machen und funktionieren lassen würde. Und weil wir aufgehört haben, darüber nachzudenken, haben wir jetzt diesen sich verselbständigenden Beschleunigungs- und Wachstumsmechanismen erlaubt, so die Herrschaft über uns auszuüben, dass wir jetzt auch individuell nicht mehr aus dem Hamsterrad herausfinden.

Was würden Sie arbeiten, wenn für Ihr Einkommen gesorgt wäre? – Das bedingungslose Grundeinkommen

Am nächsten Morgen sitze ich schon wieder im Flugzeug. Ich bin auf dem Weg zurück nach Berlin – nach Hause zu meiner Familie. Wenn ich aus dem Bordfenster blicke, kann ich noch einmal die majestätischen Gipfel der Achttausender des Himalajamassivs sehen, die von der Sonne angestrahlt werden. Ich bin hin und her gerissen: Einerseits freue ich mich sehr, meine Familie wiederzusehen, andererseits hätte ich gut und gern auch noch länger in Bhutan bleiben und die mühsame Suche der Bhutaner nach dem Bruttonationalglück beobachten können. Denn mein Besuch im Land des Donnerdrachens hat mich schon fasziniert. Die Hartnäckigkeit, mit der die Bhutaner ihren eigenen Entwicklungsweg gehen und ihn gegen die scheinbar übermächtigen, universal geltenden und unumstößlichen Glaubenssätze des Wirtschaftswachstums verteidigen, hat jedenfalls großen Eindruck auf mich gemacht. Vor allem aber ihr ungebrochener Glaube daran, dass überhaupt Alternativen zu diesem System möglich sind, deren Tauglichkeit sich nur überprüfen lässt, wenn man sie ausprobiert und gegebenenfalls verbessert.

Das Problem sei nicht, dass wir keine Antworten haben auf die Frage nach Alternativen zum beschleunigten Kapitalismus. Das Problem sei, dass wir verlernt haben, die richtigen Fragen zu stellen, hat mir Hartmut Rosa mit auf den Weg gegeben und damit so trefflich die Ideenlosigkeit unserer Gesellschaft zusammengefasst.

Ich frage mich, warum wir nicht auch endlich anfangen, uns diese Fragen zu stellen? Wie könnten sie bei uns aussehen und wo müssten sie ansetzen, die Alternativen zu unserem System?

Denn nicht nur in Bhutan, sondern auch bei uns gibt es Ideen und Utopien, die Alternativen zu unserem Wirtschaftssystem entwerfen oder zumindest Möglichkeiten, es ein wenig menschenwürdiger zu gestalten. Wenigstens als zarte Pflänzchen. Während ich im Flugzeug darüber nachdenke, warum die Bhutaner die Kraft haben, eine Alternative zu verfolgen, und wir nicht, fällt mir die Idee des bedingungslosen Grundeinkommens wieder ein, mit der ich mich vor und während meiner Recherchen zu den Alternativen zum Beschleunigungssystem immer wieder befasst habe. Diese Idee ist so ein zartes Pflänzchen, das bei uns eigentlich mal weiterentwickelt und ausprobiert werden müsste.

Das bedingungslose Grundeinkommen wird in Deutschland, der Schweiz, Frankreich und einigen anderen Ländern seit Jahren intensiv diskutiert. Nicht nur von linken Aktivisten, sondern auch von namhaften Politikern, selbst aus den Reihen der CDU, Ökonomen und Unternehmern. In Deutschland wird es zum Beispiel seit Jahren öffentlichkeitswirksam vom Milliardär und Gründer der Drogeriemarktkette DM, Götz Werner, propagiert, der für dieses Engagement jedoch vielfach als Träumer belächelt und im *Spiegel* sogar mit spöttischem Unterton als »Wanderprediger« bezeichnet wurde.

Die Idee ist nicht neu. Genauer gesagt, geistert sie schon sehr, sehr lange in den Köpfen bekannter Denker herum. Erstmals schien sie bereits in Thomas Morus' Roman *Utopia* aus dem Jahr 1516 auf. Prominente Befürworter des bedingungslosen Grundeinkommens im letzten Jahrhundert waren unter anderem so unterschiedliche Persönlichkeiten wie der Bürgerrechtler Martin Luther King, der Psychologe und Philosoph Erich Fromm, die beiden Ökonomen und Wirtschaftsnobelpreisträger Milton Friedman und James Tobin, der Architekt und Philosoph Richard Buckminster Fuller sowie der Ökonom und Publizist Jeremy Rifkin. Das bedingungslose Grundeinkommen wurde in den vergangenen Jahrzehnten in Zyklen immer wieder neu diskutiert, verschwand dann aber nach einer Phase großer Medienaufmerksamkeit leider meist ebenso schnell wieder in der Versenkung. Warum eigentlich?

Das Grundprinzip ist denkbar einfach und schnell erklärt. Jeder Bürger, vom Millionär bis zum Obdachlosen, soll eine gesetzlich festgelegte und für jeden gleiche finanzielle Zuwendung des Staates erhalten, die es ihm ermöglicht, ein menschenwürdiges Leben zu führen. Und zwar ohne dass er dafür eine Gegenleistung erbringen muss. Befürworter und Gegner des Grundeinkommens finden sich heute über die Partei- und Ideologiegrenzen hinweg. Linke sind dafür, Konservative dagegen – und umgekehrt. Auch darüber, wie es genau umgesetzt werden soll, gibt es heftige Diskussionen. Es existieren verschiedene Modelle, die sich vor allem in der Höhe des ausgezahlten Grundeinkommens, der Art der Finanzierung und in der Art und Größe der Einsparung anderer Transferzahlungen unterscheiden. Die einen favorisieren ein Grundeinkommen, das hoch genug ist, um allein den Lebensunterhalt zu sichern. Andere Entwürfe wollen ein niedrigeres Grundeinkommen, das je nach Bedürftigkeit durch zusätzliche Leistungen aufgestockt wird.

Eine der in Deutschland momentan am meisten diskutierten Varianten sieht vor, dass jeder Erwachsene bedingungslos

1500 Euro pro Monat bekommen soll, jedes Kind die Hälfte. Finanziert werden soll dieser Einkommenstransfer unter anderem durch eine Abgabe auf den Konsum, der damit teurer und, das wäre ein sehr positiver ökologischer Nebeneffekt, gedrosselt würde. Daneben könnte das Grundeinkommen vor allem durch den Wegfall und die Einsparung vieler bisheriger Steuern, Sozialleistungen wie zum Beispiel Hartz IV und der aufwändigen und häufig demütigenden Sozial- und Kontrollbürokratie bezahlbar werden.

Ganz klar, dass eine derart umfassende, mit so ziemlich allen scheinbar unumstößlichen Prinzipien des Kapitalismus brechende Idee erst einmal, fast reflexhaft, heftige Kritik hervorruft: Träumerei! Nicht finanzierbar! So lauten die ökonomischen Zweifel. Wenn ein bedingungslose Grundeinkommen zum Teil durch eine Konsumsteuer finanziert würde, würde alles zu teuer und der Konsum und das Wirtschaftswachstum gebremst. Ungerecht sei ein bedingungsloses Grundeinkommen obendrein, weil alle gleich viel bekämen – unabhängig von der Bedürftigkeit.

Doch das am häufigsten vorgebrachte Argument der Kritiker ist ein anderes, ein sozialpsychologisches. Und eines, das kein gutes Licht auf das Menschenbild jener Gegner des Grundeinkommens wirft: Völlig unrealistisch sei ein bedingungsloses Grundeinkommen, weil keine Gegenleistung verlangt würde. Ohne Zwang, allerdings, ginge doch niemand mehr arbeiten. Alle würden sich nur noch in der sozialen Hängematte ausruhen. Darauf angesprochen, ob sie sich denn selbst auch so verhalten würden, antworten die meisten Kritiker allerdings mit Nein. Sie selbst würden natürlich weiter arbeiten, wenn sie ein Grundeinkommen bekämen. Ist doch klar.

Was das alles mit der Beschleunigung zu tun hat? »Der Hauptantriebsfaktor des Beschleunigungsprozesses ist die Angst, abgehängt zu werden. Die Angst, nicht mehr mitzukommen«, lautet die zentrale Diagnose nicht nur in Hartmut Rosas Analyse des Beschleunigungssystems. Die am meisten verachtete Gruppe in dieser Gesellschaft seien inzwischen die ökonomisch Abgehängten. Menschen, die Hartz IV beziehen, zum Beispiel. Die müssten, so Rosa, mit der Missachtung ihrer Umwelt leben.

»Und das erzeugt Angst. Niemand will zu diesen Missachteten gehören, die unter Dauerdruck gestellt werden und denen geradezu gesagt wird: ›Ihr seid, sozusagen, parasitäre Erscheinungsformen.‹«

Wenn also die Wettbewerbslogik ein wesentlicher Antriebsfaktor des Beschleunigungsspiels ist, dann wäre die Einführung eines bedingungslosen Grundeinkommens ein geeigneter Hebel, dieses Beschleunigungssystem zu verändern. Denn das bedingungslose Grundeinkommen setzt am Wettbewerbsprinzip in der Gesellschaft an. Es würde die Wettbewerbslogik und die Angst, abgehängt zu werden, deutlich reduzieren. Es würde viele Menschen von dem Druck befreien, allein zur Sicherung der eigenen Existenz in einen täglichen Konkurrenz- und Überlebenskampf treten zu müssen. Und das wäre eine gravierende Verbesserung im Vergleich mit dem jetzigen Zustand und würde ein wichtiges Signal setzen: Es ist okay, man kann leben, man darf sein, ohne permanent im Hamsterrad mitrennen und seine Wettbewerbsfähigkeit unter Beweis stellen zu müssen. So könnte die Wachstums- und Beschleunigungslogik wieder auf ein human verträgliches Maß reduziert werden.

Damit würde dem Wettbewerb allerdings nicht per se eine

Absage erteilt, wie so viele Neoliberale in vorauseilendem Gehorsam befürchten. »Nein. Ein Grundeinkommen würde bedeuten, dass es in vielen Bereichen weiter Wettbewerb gibt«, erklärt Hartmut Rosa die Vorzüge dieser Alternative. »Um die besten Jobs, die tollsten Autos und Privilegien, um Positionen und Freunde und Anerkennung. Aber zumindest um deine ökonomische Existenz, um dein Existenzrecht, um dein Daseinsrecht, brauchst du dir keine Sorgen zu machen. Das ist gesichert, unabhängig von deiner Wettbewerbsfähigkeit.«

Die Idee des bedingungslosen Grundeinkommens trägt zudem auch der ökonomischen Realität Rechnung, dass es in einer Gesellschaft des Überflusses und der gesättigten Märkte, in der immer mehr Güter von Maschinen und immer weniger von Menschen produziert werden, ohnehin nie mehr genug bezahlte Arbeitsplätze für alle geben wird. Im Gegenteil: Die globale Konkurrenz um die immer weniger werdenden Arbeitsplätze wird täglich unerbittlicher. Wenn die Erwerbsarbeit aber weiter die einzige Quelle für ein regelmäßiges Einkommen sein soll, heißt das auch, dass immer mehr Menschen kein Einkommen haben werden und irgendwie anders finanziert werden müssen. In Deutschland ist das schon bei fast zwei Dritteln der Bevölkerung der Fall. Sie leben von dem Einkommen anderer oder von Sozialleistungen. Durch die Veränderung der Bevölkerungsstruktur, den sogenannten demografischen Wandel und weitere Rationalisierungen und Effizienzsteigerungen in der Wirtschaft wird diese Zahl weiter steigen.

Ein bedingungsloses Grundeinkommen wäre eine der Realität gemäße Konsequenz und würde jedem nicht nur ermöglichen, ein menschenwürdiges Dasein zu führen, sondern auch, eine selbstgewählte Tätigkeit auszuüben, die bisher nicht oder nicht ausreichend als Erwerbsarbeit bezahlt wird, aber gesellschaftlich wertvoll ist. Und davon gibt es genug. Sinnvolle Arbeit geht uns nämlich nicht aus: die Betreuung von Kindern, Jugendlichen, Alten und Kranken zum Beispiel. Arbeit in der Kultur oder im Naturschutz. Davon würde der Einzelne ebenso profitieren wie die Gesellschaft. Und auch die einseitige Fixierung auf wirtschaftliches Wachstum und auf die Beschleunigung würde relativiert, denn es müsste nicht zwangsläufig immer mehr und immer schneller produziert werden, um den Status quo zu halten.

Und last, but not least würde ein bedingungsloses Grundeinkommen uns auch wieder in die Lage versetzen, darüber nachdenken zu können, was uns wirklich wichtig ist im Leben. Wie wir unser Leben als Einzelne und als Gesellschaft führen wollen, welche Alternativen es zum beschleunigten Kapitalismus noch geben könnte. Warum also zögern wir noch?

Inzwischen haben namhafte Wirtschaftsinstitute wie das Hamburger Weltwirtschaftsinstitut errechnet, dass ein bedingungsloses Grundeinkommen in Deutschland durchaus finanzierbar wäre. Immerhin belief sich die Höhe der Sozialleistungen in Deutschland 2009 auf fast 760 Milliarden Euro. Ein großer Teil davon würde ja nach der Einführung eines Grundeinkommens wegfallen, wie auch ein großer Teil der Sozialbürokratie, die Hartz-IV-Empfängern durch Kontrolle und Strafe das Leben schwer macht.

Bleibt das schwerwiegendste Argument, das sozialpsychologische: Könnte ein bedingungsloses Grundeinkommen überhaupt funktionieren oder würden alle Menschen auf der Stelle faul, wenn es keinen Arbeitszwang gäbe? Funktionieren wir wirklich nur unter Zwang, nur wenn wir unser Existenz- und Überlebensrecht täglich von neuem erarbeiten müssen?

Ich gebe zu: Obwohl der Gedanke des bedingungslosen Grundeinkommens mir von Anfang an sympathisch war, hat mich gerade diese Frage doch auch sehr beschäftigt: Sind wir überhaupt fähig zu einer Alternative? Nur, wie lässt sich die beantworten? Denn das Grundeinkommen wird zwar seit Jahrzehnten weltweit auf Kongressen und Tagungen rauf und runter diskutiert, doch man hat es nie ausprobiert. Bis der bekannte namibische Bischof und ehemalige Freiheitskämpfer Zephania Kameeta, eine Art Bischof Tutu von Namibia, genug von den Diskussionen und Lippenbekenntnissen westlicher Wissenschaftler hatte. »Wenn wir es nicht ausprobieren, werden wir nie herausfinden, ob es funktioniert«, sprach dieser zu den Kongressteilnehmern eines Grundeinkommenskongresses in Südafrika und initiierte im Jahr 2008 den weltweit ersten und einzigen Feldversuch in Otjivero, einer Tausend-Seelen-Siedlung in Namibia, unweit der Hauptstadt Windhoek.

Unter Federführung der evangelisch-lutherischen Kirche Namibias und mit Unterstützung verschiedener deutscher Entwicklungshilfeorganisationen wurden in Otjivero zwei Jahre lang jedem Einwohner des Dorfes ein bedingungsloses Grundeinkommen von hundert Namibia-Dollar monatlich, umgerechnet etwa acht Euro, ausgezahlt. Für eine mehrköpfige Familie entspricht das etwa dem Lohn, den man in Namibia für eine einfache Arbeit erhält. Die Koalition für das Basic Income Grant (BIG), wie das Grundeinkommen in Namibia heißt, wollte den Beweis antreten, dass es funktioniert, und der namibischen Regierung zeigen, dass es nicht nur gut für die Menschen, sondern am Ende auch gut für den Staat ist. In dem südwestafrikanischen Land ist die Einkommenskluft zwischen Reichen – wie den weißen Farmern – und der normalen Bevölkerung die größte weltweit. Ein einzigartiges soziales Experiment.

Jahrelang tobten in den Medien und in der Politik die Debatten um das kleine Dorf: Was würden die Menschen in Otjivero mit den hundert Namibia-Dollar anfangen? Würden sie sie sinnvoll investieren oder versaufen? Würde es sie vom Arbeiten abhalten oder zur Arbeit motivieren? Die meisten sagten voraus, die Menschen würden ihr Geld nur vertrinken und verspielen.

Als ich während meiner Recherchen zur Beschleunigung von diesem richtungsweisenden Experiment las, entschied ich mich, nach Namibia zu reisen. Ich wollte mit eigenen Augen sehen, welche Auswirkung das bedingungslose Grundeinkommen auf die Menschen und auf die Gesellschaft hat. Immerhin ging es hier um nicht weniger als die Grundsatzfrage, ob wir modernen Menschen zu Alternativen zum derzeitigen beschleunigten Raubtierkapitalismus fähig sind.

Scheinbar sind wir es. Denn die Kritiker des BIG haben glücklicherweise nicht recht behalten. Die Dorfbewohner haben sich nicht auf die faule Haut gelegt, im Gegenteil: Sie haben angefangen, kleine Tante-Emma-Läden oder Bäckereien zu eröffnen, Kleider zu nähen oder Ziegel für ihre Häuser zu brennen und sie zu verkaufen. Sprich: Sie haben sich eine Existenz aufgebaut. Die Kriminalitätsrate in Otjivero sank, mehr Kinder gingen in die Schule, das Schulgeld wurde plötzlich von den meisten bezahlt, Unterernährung und Arbeitslosigkeit sanken. Insgesamt hatte der erste Feldversuch eines bedingungslosen Grundeinkommens also ein sehr positives Ergebnis. Leider hat dies bislang nicht dazu geführt, dass das bedingungslose

Grundeinkommen, wie von der Koalition der Befürworter erhofft, nach dem erfolgreichen Feldversuch flächendeckend in Namibia eingeführt worden ist.

Auch wenn sich die Verhältnisse in einem armen afrikanischen Dorf ganz sicher nicht ohne Weiteres auf eine wohlhabende Industrienation übertragen lassen und auch wenn das bedingungslose Grundeinkommen in Namibia eher als Mittel zur Armutsbekämpfung gesehen wird denn als Weg, die gnadenlose Wettbewerbslogik in unserem Beschleunigungssystem zu bremsen: Eine ebenso allgemeine wie zentrale Erkenntnis hat der Feldversuch von Otjivero dennoch hervorgebracht, und die lässt sich auch auf unsere Gesellschaft übertragen:

Der Mensch ist seiner Natur nach nicht faul und inaktiv, und er wird es auch nicht werden, wenn durch ein bedingungsloses Grundeinkommen für seine Grundbedürfnisse gesorgt ist. Das weiß man in Bhutan und jetzt auch in Namibia. Im Gegenteil: Die Menschen bekommen ein Stück Menschenwürde zurück und werden dadurch in vielerlei Hinsicht aktiv. Sie nehmen wieder am Wirtschafts- und Sozialleben teil, kümmern sich um Ihre Bildung, Gesundheit und ihre Familien. Wie wäre es also zur Abwechslung mal mit einem positiven Menschenbild?

International ist Bewegung in die wiederkehrende Debatte um das Thema gekommen. Auch in anderen Ländern, beispielsweise in Brasilien und der Mongolei, wurden inzwischen erste Schritte in Richtung bedingungsloses Grundeinkommen umgesetzt. In Deutschland prüft der Bundestag gerade eine Online-Petition zur Einführung des bedingungslosen Grundeinkommens, die von rund 53 000 Bürgern unterzeichnet wurde. Bereits Ende 2010 gab es eine erste Anhörung. Ich bin gespannt, wie es weitergeht.

Vielleicht tut sich ja doch noch etwas. Vielleicht lässt sich der lähmende gesellschaftliche Zustand des rasenden Stillstands bei uns und anderswo ja noch irgendwie verhindern oder zumindest wieder aufbrechen. Ideen wie das Bruttonationalglück oder das bedingungslose Grundeinkommen geben jedenfalls ein bisschen Anlass zur Hoffnung. Mit diesem positiven Gefühl falle ich in 12 000 Metern Höhe in den Schlaf. Jetzt freue ich mich auf zu Hause.

Ende
Und nun? – Hamsterrad für Fortgeschrittene

Jetzt bin ich einmal um die Welt gereist, um zu begreifen, warum ich seit Jahren so atemlos durchs Leben rase, warum die Welt um mich herum so rast und warum ich, verdammt nochmal, nie Zeit habe. Ich hatte mir vorgenommen, als gelassener Vater zurückzukehren, der endlich genug Zeit und die Muße haben würde, nachmittagelang mit Sohn Anton auf dem Spielplatz zu vertrödeln. Ganz ohne Ziel und ohne Auftrag. Und ohne schlechtes Gewissen. Ich wollte nicht, dass Anton seinen Vater nur als gestresstes Nervenbündel kennt und in einer Gesellschaft aufwächst, in der man vor lauter Optionen keine wirklichen Erfahrungen mehr machen kann und die nur noch als erbarmungsloser Wettbewerb funktioniert. Und ganz nebenbei wollte ich auf meinem Weg irgendwo noch das richtige Leben, das gute Leben finden. Rückblickend betrachtet, hab ich mir da ganz schön viel vorgenommen, ich weiß.

Und nun? Kaum bin ich zu Hause, klopft es wieder an: das vertraute Gefühl, mitrennen zu müssen im Hamsterrad. 180 ungelesene Mails in Abwesenheit, in der einen Woche, die ich in Bhutan war. Anrufbeantworter, Mailbox und Terminkalender quillen über. Ich habe so viele Menschen getroffen, so viel über die Zeit und Entschleunigung erfahren und jetzt – alles wie immer, alles umsonst? Das nun auch wieder nicht.

Also, was hat meine Suche mit mir gemacht? Hat sie mich verändert? Kann ich wenigstens irgendwelche lebensförderlichen Ratschläge geben? Werde ich irgendetwas an meinem Leben verändern, für Anton, für Caro, für mich?

Aber erst mal der Reihe nach: Ich hatte meine Suche nach den Ursachen meiner Atemlosigkeit ja eigentlich in der festen Überzeugung begonnen, dass mein Zeitproblem eben mein Zeitproblem und damit ein höchst individuelles sein muss. Und daher dachte ich natürlich auch, dass die Lösung individuell sei und allein in meiner aus dem Ruder gelaufenen Lebensführung zu suchen sein müsse. Nachdem mir nicht mal mein beträchtliches Arsenal an technischen Geräten, die allein zum Zweck des Zeitsparens erfunden wurden, geholfen hatte, Zeit zu sparen und dadurch dann auch mehr Zeit zu haben, habe ich es also erst einmal mit einem Zeitmanagementseminar versucht, einen bitteren Reinfall erlebt, aber eine wertvolle Erkenntnis gewonnen: Zeit mit Hilfe irgendwelcher Geräte oder durch Zeitmanagement zu sparen ist nicht möglich. Auch wenn uns das immer wieder suggeriert wird und wir, wenn wir von Zeit sprechen, Begriffe aus der Welt des Geldes benutzen: Zeit kann man nicht sparen, nicht investieren oder verschwenden. Wie absurd dieses Unterfangen ist, weiß eigentlich schon jedes Kind, das Michael Endes Buch *Momo* gelesen hat. Darin wurde uns beschleunigten Menschen des 20. und 21. Jahrhunderts der Spiegel schon vorgehalten. Graue Männer haben bei *Momo* eine »Zeitsparkasse« erfunden, in die gutgläubige Bürger ihre Zeit einzahlen und sparen können. Die grauen Männer versprachen den Menschen Zinsen, das eingesetzte Zeitguthaben aber bekamen die treuherzigen Zeitsparer niemals wieder zurück. Mir war gar nicht klar, wie intelligent und präzise diese Geschichte unsere gesellschaftliche Realität und unseren Tempowahn karikiert. *Zeitsparen ist also Quatsch.*

Doch dass immer mehr Menschen unter dem Gefühl der Zeitnot, des Stresses und der Überforderung leiden und sogar krank werden, lässt sich ja nicht wegdiskutieren. Das Burn-out-Syndrom ist nicht ohne Grund in aller Munde. Wie also damit umgehen, wenn man, wie ich, das Gefühl hat, nicht mehr klarzukommen mit seiner Zeit und der ständigen Hetze, sich selbst abhandenzukommen, immer oberflächlicher zu werden, nicht mehr mit ganzem Herzen bei den Dingen und in Gedanken immer schon beim nächsten Tagesordnungspunkt zu sein. Ist man da schon psychisch auffällig? Brauche man eine Therapie? Oder gibt es irgendwelche Pillen dagegen? Auch wenn Symptome schon klar erkennbar waren, als ich zum ersten Mal in meinem Leben einen Psychiater aufgesucht habe: Ich hatte zum Glück noch kein veritables Burn-out-Syndrom. Weit weg davon war ich allerdings auch nicht mehr. Was der Burn-out-Experte mir rät, um das Gefühl der Zeitnot loszuwerden, leuchtet mir sofort ein: *Abstand schaffen zwischen sich und dem, was den Stress verursacht. Sich abgrenzen können. Eine Zeit lang ohne die Suchtmittel auskommen, die unser Leben so prägen, unsere Tage so zerschreddern.*

Klingt banal, ist aber gar nicht so einfach. Und muss nun auch nicht zwangsläufig bedeuten, dass man sich gleich für ein halbes Jahr in ein digitales Eremitentum zurückziehen und völlig ohne Internet, Handy, Facebook und das ganze Zeugs auskommen muss. Aber eine Zeit lang ohne scheint sehr positive Effekte auf Körper und Geist zu haben. Hat man erst mal die durchaus schmerzhafte Phase der Entzugserscheinungen hinter sich gebracht, eröffnen sich offenbar ganz neue und auch alte, aber verloren geglaubte Perspektiven, berichtet der SZ-Journalist Alex Rühle von seinen Erfahrungen aus der digitalen Fastenzeit: Es wurde ihm deutlich, wie sehr die digitale Welt uns schon im Griff hat und wie sehr »die analoge Welt hinter unserem Rücken von der digitalen Welt eingesaugt wird und verschwindet«. Doch die längere Phase digitaler Abstinenz hat er durchaus auch als Gewinn empfunden: Es gibt wieder einen Feierabend und Wochenenden. Man schafft es wieder, Qualitätszeit mit Freunden und Familie zu verbringen, ein Buch an einem Stück zu lesen oder einfach ziellos Zeit zu vertrödeln, ohne dabei gleichzeitig in den Monitor zu starren. Wie sagte mir Alex am letzten Tag seines Selbstversuchs? »Als Vater würde ich dir das unbedingt empfehlen.« Ich habe es mir hinter die Ohren geschrieben. Ich werde es probieren.

Doch all das erklärt ja immer noch nicht, warum wir uns eigentlich so hetzen, warum wir das Gefühl nicht loswerden, dass uns die Zeit immer knapper wird, wo doch das Gegenteil der Fall ist. Wir haben insgesamt mehr Zeit als alle Generationen zuvor. Aber wir machen sie uns knapper: Wir laden uns auch mehr auf als unsere Eltern und haben mehr Möglichkeiten als alle Generationen vor uns. Und deswegen stopfen wir unser Leben so voll, dass wir daran zu ersticken drohen. Weil wir nicht mehr an ein wie auch immer aussehendes Leben nach dem Tod glauben, versuchen wir so viel Erfüllung wie möglich in das eine Leben vor dem Tod zu pressen. Das ist ein Grund dafür, dass wir alle rasen. Wir wollen schnell leben. Wir wollen Karriere machen, Geld verdienen, viel reisen, schön wohnen, gut essen und viele Freunde haben und natürlich den perfekten Partner finden... Wir lassen deshalb keine Gelegenheit aus, noch mehr zu erleben, egal, ob beruflich oder privat. Sogar unsere Freizeit wird inzwischen von einem völlig ausgebuchten Terminkalender bestimmt. Dafür haben wir einen Begriff geprägt, den vorherige Generationen gar nicht kannten: Freizeitstress.

Es liegt an uns, und es ist an jedem Einzelnen, sobald man diese Spirale aus Optionenvielfalt und Hetze durchschaut hat, etwas daran zu ändern.

Ich kann nicht zwei oder drei Leben in eines packen. Ich kann nur ein Leben leben, muss mich also für eines entscheiden. »Leben heißt aussuchen«, hat nicht nur mein Burn-out-Psychiater gesagt, sondern auch schon Kurt Tucholsky gewusst. Sich für bestimmte Dinge zu entscheiden heißt aber auch, auf andere zu verzichten. Dass man diesen Verzicht nicht als Verlust, sondern als Gewinn begreifen kann und muss, die ausgewählten Dinge wieder richtig erleben zu können, ist vielleicht die wichtigste persönliche Erkenntnis und ein großer Gewinn meiner Reise.

Wir vergessen zuweilen, dass wir Lebewesen und keine Maschinen oder Computer sind. Weil die 24 Stunden am Tag und sieben Tage die Woche laufen und funktionieren, denken wir, wir müssten das auch. Im Wahn, uns möglichst viele Optionen zu eröffnen und offenzuhalten, kennen wir keine Pausen mehr, keine Ruhezeiten, keinen Urlaub, kein Wochenende. Wollen am besten 24 Stunden shoppen, uns amüsieren, das Leben auskosten, uns selbst verwirklichen und erreichbar sein. Oder zumindest die Option zu alldem haben. Unsere Chefs, Kunden oder Auftraggeber danken es uns. Denn auch sie haben es am liebsten, wenn wir 24 Stunden verfügbar sind, so wie ihre Computer, wie ihre Maschinen. Aber die entscheidende Frage ist doch: Wollen wir wirklich so leben?

Meine Zeitnot, so musste ich nach dem ersten Teil meiner Suche ernüchtert feststellen, ist nicht meine Privatangelegenheit, nicht allein meine individuelle Macke, die man einfach mit einem Zeitmanagementkurs oder einer Therapie loswerden könnte. Und auch das Netz, unsere Computer und Handys sind nicht schuld an allem. Alle Zeitentscheidungen unseres Alltags sind von Zeitvorgaben in der Gesellschaft abhängig und durch sie vorstrukturiert: Arbeitszeiten, Ladenöffnungszeiten, Schulzeiten, Ausbildungszeiten, Behandlungszeiten beim Arzt oder im Krankenhaus. Und all diese Lebensbereiche beschleunigen sich ständig, vielmehr, sie werden ständig beschleunigt, und das in einem rasenden Tempo. Nicht nur ich habe also eine Macke, die ganze Gesellschaft ist auf Speed!

Nur wenn wir begreifen, warum die Gesellschaft so tickt, wie sie tickt, können wir die eigene Atemlosigkeit wirklich verstehen und vielleicht sogar loswerden. Also woher kommt die ständige Beschleunigung? Wer treibt das große Hamsterrad denn jetzt an? Okay. Einen Teil der Beschleunigung machen wir selbst, weil wir das Tempo lieben und Angst haben, in unserer begrenzten Lebenszeit etwas zu verpassen. Aber der andere Teil, woher kommt der?

Unsere Zeit wird zunehmend bewirtschaftet. Tempo und Beschleunigung sind wichtig für die Wirtschaft. So lautet das bekannte und wenig hinterfragte Mantra – aus der Wirtschaft. Propagiert von denjenigen, die sich für die Speerspitze, die Elite eines ökonomischen Denkens halten: Unternehmensberater und ihre Wiedergänger und Sprachrohre in Wirtschaft, Politik und Gesellschaft. Und deshalb arbeiten Regierungen verbissen daran, Tempo und Wachstum zu steigern. Nicht im Namen irgendeines Fortschritts, sondern allein, um Wettbewerbsfähigkeit zu sichern. Aber nicht nur die Wirtschaft steht unter dem Diktat von Beschleunigung und Effizienzsteigerung. Längst werden alle gesellschaftlichen Lebensbereiche durchleuchtet und unter dem Deckmäntelchen der Reform dauerreformiert, sprich beschleunigt. Egal ob Politik, Kultur, Bildungs- oder Gesundheitssystem. Die Verkürzung der Schul- und Studienzeiten, die nicht nur erfolgreiche Nachwuchsmanager, sondern auch sehr viele sehr junge Burn-out-Patienten produziert, ist nur *ein* beredtes Beispiel dafür. *Dass diese Fixierung auf Beschleunigung und Wachstum, nicht nur Gewinner hervorbringt, sondern auch ein immer größeres Heer von Ausgebrannten und Zwangsentschleunigten, Hartz-IV-Empfängern, die aus dem Hamsterrad herausgefallen sind, wird als Kollateralschaden in diesem System hingenommen. Einem System, in dem Beschleunigung und Steigerung der Wettbewerbsfähigkeit gern auch mal mit Weltverbesserung gleichgesetzt wird.*

Aber nicht nur die ökonomische Logik des Kapitalismus treibt die Beschleunigung an, sondern vor allem die Wettbewerbslogik, die diesem System eingebaut ist. Alles, wirklich alles, Güter, Positionen, Karrieren, Freunde und Beziehungen werden in dieser Gesellschaft nach der Logik des Wettbewerbs vergeben. Der allumfassende Wettbewerb ist der wichtigste Antriebsmotor unserer Gesellschaft geworden und infiltriert mittlerweile jeden Lebensbereich. Ein Antriebsmotor, der viele Menschen in ständiger Angst hält, nicht mehr mithalten zu können und demnächst schon abgehängt sein zu können. Wirtschaft und Wettbewerb, also unser Gesellschaftssystem, scheinen also einen erheblichen Anteil daran zu haben, dass die Welt immer schneller und uns die Zeit immer knapper wird.

Wie schnell sie schon ist, konnte ich während meines Besuchs in der Echtzeitwelt bei Reuters bestaunen. »Zeit ist Geld«: Die subtile Bedeutung und Sprengkraft dieser Tausende Male gehörten und scheinbar abgegriffenen Gleichung war mir vor meiner Suche nach den Ursachen der Beschleunigung überhaupt nicht klar. »Zeit ist Geld« ist nicht nur der Leitsatz des kapitalistischen Systems, in dem wir leben, sondern auch ein Symbol dafür, wie weit sich dieses System von den Bedürfnissen der überwiegenden Mehrzahl der Menschen entfernt hat, ja, den Mensch als zu vernachlässigende Variabel aus dem Gesamtalgorithmus des Spiels einfach herausgestrichen hat.

»Zeit ist Geld« heißt nichts anderes als: Beschleunigung schlägt sich direkt als Profit nieder. Das hat zu einem System geführt, in dem die Zeit in immer kleinere Scheibchen geschnitten wird, damit Finanzgeschäfte in Mikro- und demnächst vielleicht in Nanosekunden abgewickelt werden können. In diesem System ist der Mensch einfach zum Hindernis geworden. Er, dem Tempo und Wachstum eigentlich zugutekommen sollten, ist zur Bremse geworden, hat sich daher vorsichtshalber schon mal selbst abgeschafft. Längst hat der Computer hier die Kontrolle in einem System übernommen, das auf Autopilot läuft und bei dem in den vergangenen drei Jahrzehnten, dem Zeitalter des Neoliberalismus, systematisch alle Bremsen abgebaut worden sind. Fährt ein solches System, das keine Bremsen mehr hat, immer schneller, da funktioniert es nicht anders als ein Auto, dann rast es irgendwann gegen die Wand. Das Dumme ist nur, dass es dann doch wieder wir Menschen sind, die die Suppe auslöffeln dürfen, wie sich zum Beispiel bei der Finanz- und Wirtschaftskrise 2008/09 vortrefflich beobachten lassen konnte.

Wir müssen erkennen, dass die Fortschrittsformel »schneller = mehr = besser« nicht mehr gilt. Die Verlierer einer Geschwindigkeitsspirale, die sich verselbständigt hat, sind wir. Oder mit den Worten Hartmut Rosas, des Beschleunigungsforschers: »Wir haben ein sich selbst antreibendes System geschaffen, das sich unaufhörlich weiter beschleunigt.« Die Frage ist nur: Sind wir noch kurz vor oder vielleicht schon mittendrin im Zustand des rasenden Stillstands, in dem zwar alles ständig in Bewegung ist, aber keine Entwicklung mehr stattfindet?

Ohne Bremsen am System werden jedenfalls nicht nur wir Menschen zu Verlierern, auch »der Planet droht vom Krebsgeschwür der menschengemachten Beschleunigung überwuchert und letztendlich erledigt« zu werden. Längst verbrauchen wir mehr Rohstoffe, als die Erde reproduzieren kann, produzieren wir mehr Giftstoffe, als sie ertragen kann. Trotzdem scheint den meisten eher die Frage unter den Nägeln zu brennen, wie wir in dieser Tempospirale mithalten und die eigene Geschwindigkeit oder die unserer Kinder immer weiter steigern können, notfalls mit kleinen Hilfsmittelchen. Mit Neuro-Enhancement oder Hirndoping durch neue leistungssteigernde Medikamente und in der Zukunft vielleicht durch medizinische oder gentechnische Eingriffe. Wer weiß? Alles im Namen der Wettbewerbsfähigkeit, versteht sich.

Das ist das Hauptproblem: Wir stellen zwar Fragen, aber leider die falschen. Denn die Frage sollte nicht lauten, wie viel Tempo noch möglich ist und was uns bei der Temposteigerung helfen kann. Wir haben gesehen, dass hochkomplexe Prozesse inzwischen in Lichtgeschwindigkeit und ohne irgendein Zutun des Menschen möglich sind. Nur was wir davon haben, ist unklar wie nie zuvor. Die richtige Frage muss lauten: Wie viel Tempo ist überhaupt gut für ein gutes Leben? Welches Leben wollen wir leben? Welche Alternativen zum Hamsterrad gibt es überhaupt? Denn die Beschleunigung ist zwar in unserer Wirtschaftsform, dem Kapitalismus, untrennbar eingebaut und dadurch zugegebenermaßen ziemlich veränderungsresistent, aber sie ist kein Naturgesetz. Und wer sagt überhaupt, dass wir unser System nicht verändern oder auswechseln können? Wir müssen also endlich unseren Blick wieder weiten und darüber nachdenken, wie ein Leben jenseits des Hamsterrads aussehen könnte. Individuell und als Gesellschaft.

Einfach aussteigen aus dem Leben im Hamsterrad und in ein neues eintauchen wie der Exbanker Rudi Wötzel ist eine Möglichkeit, auch wenn sie für viele allein aus finanziellen Gründen nicht so einfach zu realisieren sein wird. Rudi hat nach einem langen schmerzhaften Prozess und einem langen Marsch durchs Gebirge sein Leben neu justiert. Dabei hat er sehr viel gewonnen: ein neues Zeitgefühl und eines für seine Umwelt. Heute lebe er bewusster und glücklicher, sagt er. Es ging Rudi dabei jedoch nie darum, die Welt zu verändern, sondern seinen eigenen Weg zur Entschleunigung und zum Glück zu finden. Das ist ihm gelungen. Nicht mehr, aber auch nicht weniger.

Das gute Leben kann viele Gesichter haben, und man findet es wahrscheinlich nicht in der Wellnessoase. Man muss dafür wohl nicht einmal wahnsinnig viel Freizeit und wenig zu tun haben. Die Batzlis arbeiten jedenfalls enorm viel, bezeichnen sich aber trotzdem als glücklich und kämpfen für ihren Lebensstil als Bergbauern. Der hat einen entscheidenden Vorzug: Niemand anders als die Natur höchstpersönlich gibt ihnen den Rhythmus für ihr Leben und ihre Arbeit vor. Auch wenn die Welt der Billigpreise und des Wettbewerbs schon bis auf ihre Alp vorgedrungen ist. Noch gelingt es ihnen, selbstbestimmt zu leben und zu arbeiten. Und das ist für sie Glück. Das gute Leben eben.

Doch wir können weder alle aussteigen noch Bergbauern werden. Das ist klar. Welche gesellschaftlichen Alternativen gibt es denn zum ewigen Beschleunigungssystem?

Douglas Tompkins hat einen sehr radikalen Weg zur Entschleunigung gewählt. Er sieht im blinden Glauben an Fortschritt, Wachstum und Beschleunigung den Kern der Probleme unserer modernen Welt. Unser beschleunigter und technoindustrieller Lebensstil ist für ihn verantwortlich für die Zerstörung unseres Planeten und eine Sackgasse, in die wir uns sehenden Auges hineinmanövriert hätten. Dass er selbst ein Nutznießer des Kapitalismus war, ficht ihn nicht an, da er sein Vermögen nunmehr in den Dienst des Naturschutzes stellt. Sein Gegenentwurf und seine Vision: radikaler Umweltschutz und eine entschleunigte Gesellschaft, die ohne Wachstum und weitgehend auch ohne moderne Supertechnologien auskommt. Der Mensch soll als eines von vielen Lebewesen im Einklang mit der Natur leben. In seinen Parks ist er diesem Ziel schon sehr nahe gekommen. Aber sicher lässt sich nicht die ganze Welt auf Tompkins'sche Art stillstellen.

Es ist schon erstaunlich, dass ausgerechnet ein armes, scheinbar rückständiges Land im Himalaja den bisher am weitesten gehenden Versuch gewagt hat, eine Alternative zum zerstörerischen Wachstums- und Beschleunigungssystem zu finden. Und damit auch das richtige Tempo für Mensch und Umwelt. Die Staatsführung in Bhutan sucht systematisch nach einem Weg, seinen Bürgern ein gutes und glückliches Leben zu ermöglichen. Mit der Entscheidung, das Glück seiner Bürger per Verfassung über das wirtschaftliche Wachstum zu stellen und alle politischen Entscheidungen darauf zu prüfen, ob sie den Bürgern und der Umwelt dienen oder nicht, ist das Land seiner Zeit voraus. Da wundert es einen auch nicht, was die Bhutaner als wichtigstes Element ihres Glücks bezeichnen: die Kontrolle über die eigene Zeit. Auch wenn der Weg zum Bruttonationalglück noch weit ist und es sicher noch viel zu kritisieren gibt. Allein der Versuch eines Landes, einen wirklich anderen Weg zu gehen, ist mutig und mehr, als der Rest der Welt zu bieten hat.

Aber auch bei uns gibt es sie, wenn auch nur als zarte Pflänzchen, die Utopien und Alternativideen zum beschleunigten Kapitalismus. Das bedingungslose Grundeinkommen zum Beispiel. Wenn die Wettbewerbslogik, die Angst, abgehängt zu werden, die entscheidende Größe im Beschleunigungsspiel ist, müsste eine wirkungsvolle Alternative genau dort ansetzen. Und das tut das bedingungslose Grundeinkommen zumindest der Meinung vieler Experten nach.

Es würde viele Menschen von dem Druck befreien, allein zur Sicherung der eigenen Existenz in einen täglichen Konkurrenz- und Überlebenskampf treten zu müssen. Es würde uns ermöglichen, ein Leben zu führen, ohne dass wir zur Existenzsicherung sozusagen permanent die eigene Wettbewerbsfähigkeit unter Beweis stellen müssen. Eine solche Gesellschaft können wir uns leisten, sie ist möglich. Sie zu realisieren könnte zumindest der Anfang eines Auswegs aus dem Beschleunigungsrad sein.

Was hat meine Suche also mit mir gemacht? Schwer zu sagen. Eine Universalformel für einen entschleunigtes und glückliches Leben oder gar eine Lösung für das kollektive Beschleunigungsproblem habe ich nicht gefunden.

Doch das heißt natürlich nicht, dass es sie nicht gibt. Wir sollten nicht aufhören oder, besser gesagt, endlich mal ernsthaft und kollektiv damit anfangen, danach zu suchen. Beschleunigung und Wachstum sind zwar untrennbar mit unserem Wirtschaftssystem verbunden, dem modernen Kapitalismus. Okay. Aber wer sagt, dass sich unser System nicht verändern oder auswechseln lässt? Es ist kein Naturgesetz, das man hinnehmen muss. Wir sollten uns endlich einmal die Zeit nehmen, ein Bewusstsein für unsere Lebensumstände zu entwickeln. Und das heißt: hinschauen.

Wirkliche Entschleunigung heißt aber auch, von einer Wirtschaft und Gesellschaft Abschied zu nehmen, die ständig wächst. Es heißt, sich an den Kreisläufen der Natur zu orientieren. Einem ausgeglichenen Kreislauf, bei dem nur so viele Ressourcen verwendet werden, wie im gleichen Zeitraum nachwachsen können.

Einfach so weiterzumachen wie bisher, nur eben ein bisschen langsamer und ein bisschen entschleunigt, wird nicht funktionieren. Umso wichtiger ist es, dass wir mit aller Kraft die zarten Anfänge der Alternativen weiterdenken und ausprobieren, damit im Beschleunigungsstrudel nicht alle gesellschaftlichen Ideale über Bord gehen. Wir müssen wie Douglas Tompkins darüber nachdenken, wie ein Leben ohne wirtschaftliches Wachstum funktionieren könnte. Oder wie wir das Glück des Einzelnen und der Gesellschaft anstelle von Raserei und Wachstumswahn zum Maß der Politik machen können. Wir müssen das Grundeinkommen ausprobieren. Und das sind ja nur einige der Alternativversuche. Es braucht Mut und Weitsicht, den Tempowahn zu verweigern und die ausgetretenen Wachstumspfade zu verlassen.

Ich hoffe, vor allem für meinen Sohn, dass wir beides endlich aufbringen. Denn im Vergleich zu dem, was ihn in einer sich weiter beschleunigenden Welt erwarten wird, war bei uns ja noch alles in Butter. Also, was haben wir schon zu verlieren?

Bis es so weit ist, habe ich mir vorgenommen, zumindest mein eigenes Leben zeitlich ein bisschen in den Griff zu kriegen und gründlich zu ändern. Mir ist klar geworden, wie sinnlos der Versuch ist, zwei oder mehr Leben in eins zu packen. Entschleunigung bedeutet eben leider auch, sich die Begrenztheit des Lebens einzugestehen. Und die lässt sich eben weder durch Zeitsparen noch durch Wellnesswochenenden überwinden, zu denen man mit dem Billigflieger düst, um aufzutanken und dann wieder durchzustarten. Entschleunigung lässt sich nicht buchen, sondern macht die Zeit wieder zum Maßstab des Lebens. Unsere Lebenszeit ist trotz allen technischen Fortschritts endlich. Krankheit und Tod, auch das habe ich in den letzten Jahren schmerzhaft erfahren, können schneller kommen, als man denkt. Und worauf blickt man dann zurück? Dass man Jahre seines Lebens im Büro vor dem Rechner gehockt hat, um Deadlines einzuhalten, einem selbstgeschaffenen Ideal der eigenen Identität hinterher- und dabei im Hamsterrad mitzulaufen? Das kann es nicht sein.

Mir ist klar geworden, dass es darauf ankommt, das eine Leben, das mir zur Verfügung steht, richtig und nicht oberflächlich zu leben. Und dazu gehört auch, mich für die Dinge zu entscheiden, die mir wichtig sind, und natürlich, auf andere zu verzichten. Die Reise hat mir gezeigt, was im Alltag oft untergeht. Nämlich mich immer wieder zu fragen: Wie sieht ein gutes Leben eigentlich aus?

Dazu gehört, mich bewusst von vielen Optionen abzuschneiden, zumindest zeitweise. Und, so abgedroschen es klingen mag, mehr im Moment zu leben. Ab und zu mal alle Drähte zu kappen, Rechner und iPhone auszuschalten, Pause zu machen und einfach nichts zu tun. Nichts. Und mich selbst und Stille auszuhalten. Klingt banal, ist aber, glaube ich, verdammt schwer. Und wenn mir das gelingt, dann gibt es wirklich keine Ausrede mehr dafür, nicht stundenlang mit dir, Anton, zu kicken oder im Sandkasten zu verbringen. Es gibt auch keine Ausreden mehr dafür, keine Zeit für meine Freunde zu haben.

Sorry, mein kleiner Anton, dass ich all das erst nach dieser langen und ziemlich nervenaufreibenden Suche begriffen habe. Und entschuldige bitte, dass ich, um dieses Buch zu schreiben und den dazu erscheinenden Dokumentarfilm zu machen, wahrscheinlich gestresster und atemloser war als je zuvor. Und sicher noch viel weniger Zeit mit dir auf dem Spielplatz verbracht habe. Gerade in der letzten Zeit. Das gehört neben den zigtausend Tonnen Kerosin, die ich für die Suche nach meiner verlorenen Zeit verflogen, und dem gar nicht entschleunigten ökologischen Fußabdruck, den ich dadurch hinterlassen habe, zu den extrem bescheuerten Widersprüchen meines Berufs- und Erwachsenenlebens.

Aber das war, glaube ich, nötig, um all das wirklich zu kapieren und zu wissen, welche Gesellschaft und welches Leben ich dir unbedingt ersparen will. Dir hat mein häufige Abwesenheit zum Glück nicht so viel ausgemacht wie mir, du bist mit deinen zweieinhalb Jahren trotzdem ein fantastisch frecher kleiner Kerl geworden. Das hast du vor allem deiner Mutter zu verdanken, die all die Zeit für dich da war, in der ich in einem Gedankentunnel eingesaugt war und über die Beschleunigung und meine Zeitnot nachdenken musste. Jetzt bin ich endlich fertig damit. Endlich.

Gerade noch rechtzeitig zur Geburt deines Bruders, unseres zweiten Kindes, der jetzt jede Stunde kommen kann. Du wirst sicher ein fantastischer großer Bruder. Und eins verspreche ich dir auch noch, lieber Toni, und natürlich deiner Mutter: Wenn dein Bruder da ist, wird alles anders, dann werde ich endlich mehr Zeit für euch haben.

Hoffentlich!

Danke!

Ich danke allen direkt an diesem Buchprojekt Beteiligten für ihre Geduld mit mir. Insbesondere gilt dieser Dank meinem Verleger, Gerhard Riemann, der so lange auf mein Manuskript gewartet hat und den ich immer wieder vertrösten musste. Meiner Agentin Gila Keplin danke ich dafür, dass Sie mir immer mit Rat und Tat zur Seite stand. Und den Lektoren Ralf Lay und Werner Lord für die nette, geduldige und professionelle Zusammenarbeit.

Das Buch *Speed* wäre nicht ohne den gleichnamigen Dokumentarfilm zustande gekommen. Daher möchte ich auch meinen Wegbegleitern bei der Entstehung der filmischen Suche nach der verlorenen Zeit danken. Meiner Cutterin Annette Muff und meiner Regie-Assistentin Julia Meyer für ihre Anregungen und das kritische Hinterfragen meiner Ideen. Meinem Kameramann Andy Lehmann und meinem Tonmann Max Pellnitz für die gute Zeit bei den Dreharbeiten und die tollen Bilder und Töne, die wir aus den mehr oder weniger entlegenen Gegenden der Welt mitgebracht haben. Und meinem Produzenten Oliver Stoltz, der mit der tatkräftigen Unterstützung unseres Produktionsleiters Wekas Gaba trotz aller Verzögerungen immer an dieses Projekt geglaubt und es erst ermöglicht hat.

Mein ganz besonderer Dank gilt Prof. Dr. Hartmut Rosa, dessen fantastische Studie und Habilitationsschrift *Beschleunigung* mich sehr beeinflusst und unter anderem zu meiner eigenen Suche nach der verlorenen Zeit angeregt hat. Hartmut ist mir im Laufe der Produktion zu einem regelmäßigen Gesprächspartner geworden. Die vielen Unterhaltungen mit ihm habe ich als ungeheuer fruchtbar und inspirierend empfunden, wie man diesem Buch sicher anmerkt.

Danken möchte ich auch Karlheinz Geißler, Bernd Sprenger, Rudi Wötzel, den Batzlis, Douglas und Kris Tompkins, Johnny Bravo und Supe für die Einsichten in die beschleunigte und entschleunigte Welt, die sie mir gewährt haben. Und Alex Rühle, den ich während der Dreharbeiten kennengelernt habe und der zu einem Bruder im Geiste geworden ist.

Sicher hab ich jetzt aufgrund des Zeitdrucks einige vergessen... All die, die ich vergessen habe, mögen mir dies bitte nachsehen. Euch danke ich natürlich auch.

Ich danke allen meinen Freunden für ihre treue Freundschaft und verspreche, bald mehr Zeit für Euch zu haben. Vor allem aber möchte ich meiner Familie danken. Meiner Mutter und meinem Vater, der während der Arbeit an diesem Projekt gestorben ist, für ihre Liebe und ihre unendliche Unterstützung auf allen meinen Lebenswegen. Meinen Brüdern Oliver und Daniel für ihre moralische Unterstützung und meinen Schwiegereltern in spe, Barbara und Udo, die immer eingesprungen sind, wenn im durch dieses Projekt noch hektischer gewordenen Leben mal wieder Not am Mann war.

Vor allem gilt mein Dank aber meinem Sohn Anton und meiner Freundin Caro. Anton danke ich für seine Geduld mit seinem oft physisch und manchmal auch mental abwesenden und hektischen Vater. Und dafür, dass er trotzdem ein so extrem positiver, neugieriger und frecher kleiner Kerl geworden ist. Jede Minute mit ihm ist ein Geschenk.

Und Caro kann ich einfach nur für alles danken. Ohne ihre Liebe, immerwährende Unterstützung, ihr Verständnis und ihre unendliche Geduld hätte ich dieses wahnsinnige und schier endlose Projekt niemals zu Ende gebracht. Selbst in diesem Moment, in dem ich diese Zeilen schreibe, hält sie mir noch höchstschwanger den Rücken frei. Aber jetzt bin ich fertig, Caro. Das Kind kann jetzt kommen.

Das Phänomen Precht: ein weltweiter Erfolg.

208 Seiten
ISBN 978-3-442-31238-2
auch als E-Book erhältlich

Richard David Precht erklärt seinem Sohn Oskar die Welt.

400 Seiten
ISBN 978-3-442-15528-6
auch als E-Book erhältlich

Ein faszinierender Streifzug durch das Abenteuer Philosophie – spannend und lehrreich.

544 Seiten
ISBN 978-3-442-15631-3
auch als E-Book erhältlich

Ein Buch, das uns erklärt, warum es uns so schwerfällt, gut zu sein.

400 Seiten
ISBN 978-3-442-15554-5
auch als E-Book erhältlich

Das unverzichtbare Buch für alle, die Ratgebern misstrauen und trotzdem endlich wissen wollen, was es mit der Liebe auf sich hat.

www.goldmann-verlag.de
www.facebook.com/goldmannverlag

 GOLDMANN
Lesen erleben

Um die ganze Welt des
GOLDMANN-*Sachbuch*-Programms
kennenzulernen, besuchen Sie uns doch
im **Internet** unter:

www.goldmann-verlag.de

Dort können Sie
nach weiteren interessanten Büchern *stöbern*,
Näheres über unsere *Autoren* erfahren,
in *Leseproben* blättern, alle *Termine* zu Lesungen und
Events finden und den *Newsletter* mit interessanten
Neuigkeiten, Gewinnspielen etc. abonnieren.

Ein *Gesamtverzeichnis* aller Goldmann Bücher finden
Sie dort ebenfalls.

Sehen Sie sich auch unsere *Videos* auf YouTube an und
werden Sie ein *Facebook*-Fan des Goldmann Verlags!

www.goldmann-verlag.de
www.facebook.com/goldmannverlag